道路交通事故车速鉴定与仿真再现技术

何烈云　著

中国人民公安大学出版社
·北　京·

图书在版编目（CIP）数据

道路交通事故车速鉴定与仿真再现技术/何烈云著．—北京：中国人民公安大学出版社，2018.1

ISBN 978-7-5653-3154-1

Ⅰ.①道…　Ⅱ.①何…　Ⅲ.①公路运输—交通事故—车辆—行车速度—鉴定　Ⅳ.①U491.31

中国版本图书馆 CIP 数据核字（2017）第 303458 号

道路交通事故车速鉴定与仿真再现技术

何烈云　著

出版发行：中国人民公安大学出版社
地　　址：北京市西城区木樨地南里
邮政编码：100038
经　　销：新华书店
印　　刷：北京谊兴印刷有限公司

版　　次：2018 年 1 月第 1 版
印　　次：2019 年 7 月第 2 次
印　　张：14.5
开　　本：787 毫米×1092 毫米　1/16
字　　数：300 千字

书　　号：ISBN 978-7-5653-3154-1
定　　价：58.00 元

网　　址：www.cppsup.com.cn　www.porclub.com.cn
电子邮箱：zbs@cppsup.com　zbs@cppsu.edu.cn

营销中心电话：010-83903254
读者服务部电话（门市）：010-83903257
警官读者俱乐部电话（网购、邮购）：010-83903253
公安业务分社电话：010-83905672

序　言

道路交通事故再现分析是基于对交通事故现场勘查，运用多种技术手段，结合交通事故鉴定结论、当事人和目击者的陈述，对交通事故发生过程作出的推断。它是交通事故成因分析和责任认定的重要方法。车辆在事故发生前后的行驶速度快慢、方向及变化，为还原交通事故发生过程提供了依据。车速鉴定运用了动力学知识、视频图像分析技术、计算机仿真技术及汽车工程技术等，是交通事故处理鉴定中一项重要的鉴定。

2014 年公安部发布公共行业标准《基于视频图像的车辆行驶速度技术鉴定》（GA/T1133—2014），2016 年国家质量监督检验检疫总局和标准化管理委员会联合发布国家标准《道路交通事故车辆速度鉴定》（GB/T 33195—2016）。这两个行业标准的发布，进一步规范了车速鉴定的程序，为一线的交通事故处理民警及专业鉴定人员提供了依据和方法。自 20 世纪 80 年代计算机技术开始应用于汽车交通事故中，交通事故再现软件也被相应地开发出来。由奥地利刑事研究所开发的 PC-Crash 车辆碰撞模拟软件功能很强大、操作方便，能够生动、直观、形象地再现道路交通事故的发生过程，因此得到了国内外从事交通事故再现分析人员的较高评价。

本书较为系统全面地介绍了常用的交通事故车速分析鉴定方法，共分八个章节。第一章为概述部分，介绍了交通事故再现的目的、意义和车辆速度分析计算的常用方法；第二章至第六章围绕《道路交通事故车辆速度鉴定》（GB/T 33195—2016）提供的公式，介绍了利用经典力学中动力学知识分析计算事故车速的原理、公式的推导方法、使用公式计算常见形态交通事故车速注意事项；第七章介绍了视频图像的车辆行驶速度技术原理、方法和误差分析处理技术；第八章以PC-Crash软件为例，介绍了道路交通事故仿真技术的原理、操作步骤以及常见的不同交通方式类型事故的仿真再现方法。

本书既可以作为公安院校交通管理专业在校学生交通事故课程参考用书，也可以作为交通事故处理民警业务学习用书，还可以为从事车速鉴定工作的专业人员使用。本书对当前实施的两个行业标准存在的瑕疵和不足提出了理论探讨，并对相关公式进行了修正。本书在完成过程中，参阅了大量的国内外文献资料，未能一一注明，集中列于书后“主要参考文献”，如果引用或理解存在不当之处，敬请谅解，并借此向文献、资料的原作者表示衷心的感谢！

由于作者水平有限，书中难免有不当和错误之处，敬请读者批评指正。

何烈云

2017年9月

目　录

第一章　绪　论

近年来，随着我国经济社会持续快速发展，道路里程数、机动车保有量、驾驶员数量迅猛增长。据公安部交管局统计，截至2017年10月底，我国机动车保有量达到3.06亿辆，机动车驾驶人超3.82亿人。在社会各界力量的共同努力下，我国道路交通安全状况逐年得到改善。然而，我们也要清醒地认识到，当前我国道路交通安全形势依然十分严峻，今后道路交通安全建设的任务还相当繁重。道路交通事故直接给国家和人民的生命财产安全造成巨大损失，交通事故死伤总量大，且事故发生率和死亡率偏高。对于一些复杂、损失严重、社会关注度高、责任难以判定的交通事故，如何运用交通事故再现技术解释说明事故发生的整个过程或其中的某一片段，在开展道路交通事故处理和预防工作中具有重要意义。

第一节　交通事故再现的概念和意义

“道路交通事故再现”（或称“道路交通事故重建”，本书统一称“交通事故再现”）是由“犯罪现场重建”（crime scene reconstruction）一词引申而来。犯罪现场重建的概念，国内外专家学者众说纷纭，总结起来主要有“犯罪现场重建说”、“犯罪现场再现说”、“犯罪现场模拟说”等。这些概念虽然侧重点不同，但均包含了两方面的含义：一是对物证痕迹的发现、提取以及其性质、成分、状态的分析和检验；二是运用逻辑推理和分析判断、推测和假设物体位置、相互关系、行为的瞬间状态、情节片段、情节整体行为全程等。随着人们对交通事故处理的公正性以及事故成因分析、事故预防的要求越来越高，交通事故再现研究便应运而生。基于犯罪现场重建的定义，结合交通事故处理的特点，以及交通伤害调查的目的，交通事故再现的概念应定义为：基于对交通事故现场中交通参与者、车辆、道路、交通环境及各种痕迹物证的全面勘查，运用汽车理论、车辆动力学、计算机仿真、视频处理、车载行驶刻录设备等技术手段，并结合当事人和目击者的陈述、交通事故鉴定结论，对交通事故发生的片断或全部过程作出推断，分析事故发生的原因和事故责任的一项活动。当然，这并不是指对交通事故发生过程的全部细节与事实进行再现，而是最大限度地将接近案件客观事实的过程进行呈现和演示。

责任认定是整个道路交通事故处理过程中最为重要和关键的环节，道路交通事故责任的认定过程可以分为四个步骤：第一步是采集相关证据材料，通过对事故现场的勘查、当事人和证人的询问、开展事故鉴定，为定性事故事实奠定基础；第二步是根据事故证据，对交通事故发生过程进行分析，还原或重建交通事故发生过程；第三步是解决责任归属，主要目的是解决事故发生过程的自然原因，较少涉及法律的本质与精髓；第四步是损害赔偿，在前述交通事故责任事实分析的基础上，结合法的价值与公平、正义等理念，对事故受害人作出的补偿性回应，属于深层次的法律应用。这四个步骤是环环相扣的过程，当前交通事故处理过程往往对第二步重视程度不够，忽视了现场采集数据定性事故的事实，过分依赖技术鉴定部门，过于被动地去获取交通事故所需要的数据资料，很少自己动手去计算取得。在对道路交通事故发生过程不清楚的情况下，过于频繁地使用《道路交通安全法》第二十二条中的安全原则，并将其作为认定事故责任的依据。交通事故处理民警的这种做法，往往导致认定事实不清、因果关系过于牵强，缺乏说服力。因此，在道路交通事故处理时，掌握交通事故再现技术，有以下积极意义：

一是有利于分析事故发生原因。任何交通事故的发生，均由人、车、路等某一个或多个方面因素造成。对一起交通事故的处理，查明事故原因是事故责任划分、损害赔偿、处罚肇事者以及事故预防最基本的要求。交通事故再现，通过对交通事故发生的一些关键环节进行分析再现，揭示事故发生的客观事实和过程，有助于了解事故发生的直接原因，也可以分析、捕捉到事故发生的间接的、必然的原因，从而对事故的成因进行全面客观的分析。由于事故经过再现具有抽象分析所不具备的科学性和直观性，因此得出的结论更令人信服。

二是有利于化解社会矛盾。交通伤害给人民群众的人身安全及财产安全带来了巨大威胁。交通事故侵权是人民内部矛盾的一种，妥善处理每一起交通事故对化解人民内部矛盾具有很大作用。交通事故再现，强调客观、全面分析再现交通事故发生的原因，可以较为客观准确地分析各种交通违法过错或意外对事故发生以及造成后果的严重程度，有助于客观公正地处理每一起交通事故，有助于化解因交通事故造成的不和谐因素。

三是有利于事故预防。交通事故作为一种因过错或意外造成的财产损失或人员伤亡，就其主观原因可分为过错或意外，但总体上讲，均存在其偶然因素和必然因素。通过深入分析事故发生的各类因素，总结、提炼、防范、规避其必然因素甚至偶然因素，必将成为交通管理部门制定事故预防措施和交通参与者防范交通事故的前车之鉴。针对事故再现分析得出的关于人、车辆、道路等不同原因，可以通过加强交通安全管理、优化车辆的主动和被动安全设计以及改善道路安全设计等方面采取相应措施进行事故预防。

四是有利于有效惩治交通肇事者。交通事故再现可以客观分析交通事故责任者违法行为的事实、过错的严重程度、过错与事故损害后果的因果关系，有利于按照法律、法规对责任者的违法行为追究相应的法律责任。另外，在逃逸交通事故的侦破中，交通事故再现可以判断逃逸车辆的特征及逃跑方向，为查缉逃逸车辆提供线索，同时还可以通过物证手段锁定嫌疑车辆，为打击交通肇事逃逸提供强有力的保障。

五是有利于推动我国交通事故处理及进一步完善事故处理证据体系。交通事故再现需要现代科技手段的支撑，各种技术手段在事故再现中得到广泛运用，有助于提高我国交通事故处理工作的技术理论，有利于提高现场勘查科技含量和质量，有利于事故处理证据链的建设。同时，由于再现研究特别注重证据展示方式、证据质量，交通事故再现可以较好地改变我国交通事故侦查工作与控辩式诉讼模式不相适应的状况。

第二节 交通事故再现解决的主要问题

交通事故再现主要目的在于科学、准确认定道路交通事故责任，要解决的关键问题是事故中车辆的行驶速度快慢、行驶路线（碰撞接触点）和事故发生过程中驾驶人采取的避险处置措施。

一、事故车辆的行驶速度

交通事故发生后，车辆的行驶速度是交通事故调查、成因分析和责任认定的关键环节，往往成为舆论关注的焦点。准确测量车速是目前交通事故再现研究的难点问题，要求依据现有的证据和发现线索，运用汽车理论、车辆动力学知识、视频图像处理技术、车载记录设备，有时还需要借助专业交通事故仿真软件，推算出事故车辆在事故发生前的行驶速度及其变化。因此，要求民警或鉴定人员必须具备一定的理论素养，同时又要有丰富的实践经验。车速鉴定的结果可以分为道路交通事故瞬间车辆速度和道路交通事故车辆速度，前者是指道路交通事故车辆发生碰撞、倾翻或坠落瞬间的车辆速度；后者是指在道路交通事故发生前，即驾驶员采取避险措施之前的车辆行驶速度，这个速度是判断车辆是否有超速行为的证据。

二、行驶线路

右侧通行、按道行驶是道路交通安全法的基本原则之一，也是驾驶人行车享有的空间路权，而有关会车、让车、超车的规定则划定了驾驶人的时间路权。侵犯路权即占线，无疑是肇事的重要原因。在两车接触类事故中，占线的一方起码要负主要责任。由此可见，确定碰撞接触点位置、搞清肇事车行驶路线，对事故处理具有重要意义。事故车辆行驶线路分析主要依赖现场的各种痕迹、证据、车辆碰撞形态，并结合民警个人工作实践经验。

三、处置措施

交通事故的发生是瞬间的事，驾驶员临危措施主要是打方向盘避让和紧急制动减速停车。临危措施是否得当是事故可否避免的重要因素，也是认定交通事故责任的依据之一。特别是撞人事故，驾驶人在无明显违法行为的情况下采取及时恰当的措施是减轻其责任的必备条件。处置措施的分析不仅依赖现场痕迹证据，同时行车速度也是判断驾驶人措施“不力”与“不当”的前提。

在交通事故再现所要解决的以上三个问题中，车速问题是重中之重。从力学角度看，速度是一个矢量，既有大小也有方向。通过分析事故发生过程中车速快慢的变化，可以知道驾驶员在事故中采取措施的情况；通过分析速度的方向，可以知道车辆的行驶轨迹线路；结合大小和方向，可以推导出事故发生前不同时刻车辆所处的位置，从而再现交通事故发生的过程。

第三节　道路交通事故车辆速度的鉴定方法

在交通事故各类鉴定中，道路交通事故车辆速度鉴定是非常重要的，也是各类鉴定中难度最大的，它是分析交通事故发生过程、确定事故原因的重要依据。事故车辆速度的鉴定运用了动力学、法医、汽车理论、计算机仿真技术、视频图像处理等专业的知识，常用的鉴定方法有以下几种：

一、汽车动力学理论鉴定车辆速度的方法

运用汽车动力学理论是根据碰撞时力量大、时间短的力学特点，忽略空气阻力等带来的影响，运用动量守恒定理、动力矩守恒定理、能量守恒定律、抛物体运动规律等动力学知识，结合事故发生过程中速度、距离与时间三者之间的关系，依次计算出道路交通事故车辆发生瞬间及发生前避险措施瞬间的行驶速度，动力学理论计算车辆速度的方法是一个逆向动力学推导过

程（如图 1-1 所示）。

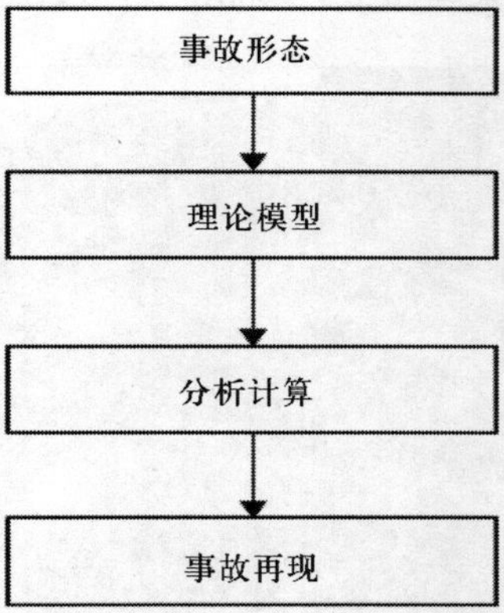

图 1-1　经典力学交通事故再现步骤

二、计算机仿真再现鉴定车辆速度的方法

可依据专业仿真再现软件进行事故车辆行驶速度技术鉴定，事故仿真再现软件的主要技术内容应是动力学理论建立的车辆碰撞及运动力学解析计算模型，事故仿真再现软件应经过国内相关和技术管理部门组织的专家验收和认可。使用事故仿真再现软件时必须明确计算模型中事故痕迹的建立根据、明确模型中主要参数的取值依据，通过反复地调整事故道路、车辆和行人一些初始参数，使得软件仿真结果与实际事故信息相吻合，车辆和人体最终停止位置与事故现场停止位置尽可能一致。与理论计算方法相比，利用计算机仿真技术再现交通事故是一种正向推导方法（如图 1-2 所示）。

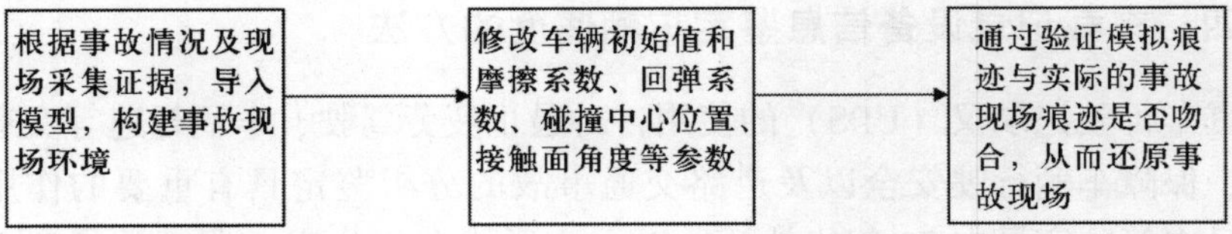

图 1-2　模拟仿真交通事故再现步骤

国外对事故再现软件已进行了深入研究，建立了多种事故再现模型，并相应地开发了许多事故再现软件。奥地利的刑事研究所开发的 PC-Crash 车辆碰撞模拟软件（见图 1-3），功能非常强大，在事故再现领域中一直非常流行。它可以对车辆碰撞、碰撞行人、碰撞固定物、翻车事故进行模拟，同时还可以模拟 32 辆车多次碰撞和完全的 3D 动画显示。PC-Crash 属于模拟类的软件，需要用户确定事故现场的痕迹、碰撞过程的摩擦系数、车辆相关技术性能系

数、道路交通环境等参数，然后通过反复调整和修改事故车辆的初始值、初始驾驶状态值，达到模拟效果与事故现场相吻合或控制在某一个误差范围之内。

图 1-3　PC-Crash 11.0 启动界面

三、视频图像技术鉴定车辆速度的方法

采集车载视频录像、事故现场周边的视频监控录像，通过对视频录像进行分析，确定肇事车辆行驶距离和时间，利用运动学的一些基本方法对事故发生时车辆的行驶路线、速度及驾驶员所采取的措施进行分析判断。随着各类电子监控设备的大量使用，这种车辆速度鉴定方法使用越来越广泛，而且只要操作得当，准确率也会较高。

四、车载记录设备信息鉴定车辆速度的方法

汽车行驶记录仪（UDS）的使用，对遏止疲劳驾驶、车辆超速等交通违法行为，保障车辆行驶安全以及道路交通事故的分析鉴定具有重要的作用。欧盟、日本等国家早在 70 年代就开始以立法形式在部分客运车辆及货车上强制安装使用汽车行驶记录仪。国内外的使用情况表明，汽车行驶记录仪为国家行政管理部门提供了有效的执法工具、为道路运输企业提供了管理工具、为驾驶人提供了驾驶活动的反馈信息，行驶记录仪的使用对保障道路交通安全起到了直接作用。

我国道路交通安全法律法规明确规定，用于营运的车辆应当安全并使用符合国家标准的行驶记录仪。行驶记录仪能够对车辆行驶速度、时间、里程、位置以及有关车辆行驶的其他状态信息进行记录、存储并可通过数据通信实现数

据输出。记录仪应能以 1s 的时间间隔持续记录并存储车辆行驶状态数据。该行驶状态数据包括车辆在行驶过程中的实时时间、每秒钟间隔内对应的平均速度以及对应时间的状态信号。记录仪应还能以 0.2s 的时间间隔持续记录并存储行驶结束前 20s 实时时间对应的行驶状态数据，该行驶状态数据包括车辆行驶速度、制动等状态信号和行驶结束时的位置信息（如图 1-4 所示）。

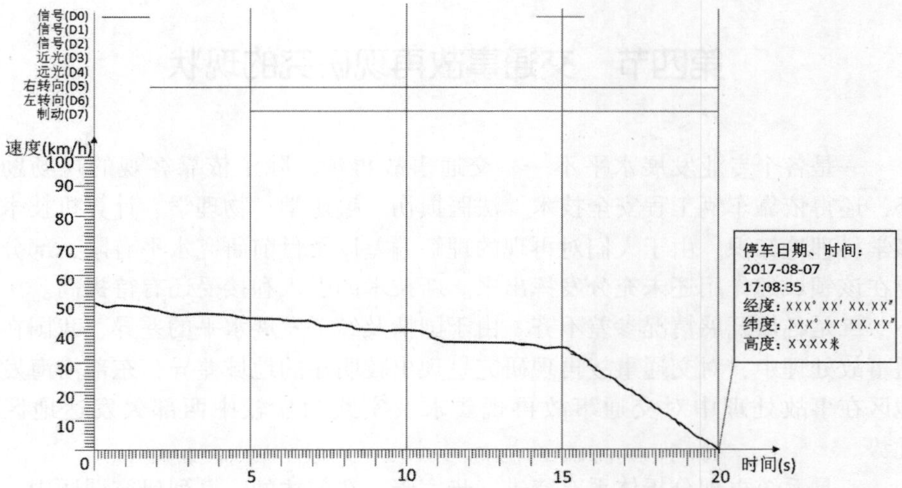

图 1-4　记录仪事故疑点曲线图例

事故数据记录器（Event Data Recorder，缩写为 EDR）是另一种常用的车载记录设备。EDR 一般安装在座位下或仪表板下，在安全气囊打开的 5s 前被激活，可以记录事故发生前几秒的车辆行驶速度（vehicle speed）、发动机每分钟转数（engine rpm）、刹车灯开关状态（brake light switch status）、油门位置（throttle position）、警告标志（warning indications）和行车安全带的使用状况（seat belt use）等信息。EDR 在国外的发展历程最早可以追溯到 1990 年，当时，通用集团（General Motors）发布了一款新型的设备——诊断能量备用模块（DERM），以此设备来存储气囊系统中的一些数据，这即是最早期的行车电脑（ECU）模型。从诊断能量备用模块中得到的数据与气囊系统的设计及操作有关。第一个汽车黑匣子安装于 1996 年，而如今有高达 70%～85%的新车都安装有汽车黑匣子。现在市场上的 EDR 都是各个汽车生产厂家根据自己品牌汽车的特点和需要设计生产的，不同品牌的汽车，所安装的 EDR 有所不同，从而导致 EDR 中存储的事故数据内容也有所不同。例如，通用汽车的 EDR 存储的事故波形是以 10 毫秒为一个时间单位，但是福特汽车的则是以 0.8 毫秒为一个时间单位的。而 EDR 这种标准的不确定化也对研究人员研究车辆和交通安全制造了障碍。

在交通事故中，除以上介绍的四种常用鉴定车辆速度的方法，还可用事故车辆在事故现场或者类似路段开展模拟试验，根据实验数据对交通事故进行再现。此方法类似于计算机仿真交通事故再现技术的方法，但是具有一定的风险性，且成本较高。

第四节　交通事故再现研究的现状

一是各个专业发展水平不一。交通事故再现，除了依靠客观的现场勘查外，还得依靠车辆工程安全技术、法医损伤、痕迹学、物理学、计算机技术等多学科理论知识。由于人们对再现的理解偏差以及目前研究水平有限，部分专业在该领域的作用还未充分发挥出来。新技术的引入和接受还有待提高。

二是各地开展情况参差不齐。由于国情及经济发展水平的差异，我国在交通事故处理中，对交通事故再现研究呈现出较明显的地域差异，东部沿海发达地区在事故处理中对交通事故再现要求及实践明显较中西部欠发达地区有优势。

三是系统再现分析体系有待进一步完善。在前述的一系列研究课题中，部分项目（如车速、交通行为方式等）研究较多，而对一些传统项目（如痕迹学、法医学）的研究进展较慢，特别是在二次事故致人伤亡的致伤/死方式的研究中鲜见报道。

四是各部门开展情况有差异。目前我国对交通事故再现研究主要有三个部门：交警办案部门、科研院所、社会司法鉴定机构。但是由于工作经历、工作重心以及科研经费等原因，一线办案交警具备丰富经验和实践，但缺乏相应物证技术支撑；科研院所有科研经费和科研资源，但是缺乏鉴定和案件分析的实践；社会鉴定机构接触较多案件和鉴定，但工作重心及精力决定了其再现工作开展的被动性和局限性。

第二章　道路交通事故再现的力学基础

交通事故现场千差万别，引发交通事故的原因也是各不相同，但任何一起交通事故碰撞前、碰撞瞬间及碰撞后的运动都属于机械运动的范畴，所以在事故发生前后事故中车辆、骑车人和行人的运动都遵守机械运动的一般规律。运用理论分析方法再现道路交通事故，关键是如何将事故中的车辆和人体简化成模型，根据机械运动规律以数学表达式来表示。

汽车在行驶过程中，车身在做直线运动，而车轮却在滚动。因此，研究一个实际物体的运动总是比较复杂的，但在一定条件下，若物体本身的变化不影响整个运动过程，为使研究的问题简化，可将该物体当作刚体来处理而忽略物体的体积和形状，这样所得结果仍与实际情况相符合。当汽车碰撞后车体的损坏部位是局部的而大部分车体仍完好无损，碰撞能量损失仅限于车体的变形部位，且碰撞能量损失较小，碰撞过程汽车的运动可以近似为刚体运动。

1. 刚体运动性质。在运动中，刚体上任意一条直线在各个时刻的位置都保持平行（如图 2-1 所示）。

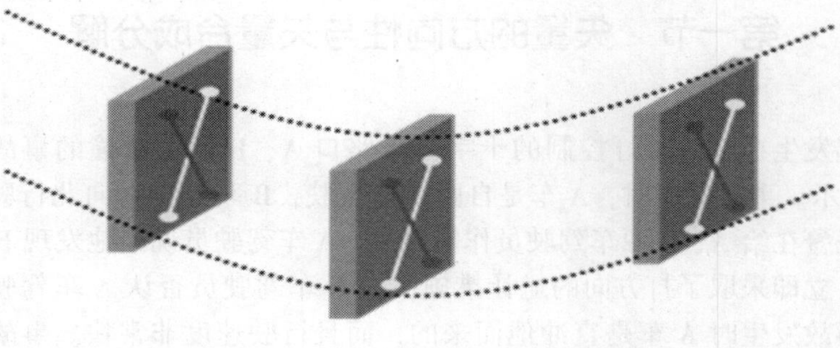

图 2-1　刚体运动示意图

2. 特点。一是刚体上任意两点的连线在平动中是平行且相等的；二是刚体上任意质元的位置矢量不同，相差一恒矢量，但各质元的位移、速度和加速度却相同。因此，常用“刚体的质心”来研究刚体的平动。

3. 平动的自由度。将车辆视为刚体后，在汽车碰撞过程中，建立三维坐标可以对车辆碰撞过程的轨迹进行描述。对于一般的交通事故，车辆未发生翻滚，可以简化成二维坐标系来描述车辆运动轨迹，二维空间内的坐标图如图2-2所示。

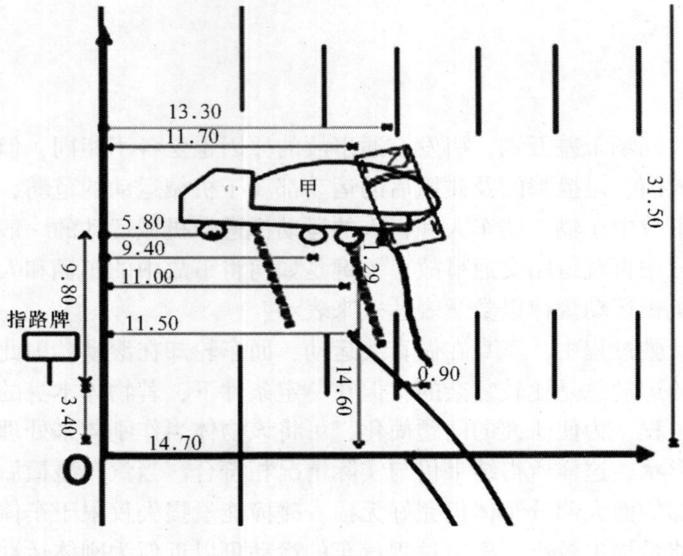

图 2-2 车辆二维运动坐标图

第一节 矢量的方向性与矢量合成分解

一起发生在无信号灯控制的十字交叉路口 A、B 两车碰撞的事故，如图2-1-1所示。事故发生时，A 车是自西向东行驶，B 车是自南向北行驶。某事故处理民警在给 A、B 两车驾驶员作笔录时，A 车驾驶员说当他发现 B 车从路口驶来，立即采取了打方向的避让措施，但 B 车驾驶员否认 A 车驾驶员的说法，称事故发生时 A 车是直冲他而来的，而且行驶速度非常快。事故处理民警在事故勘查过程中发现，从 A 车在现场车轮留下的痕迹来看，确实有采取打方向盘避让的措施。A、B 双方驾驶员到底谁说的是对的呢？是什么原因造成两人各持己见呢？要回答这个问题就需要用到矢量的相关物理知识。

图 2-1-1　交通事故现场模拟图

一、矢量的方向性

在直线运动的条件下，速度和动量的定义可以不用矢量表示，因为在一维直线的条件下，矢量退化为代数量，正号表示向前，负号表示向后，通过正负号代表它们的方向。但在二维平面条件下，速度和动量必须用矢量表示才能进行合成和分解。

1. 定义。矢量，是指既有大小，又有方向的量的物理量。

2. 表示方法：矢量用上带箭头的字母或黑粗体字母表示，如速度矢量可用字母 $\vec{V}$ 或黑粗体字母 V 表示。本书中涉及矢量一般用黑粗体字母表示。

二、矢量的合成与分解

1. 矢量的合成。根据平行四边形法则，当质点同时参与两个方向运动时，如果用平行四边形的两个邻边分别代表两个分运动的大小和方向，那么合成运动的大小和方向就用平行四边形的对角线来表示。

以小船过河为例，河流速度为 V_1，小船的静水航行速度为 V_2，小船实际的行驶速度和方向应如图 2-1-2 所示。

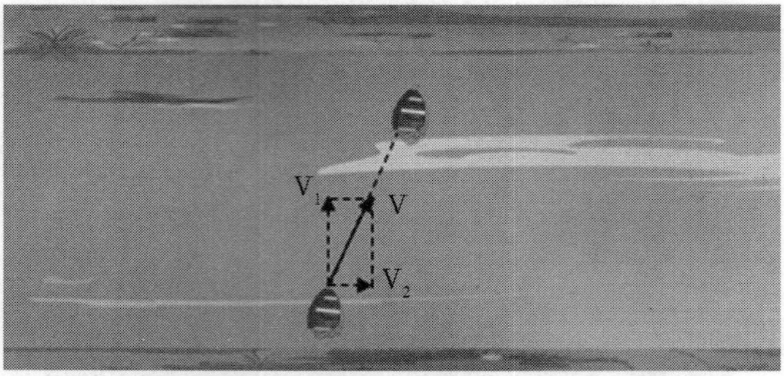

图 2-1-2　小船过河运动示意图

2. 矢量的分解。两个矢量合成后得一合矢量；反过来，一个矢量可能分解为两个矢量，矢量的分解也满足平行四边形法则。

在经典力学交通事故再现方法中，经常要对汽车的受力情况和行驶速度进行分解或合成，以方便对汽车在交通事故发生过程中进行分析和力学模型的建立。针对本章开头描述的 A、B 两车的碰撞事故情况，我们可以利用速度矢量特性进行解释，B 车驾驶员之所以说 A 车冲他而来且速度很快，是因为他是以自己作为参照物的，此时 A 车除了一个自西向东的行驶速度外，相对 B 车驾驶员来说还有一个自北向南的速度，此速度方向与 B 车行驶速度方向相反，B 车驾驶员观察到 A 车是这个速度的合成速度（如图 2-1-3 所示）。所以，在交通事故处理过程中，对肇事车辆速度的大小和方向不能仅凭当事人的谈话笔录进行判断，还要运用速度矢量特性进行科学合理分析。

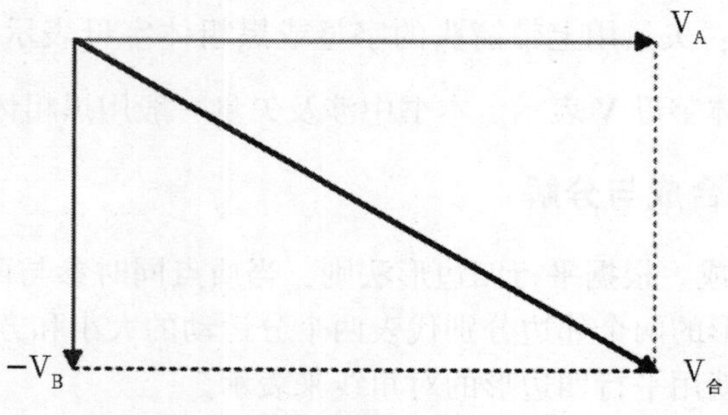

图 2-1-3　速度分成与分解平行四边形法则

第二节　汽车行驶过程中的受力分析

驾驶一辆汽车，要求按照驾驶者意图沿着安全、准确、舒适的速度行驶，驾驶员可以通过汽车机械装置提供行驶所需的驱动力，同时车辆行驶过程还受到各种外阻力。根据这些力的关系，建立汽车行驶方程式，就可以描述汽车的行驶状态。

一、汽车在正常行驶时的受力分析

（一）水平路面受力分析

车辆在匀速直线运动过程中，处于受力平衡状态，在汽车行驶方向上，驱动力与各种阻力的合力为零，即$\sum F=f+F=0$（如图 2-2-1 所示）。

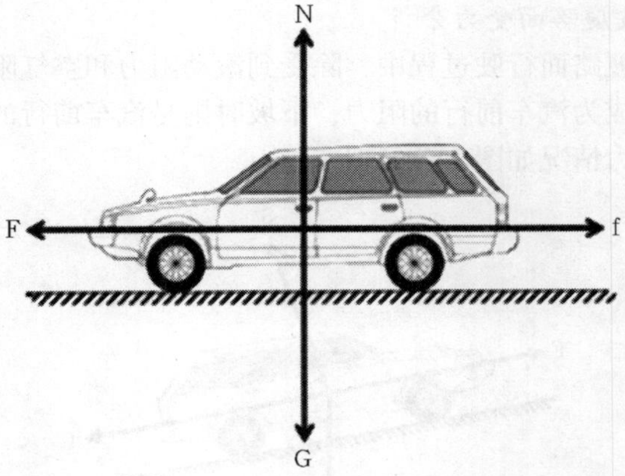

图 2-2-1　汽车水平路面平衡状态受力示意图

车辆在加速、减速过程中速度发生了改变，此时受到驱动力与阻力的合力不为零，即$\sum F=f+F\neq 0$。

驱动力是由发动机的转矩经由传动系统至驱动轮上得到的；行驶阻力由车辆受到空气阻力和车轮受到来自路面之间的滚动阻力、空气阻力与车速、车身的几何尺寸和外观等共同因素决定。滚动阻力即为路面的附着力，其大小与汽车滚动阻力系数大小有关，滚动阻力系数主要取决于路面状况，参考值如表 2-1-1所示。

表 2-1-1　汽车滚动阻力系数参考值

路面状况	滚动阻力系数
良好的平滑沥青铺装路	约 0.01
良好的平滑混凝土铺装路	约 0.011
良好的粗石混凝土铺装路	约 0.014
良好的石块铺装路	约 0.02
修整好的平坦无铺装路	约 0.04
修整不良的石块铺装路	约 0.08
新的砂路	约 0.12
砂或石质路	约 0.16
松散的砂石或黏土道路	0.2~0.3

（二）纵向坡度路面受力分析

汽车在上下坡路面行驶过程中，除受到滚动阻力和空气阻力以外，所受到的重力在上坡时成为汽车前行的阻力，下坡时则是汽车前行的动力。以汽车上坡为例，此时受力情况如图 2-2-2 所示。

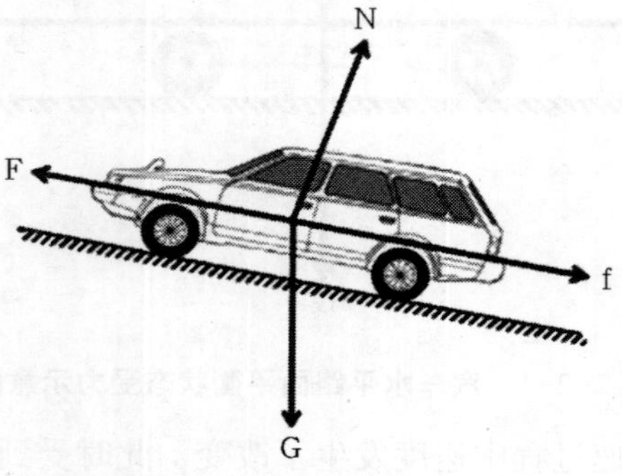

图 2-2-2　汽车纵向坡度路面平衡状态受力示意图

另外，许多道路在弯道处路面是超高设计的，即具有一定的横向坡度，汽车在这种路面行使的过程中，除受到沿车辆行驶方向的摩擦阻力外，还增加了阻碍侧向的摩擦力。关于侧向阻力大小在下面内容中会进一步说明。

（三）弯道行驶受力分析

车辆在转弯过程中，还受到法向方向的轮胎与路面间的附着力，附着力可以提供汽车曲线运动所需要的一部分或全部向心力，同时还可以起到防止汽车离心现象发生（如图 2-2-3 所示）。

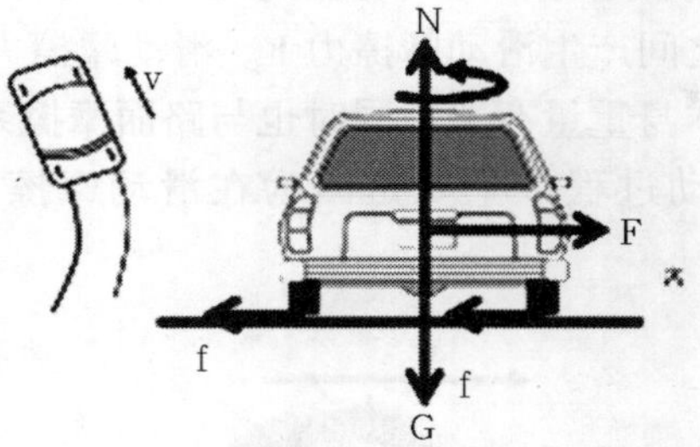

图 2-2-3　汽车转弯过程受力示意图

二、汽车在制动过程中的受力分析

当汽车受到一个与行驶方向相反的制动力时，才能从一个较大速度制动到一个较小的速度或直至停车。这个制动力由制动器内部阻力、地面阻力和空气阻力提供。但由于制动器内部阻力和空气阻力相对较小，因此平时说的汽车制动力一般指的是制动时汽车与地面之间的附着力，即路面附着力。研究表明，路面附着力与轮胎和路面间的滑动摩擦力大小比较类似，但两者不完全等同。汽车制动力的形成机理分析如下：

汽车制动时，驾驶员踩下制动装置，制动器内部的制动蹄（摩擦片）和制动鼓之间便产生摩擦力，阻止车轮转动。如图 2-2-4 所示，在力 P 的作用下，制动蹄压紧制动鼓，它们相互之间产生摩擦力，制动蹄与制动鼓之间存在摩擦系数，也就是摩擦片的摩擦系数，其值一般为 0.3~0.5。

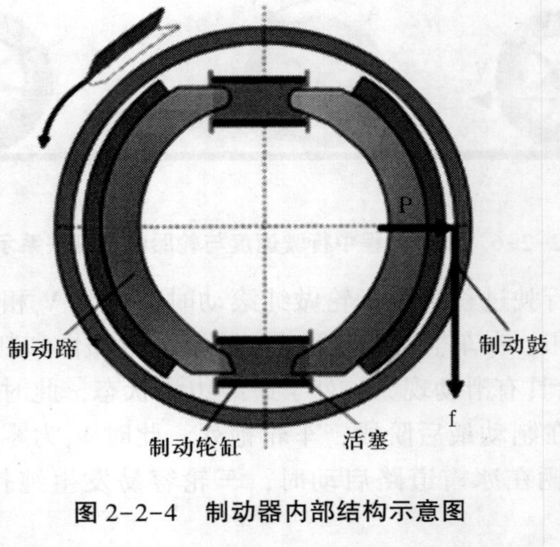

图 2-2-4　制动器内部结构示意图

制动蹄与制动鼓之间摩擦力 f 阻碍车辆的车轮转动，但是由于惯性，车辆继续保持原来的前进运动趋势，此时轮胎与地面之间有相对滑动的运动趋势，亦即汽车轮胎与地面之间产生滑动摩擦力 F。滑动摩擦力 F 方向与汽车行驶方向相反，大小与汽车本身重量有关，同时也与路面摩擦系数有关。如图 2-2-5 所示，车辆在正常制动过程中主要是因为在滑动摩擦力 F 的作用下，速度变小。

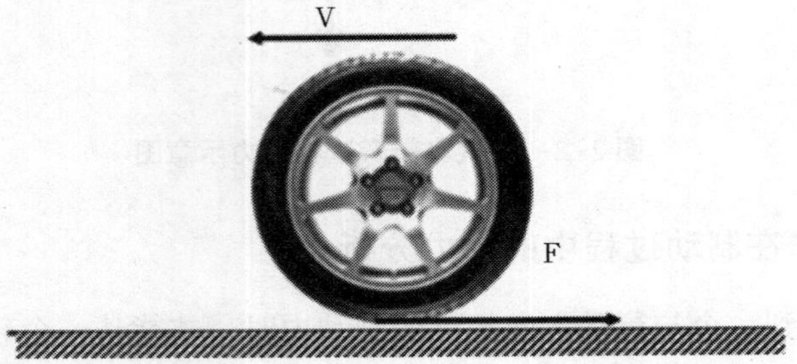

图 2-2-5　汽车制动时滑动摩擦力与速度方向示意图

汽车在行驶过程中轮胎的转速和车辆的行驶速度关系是怎样的呢？为了回答这个问题，我们假设汽车（轮轴）前进速度为 V_c，即轮心速度 V_c，车轮与地面接触边缘点 A 相对轮轴的线速度为 V_r（如图 2-2-6 所示）。

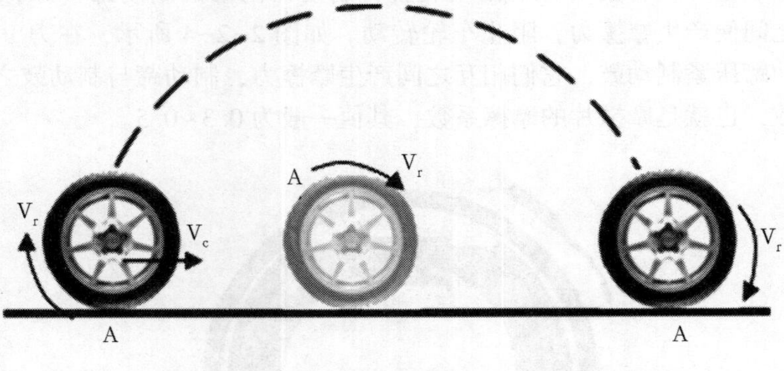

图 2-2-6　制动过程中行驶速度与轮胎线速度关系示意图

在车辆正常行驶过程中，车轮做纯滚动时，V_c 与 V_r 相等，此时在地面上的车轮痕迹为滚印；在车辆制动过程中，由于车辆惯性和制动器的共同作用结果，$V_c>V_r$，车轮具有滑动现象，处于边滚边滑状态，此时在地面上的车轮痕迹为压印；车辆在制动最后阶段，车轮抱死，此时 V_r 为零，在地面上的车轮痕迹为拖印；车辆在冰雪道路启动时，车轮容易发生纯打滑现象，此时 V_c 为零。

为了描述车轮所处的运动状态，专门引入滑移比的概念。滑移比，是指轮胎的滑移速度与汽车前进速度的比值。表达式如下：

$$S = \frac{V_c - V_r}{V_c} \times 100\%$$

式中，V_c 代表汽车的行驶速度，V_r 为汽车轮的线速度。纯滚动时，$V_c = V_r$，S=0，滑动摩擦力为0；纯滑动时，$V_r = 0$，S=100%，此时为滑动摩擦力；边滚边滑时，有静摩擦力，也有滑动摩擦力，$V_c > V_r$，$0 < S < 100\%$。正如前面所述，在制动时，汽车附着力和滑动摩擦力是有区别的。

三、路面附着系数

为了描述汽车在制动时的附着力 F 的大小，汽车工程领域引入了一个非常重要的参数——附着系数φ。附着力 F 和附着系数φ 存在如下的关系式：

$$F = \varphi \cdot N$$

上式中 N 是车轮对地面的正压力，即车轮的法向压力。因此，附着系数与摩擦系数比较接近。研究表明，附着系数主要取决于道路的材料、路面的状况与轮胎结构、胎面花纹、材料以及汽车运动的速度等因素。一般来说，干燥、良好的沥青或混凝土路面的附着系数最大，可达0.7~0.8；而冰雪路面的附着系数最小，最容易打滑。在干燥路面上，车速增加，附着系数几乎没有变化，而在潮湿路面上，附着系数则随速度的增加而急剧变小。雨天汽车在积水路面上高速行驶时，轮胎与路面间的存水不能排除，形成汽车在积水路面上滑行的现象，这种现象被称为“水滑”（如图 2-2-7 所示）。

低速行驶，轮胎全部接触地面，无悬浮

中速行驶，形成楔状水垫，轮胎部分悬浮在水面上

高速行驶，形成楔状水垫，轮胎冠全悬浮在水面上

图 2-2-7 水滑现象分析图

汽车出现“水滑”时的临界车速因轮胎气压、轮胎触地部形状和磨损程度、积水路面的水深、车重、路面状态等不同而各异。根据实验，核载五人的普通小型客车在新轮胎情况下，水深为 2mm 时的临界速度为 120km/h，水深为 6mm 时的临界速度为 100km/h，水深为 8mm 时的临界速度为 90km/h。也就是说，汽车在不同积水深度，对应不同“水滑”临界车速。同样，空载车辆比重载车辆产生水滑的可能性要高。“水滑”现象可以通过控制汽车的行驶速度得以避免。汽车在雨中或积水路段行驶时，如果感觉到转动方向盘时用力

变小，应意识到这可能是发生“水滑”的危险信号，此时要把车速降到安全行驶速度以下，以确保安全。车子在发生纵向滑移和侧向滑移时，与路面间的附着大小也有所不同。纵向滑移时附着摩擦系数可以通过专门的仪器进行测量，也可用现场实验，利用汽车制动时在路面上的痕迹长度进行测量。前一种方法简单易操作，后一种方法存在一定难度，且所测结果误差较大。汽车在常见路面制动时，附着系数参考值如表 2-2-2 所示。

表 2-2-2　汽车滑动附着系数参考值

路面状况 \ 初速度 \ 路面的干湿		干燥		潮湿	
		48km/h 以下	48km/h 以上	48km/h 以下	48km/h 以上
混凝土路面	新铺装	0.80~1.00	0.70~0.85	0.50~0.80	0.40~0.75
	路面磨耗较小	0.60~0.80	0.60~0.75	0.45~0.70	0.45~0.65
	路面磨耗较大	0.55~0.75	0.50~0.65	0.45~0.65	0.45~0.60
沥青路面	新铺装	0.80~1.00	0.60~0.70	0.50~0.80	0.45~0.75
	路面磨耗较小	0.60~0.80	0.55~0.70	0.45~0.70	0.40~0.65
	路面磨耗较大	0.55~0.75	0.45~0.65	0.45~0.65	0.40~0.60
	焦油过多	0.50~0.60	0.35~0.60	0.30~0.60	0.25~0.55
砂石路面		0.40~0.70	0.40~0.70	0.45~0.75	0.45~0.75
灰渣路面		0.50~0.70	0.50~0.70	0.65~0.75	0.65~0.75
冰路面		0.10~0.25	0.07~0.20	0.05~0.10	0.05~0.10
雪路面		0.30~0.55	0.35~0.55	0.30~0.60	0.30~0.60

安装 ABS 防抱死系统的汽车，在制动过程中，当车速高于 20km/h 以上时，汽车轮胎是处于一边滑动另一边滚动的状态，此时轮胎与地面间既有滑动摩擦力，也有静摩擦力，还有滚动摩擦力，制动力是一个变力，因此附着系数也是一个变量，它的大小与汽车制动过程中滑移比有关。图 2-2-8 是附着系数与滑移比之间的关系曲线图，横坐标代表滑移比，纵坐标代表纵向附着系数。

由图 2-2-8 可知，在 OA 段，静摩擦时，轮胎可视为纯滚动，静摩擦力迅速增大；在 AB 段，静摩擦向滑动挤迫过渡阶段，出现最大静摩擦力，此时摩擦达到最大值；B 点以后，滑动成分逐渐增加，摩擦力减小，到 S = 100%时，$\mu = \mu_s$。

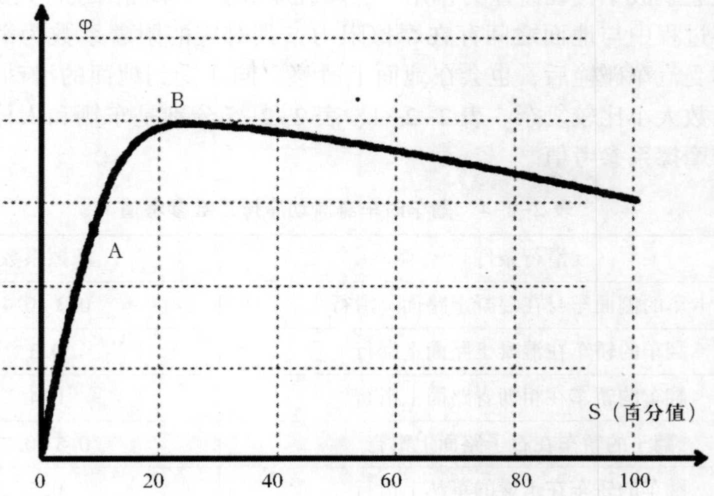

图 2-2-8　附着系数—滑移比图像

从图 2-2-8 可以看出，滑动率较低时的峰值附着系数比车轮被完全抱死时的附着系数要大出20%左右，因此最佳的制动方案是不要把车轮完全抱死，才能达到最大的制动效果，这就是现代小轿车普遍装上 ABS 防抱死装置的主要原因。

实验研究表明，汽车在发生侧向滑移时的附着系数与纵向滑移时附着系数存在一定的关系，关系式如下：

$$\varphi' = 0.97\varphi + 0.08$$

上式中，φ' 为侧向滑移附着系数，φ 为纵向滑移摩擦系数。由于附着系数是介于 0 和 1 之间的一个数值，从数学关系可知，同一路面的侧向滑移附着系数比纵向滑移附着系数值略大。

实验表明，摩托车制动时受到制动力与摩托车滑动附着系数大小有关，滑动附着系数大小如表 2-2-3 所示。

表 2-2-3　摩托车滑动附着系数参考值

摩托车名	只后轮制动	前后轮都制动
本田 SL125	0.31～0.40	0.53～0.67
丰田 3.50	0.36～0.43	0.62～0.72
丰田 XAS00R	0.35～0.42	0.65～0.76
BMW R900	0.31～0.42	0.72～0.87
Harley DavidsonFLH	0.36～0.51	0.63～0.88

在交通事故中，在碰撞力作用下，摩托车和自行车翻倒或行人倒地后在地面上滑移过程中与地面之间存在摩擦阻力，其对应的附着系数为滑动摩擦系数。人体受汽车碰撞后，也会在地面上滑移，同样受到地面的滑动摩擦阻力，但摩擦系数大小比较复杂。表 2-2-4、表 2-2-5 分别是车辆和人体在不同表面上特殊摩擦系参考值。

表 2-2-4　翻车时车身滑动摩擦系数参考值

滑行条件	摩擦系数
卡车的侧面车身在混凝土路面上滑行	0.3~0.4
翻车的轿车在混凝土路面上滑行	0.3
翻车的轿车在粗沥青路面上滑行	0.4
翻车的轿车在石子路面上滑行	0.5~0.7
翻车的轿车在干燥的草丛上滑行	0.5
车身外板对沥青路面	0.4
车身外板对泥土路面	0.2
车身外板对车身外板	0.6
翻倒摩托车的滑行	0.55~0.7

表 2-2-5　着装人体与地面摩擦系数参考值

路面状况	男（体重 71kg）	女（体重 44kg）
沥青路面	约 0.52	约 0.44
混凝土路面	约 0.42	约 0.44
水泥路面	约 0.32	约 0.26
铺石路	约 0.57	约 0.5
黏土路面	约 0.52	约 0.48
海岸干燥沙地	约 0.44	约 0.5
海岸湿润沙地	约 0.52	约 0.56
碎石路面	约 0.46	约 0.5
修整过的草坪	约 0.35	约 0.36
未修整过的草坪	约 0.46	约 0.52
较高的草丛	约 0.54	约 0.56

续表

路面状况	男（体重 71kg）	女（体重 44kg）
较低的草丛	约 0.56	约 0.65
旱田	约 0.58	约 0.59

第三节　汽车制动过程中运动学特性

汽车在行驶过程中，驾驶员发现危险时，采取紧急制动措施后，危险是否能避免或减轻伤害，与汽车的制动距离有密切关系。汽车制动距离又与汽车的行驶速度、驾驶员的反应时间、汽车性能、路面状况及通行环境复杂程度等因素有关。

一、汽车制动过程三个时间阶段

汽车行驶过程中，如遇到紧急情况，驾驶员必须在最短时间内实现制动操作，使车辆安全停车，避免事故发生。虽然制动过程时间很短暂，但分析可知其也有阶段性。一般制动过程时间可分为驾驶员知觉反应时间、制动系统协调时间和制动时间（如图 2-3-1 所示）。

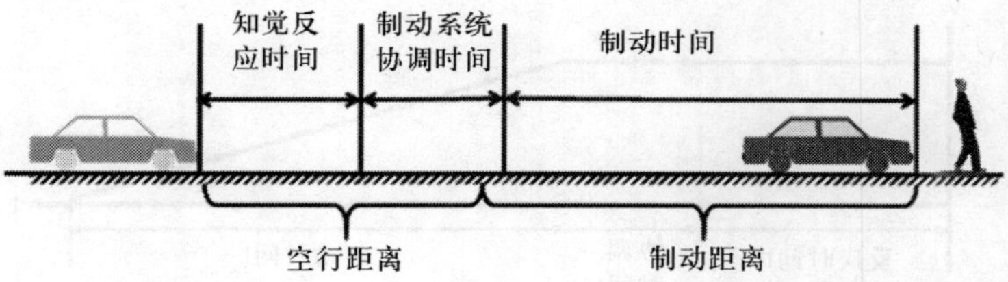

图 2-3-1　汽车制动过程示意图

1. 知觉反应时间阶段。它包括从驾驶员发现危险需要紧急制动，然后控制将脚移动到制动踏板上为止所需的时间。这一段反应时间与驾驶员的年龄、技术水平、健康状况、通行环境的复杂程度等许多因素有关。一般驾驶员的反应时间为 0.3~1.0s，反应慢的可达到 1.7s，酒后开车可达 2.0s 以上。通常取平均值为 0.75s，在特殊情况下可以取 1s 甚至更长时间。研究表明，行人从汽车右面走入车道，驾驶员反应的时间为 0.4~0.8s；行人从汽车左面走入车道，驾驶员反应的时间为 1.04~1.49s。所以，行人突然横过道路极易引发交通事故，行人因横穿道路与机动车发生碰撞的事故在行人道路交通事故中所占比例很大。

2. 机械传导时间阶段。它是从驾驶员踩下制动踏板到产生最大制动减速度的时间。其中又可分为两段。前一段时间 t_a，驾驶员的脚虽然踩下去了，但制动力并没立即产生，制动减速还是为零。这是由于制动踏板存在自由行程，制动蹄与鼓之间有间隙等所致。到后一阶段时间 t_b，制动力和制动减速才从零开始逐渐增加，直到最大值。机械传导时间大小与不同的车辆类型有关，对于液压制动系统不得大于 0.3s；气压制动系统，中型汽车不得大于 0.5s，大型汽车不得大于 0.6s；汽车拖带挂车或半挂车，不得大于其牵引车最大允许值再加 0.2s 的时间。

3. 制动时间阶段。它也称持续制动时间，是制动减速度 a 开始，保持减速不变，直到停车所经历的时间。

二、汽车制动过程中速度—时间—位移的关系

汽车制动距离，是指从驾驶员踩下制动踏板到完全停止，车辆所行驶的距离。在三个阶段中，前面两个阶段可近似为匀速运动，最后一个阶段可近似匀减速运动，近似满足下面关系式。

$$s=v\ (t_1+t_2)\ +\frac{v_0^2}{2a}\xrightarrow{a=\mu g}s=v\ (t_1+t_2)\ +\frac{v_0^2}{2\mu g}$$

汽车制动过程中速度—时间图像，如图 2-3-2 所示。

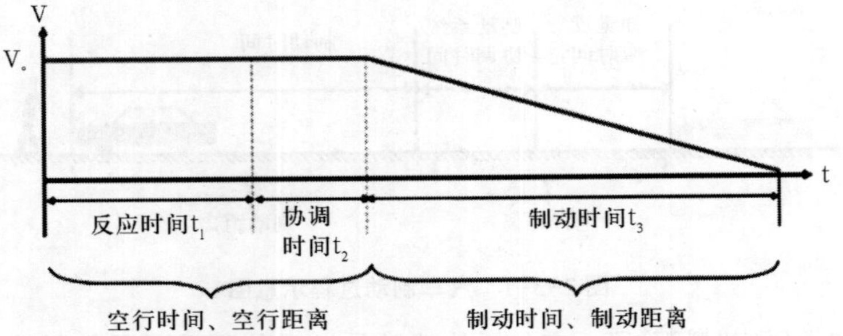

图 2-3-2　汽车制动速度—时间图

例如，一辆汽车以 50km/h 的速度在水泥路面上水平行驶，摩擦系数 $\mu=0.71$，在前面 30m 远的地方一行人突然横穿公路，驾驶员发现后立即采取了紧急制动措施（设驾驶员的反应时间加制动系统传递时间为 1s），那么此次事故能否避免？

纵向滑动摩擦系数 $\mu=0.71$，制动时最大加速度为 $a=\mu g=0.71\times9.8\approx7.0\text{m/s}^2$，空行时间为 1s，初速度 $v=50\text{km/h}=13.9\text{m/s}$，由停车距离公式可计

算得：

$$s=v\ (t_1+t_2)\ +\frac{v_0^2}{2\mu g}=13.9\times1+\frac{13.9^2}{2\times7.0}=27.7m$$

可见制动距离小于发现时的危险距离，此次事故可以避免。

制动时的车速对停车距离影响是相当大的，图 2-3-3 是制动车速与制动距离关系图。

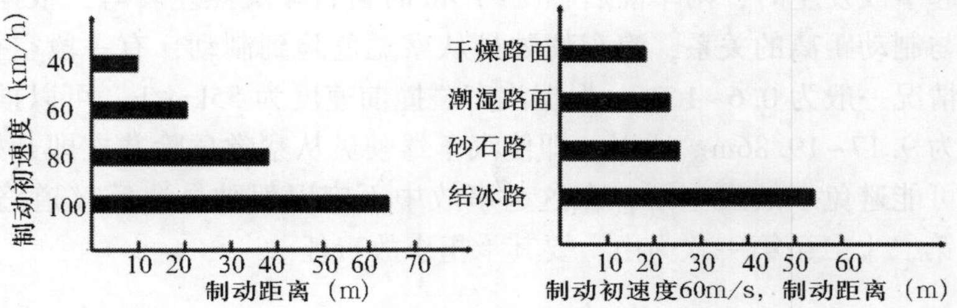

图 2-3-3　汽车初速度—制动距离关系图

三、汽车的制动过程特性在无痕迹交通事故中的应用

无痕迹交通事故，是指在事故现场找不到车辆制动痕迹。这类事故在机动车碰撞行人的交通事故中较为多见。此类交通事故中，虽然当事人在事故发生前有采取应急措施，但可能是事发突然，已超越驾驶员力所能及的范围，驾驶来不及反应最终导致事故发生。此类事故只能是意外事件，在认定事故责任时不能认定驾驶员未采取有效的措施避免事故发生。

例如，在一限速为 60km/h 的道路上，一辆汽车与一辆自行车在正常的车道上相向行驶，两车前后相距约 9m 时，自行车突然左转弯，结果被汽车撞倒，致使发生自行车和骑车人车毁人亡的交通事故。民警在现场勘查过程中发现，在碰撞前汽车没有在地面上留下刹车痕迹，碰撞点前方恰有一智能卡口，该卡口有测速功能，在事故发生前测得肇事汽车时速为 55km/h（如图 2-3-4 所示）。民警在对汽车驾驶员做谈话笔录时，汽车驾驶员称他根本来不及刹车就撞上了。

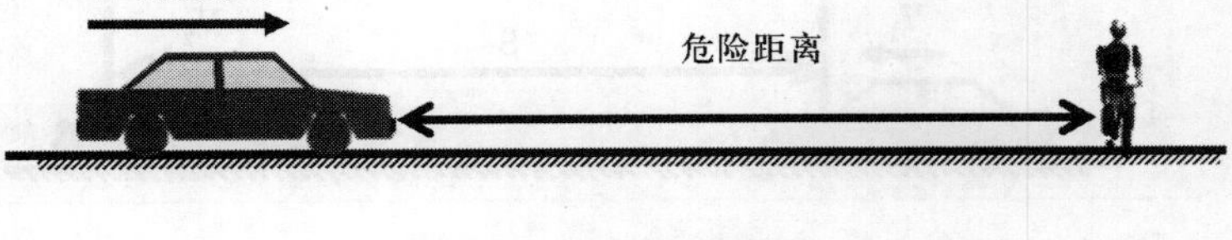

图 2-3-4　案例示意图

问题一：假如你是该事故的处理民警，你认为汽车驾驶员讲的话可信吗？

问题二：在这起事故中，事故责任应该如何认定？

《道路交通安全法》第二十二条第一款规定："机动车驾驶人应当遵守道路交通安全法律、法规的规定，按照操作规范安全驾驶、文明驾驶。"驾驶员在驾车过程中，要注意道路的变化，一旦发现危险应立即降低车速或采取制动措施，以有效避免事故的发生。

此起事故发生时，两车前后相距约 9m 时自行车突然左转弯，根据汽车制动速度与制动距离的关系，汽车驾驶员从察觉危险到制动，有一段空行时间，按正常情况一般为 0.6~1.3s，根据汽车碰撞前速度为 55km/h，可以推算出空行距离为 9.17~19.86m。所以，即使汽车驾驶员从察觉危险并立即开始制动，已经不可能避免事故发生了，在这起事故中不应以驾驶员违反《道路交通安全法》第二十二条第一款为由，要其承担事故责任。

第四节　交通事故再现分析中常用的物理定理、定律

在经典力学方法再现交通事故中，需要用到物理学中的一些基本定理和定律，如在分析车辆制动过程中需要用到动能定理；在碰撞过程中还要用到能量守恒定理、动量守恒定律；如果车辆在碰撞过程中发生了横摆旋转运动时，还要运用到角动能定理、角动量定理。

一、动能定理

物体所受的外力对物体所做的功等于物体动能的变化，即末动能与初动能相减。

$$\sum_{i=1}^{n} w_i = \sum_{i=1}^{n} E_{ki} - \sum_{i=1}^{n} E_{kio}$$

由于汽车在行驶中所受的外力除了空气阻力外，其余大部分来自轮胎与路面的摩擦力，不考虑空气阻力的影响，汽车在制动过程中动能的变化量近似等于摩擦力所做的功（如图 2-4-1 所示）。

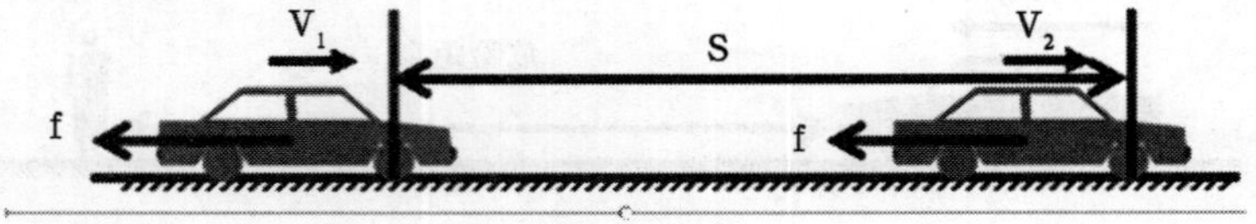

图 2-4-1　汽车制动过程动能定理示意图

假设汽车以初速度为 V_1 开始制动，行驶了距离为 S 时，车速减为 V_2，制动过程中所受摩擦阻力为 f，由动能定理可得：

$$f \cdot s = \frac{1}{2} m v_1^2 - \frac{1}{2} m v_2^2$$

二、动量守恒定律

在交通事故分析中，绝大部分是车辆之间的碰撞事故。分析碰撞过程中，根据碰撞过程中力学特性，往往把车辆运动看成一种质心运动，利用动量守恒定律来再现交通事故。

（一）碰撞过程的恢复系数

假设小球 A 和小球 B 在一平面发生碰撞，根据两球的碰撞速度方向是否通过两球质心连线，可以分为对心碰撞（正碰）和非对心碰撞（斜碰）（如图 2-4-2 所示）。

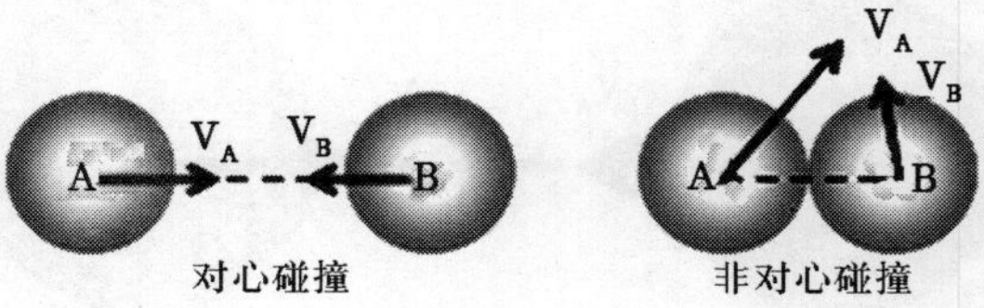

图 2-4-2　球体碰撞示意图

物体发生碰撞可以分为两个阶段：第一阶段为变形阶段，即小球 A 和小球 B 分别以 V_A 和 V_B 的初速度发生碰撞，两球因受碰撞力作用发生了变形，包括弹性变形和塑性变形，小球的动能转化为弹性势能和塑性变形能。第二个阶段为变形恢复阶段，弹性变形则随着碰撞力减小而恢复。弹性变形恢复的过程也就是弹性变形能重新转化为小球动能的过程，因而使小球又获得速度，最后以一定速度 V_A' 和 V_B' 两球分离。假如在这过程中是完全塑性碰撞，则小球的变形不能恢复，两球将黏合在一起。

为了反映两球在碰撞前后速度的恢复程度，引入恢复系数（又称回弹系数）概念，用符号 e 来表示。恢复系数为碰撞后两物体的分离速度之差绝对值与碰撞前两物体的接近速度之差绝对值之比，即：

$$e = \frac{|v_B' - v_A'|}{|v_B - v_A|}$$

理解恢复系数 e 的含义，我们讨论三种情况：

（1）完全弹性碰撞（刚体碰撞）。由动量守恒定律可知，两球交换速度，即 $V_A' = V_B$、$V_B' = V_A$，此时 $e = 1$，形变恢复率为 100%。

（2）完全非弹性碰撞（塑性碰撞）。碰撞后两球合为一体，即 $V'_A = V'_B$，所以 e=0，形变恢复率为 0。

（3）非完全弹性碰撞（弹塑性碰撞）。在碰撞过程形变部分恢复，而有部分未恢复，此时 0<e<1。在实际碰撞中，碰撞后速度差总是小于碰撞前的速度之差，因为碰撞过程中通常都要发生能量损失。

研究表明，恢复系数 e 只与相互碰撞物体的材料有关，而与物体相撞击的速度大小无关，也与物体的尺寸大小无关。

（二）碰撞时的基本方程

1. 两物体的对心正碰。假设有质量为 m_A 的小球 A 和质量为 m_B 的小球 B，以 V_A 和 V_B 的初速度在一光滑的水平面上发生对心正碰运动（如图 2-4-3 所示）。

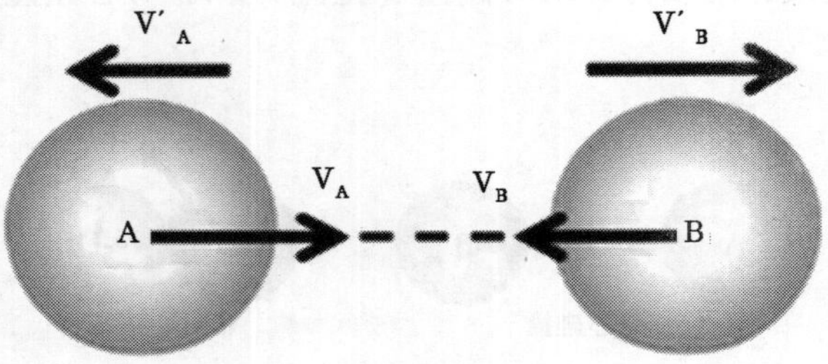

图 2-4-3　球体正碰示意图

在碰撞过程中满足动量守恒条件，根据动量守恒定律，可得到下面方程：

$$m_A V_A + m_B V_B = m_A V'_A + m_B V'_B$$

这是碰撞前后两球的速度满足的一个关系式，要想由碰撞前速度 V_A、V_B 来确定碰撞后的速度 V'_A 和 V'_B 是不够的，这里需要引入恢复系数式：

$$e = \frac{|v'_B - v'_A|}{|v_B - v_A|}$$

联合以上两个式子，可得到碰撞结束时的两球速度，即

$$V'_A = V_A - (1+e)\frac{m_B}{m_A+m_B}(V_A - V_B)$$

$$V'_B = V_B + (1+e)\frac{m_A}{m_A+m_B}(V_A - V_B)$$

（1）当两球作完全弹性碰撞时，即 e=1，则两球碰撞后的速度为：

$$V'_A = V_A - \frac{2m_B}{m_A+m_B}(V_A - V_B)$$

$$V_B' = V_B + \frac{2m_A}{m_A + m_B}\,(V_A - V_B)$$

若两球质量相等时，则两球在碰撞后交换速度。

（2）当两球作完全塑性碰撞时，即 e=0，则两球碰撞后的速度为：

$$V_A' = V_B' = \frac{m_A V_A + m_B V_B}{m_A + m_B}$$

2. 两物体非对心斜撞。我们仍以两球碰撞为例来分析对心斜碰的情形。假设有质量为m_A的小球 A 和质量为m_B的小球 B，以V_A和V_B的初速度在一光滑的水平面上发生对心斜碰撞运动（如图 2-4-4 所示）。

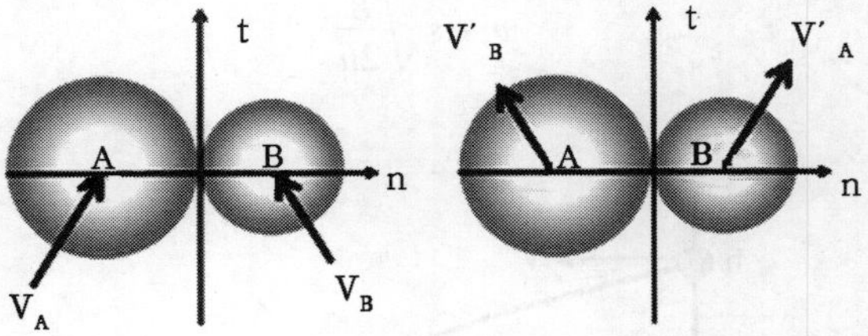

图 2-4-4　球体斜碰示意图

取 n、τ 轴分别为沿两球接触面的公法线和公切线。将两球当作一质点系考虑，碰撞过程中设外力为零，在此时在 n、τ 轴投影式可得：

$$m_A V_{An} + m_B V_{Bn} = m_A V_{An}' + m_B V_{Bn}'$$

$$m_A V_{A7} + m_B V_{B7} = m_A V_{A7}' + m_B V_{B7}'$$

以上两式不可能解出四个未知量 V_{An}'、V_{Bn}'、V_{A7}'、V_{B7}'，故尚需建立两个关系式。假设两球表面光滑，即不考虑切向碰撞力的作用，因此碰撞前后两球的动量在 τ 方向不变，即

$$V_{A7}' = V_{A7}$$

$$V_{B7}' = V_{B7}$$

此外，由恢复系数关系式得

$$e = \frac{|v_B' - v_A'|}{|v_B - v_A|}$$

联合以上几个方程可解得：

$$V_{An}' = V_{An} - (1+e)\frac{m_B}{m_A + m_B}\,(V_{An} - V_{Bn})$$

$$V_{Bn}' = V_{Bn} + (1+e)\frac{m_A}{m_A + m_B}\,(V_{An} - V_{Bn})$$

三、抛体运动的规律

在汽车碰撞行人交通事故、汽车外坠交通事故以及利用现场散落物再现交通事故时，经常运用到物理学中抛体运动规律，根据物体的抛射角度，可将抛体运动分为平抛运动和斜抛运动两种。

1. 平抛运动，是指初速度方向与水平方向夹角为零的一种抛体运动，对做平抛运动的物体速度沿水平方向和竖直方向分别进行分解，水平方向做的是匀速直线运动，竖直方向上做自由落体运动，水平方向和竖直方向运动时间相同（如图 2-4-5 所示）。平抛运动中速度、高度、水平距离的关系为：

$$v = s\sqrt{\frac{g}{2h}}$$

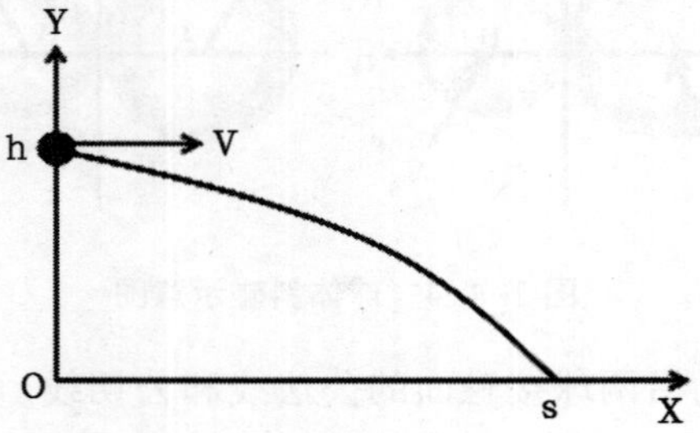

图 2-4-5　平抛运动示意图

2. 斜抛运动，是指以一定的初速度将物体与水平方向成一定的角度斜向上抛出，物体仅在重力作用下所做的曲线运动（如图 2-4-6 所示）。斜抛物体在运动过程中受力情况和平抛运动一样，只受到重力的作用，对作斜抛运动物体速度进行分解，可以看成是水平方向的匀速直线运动和竖直向上初速度向上的落体运动两部分运动组成。竖直方向运动也可以当作全过程处理，即看作加速度始终为重力加速度的匀减速直线运动。

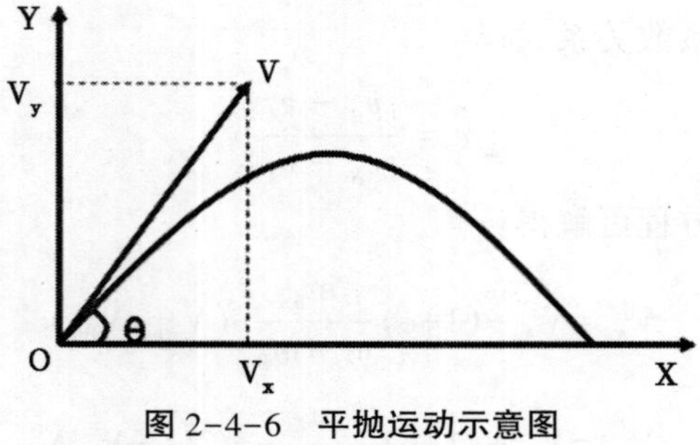

图 2-4-6　平抛运动示意图

抛体运动基本关系式：

$$v_x = v_0\cos\theta$$

$$v_y = v_0\sin\theta - gt$$

$$x = v_0\cos\theta \cdot t$$

$$y = v_0\sin\theta \cdot t - \frac{1}{2}gt^2$$

四、转动体基本定理

在汽车—汽车碰撞交通事故现场，由于碰撞过程中事故车辆可能发生旋转，运动形态比较复杂，事故车辆在路面上留下的痕迹很凌乱，难以从轮胎痕迹上判断车辆分离时的速度，因此分析此类交通事故还需要用到转动体的运动规律，如角动能定理、角动量定理等。

物理学中，将转动体的转动惯量与角速度的乘积称为转动体的角动量。

如图 2-4-7 所示，质点角动量表达式：$\boldsymbol{L} = m\boldsymbol{r} \times \boldsymbol{v} = m\boldsymbol{r} \times (\boldsymbol{\omega} \times \boldsymbol{r}) = mr^2\boldsymbol{\omega} = I\omega$ 。

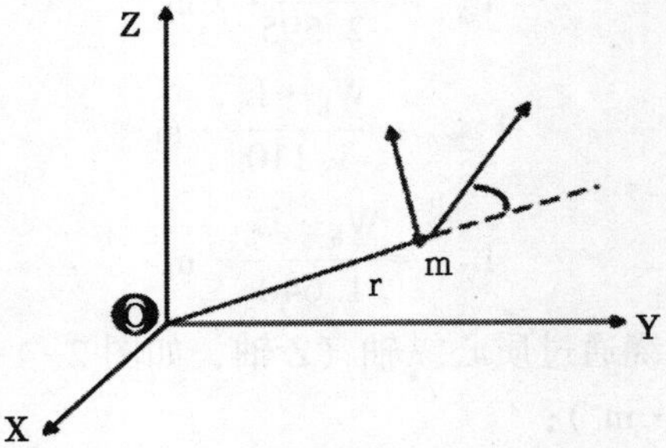

图 2-4-7　质点角动量

如图 2-4-8 所示，刚体角动量表达式：

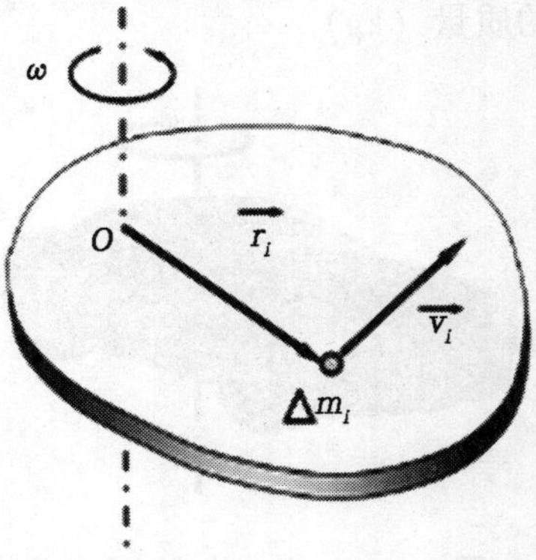

图 2-4-8　刚体角动量

$$\boldsymbol{L} = \sum L_i = \left(\sum m_i r_i^2\right)\omega = \omega \cdot \int r^2 dm = I\omega$$

（1）角动量是矢量（$kg \cdot m^2 \cdot s^{-1}$）；

（2）角动量的方向，与角速度同方向。

式中 I 是转动体的转动惯量，转动惯量是刚体绕轴转动时惯性（回转物体保持其匀速圆周运动或静止的特性）的量度，用字母 I 或 J 表示。

$$I = \sum m_i r_i^2 = \int r^2 dm$$

转动惯量只取决于刚体的形状、质量分布和转轴的位置，而同刚体绕轴的转动状态（如角速度的大小）无关。形状规则的匀质刚体，其转动惯量可直接用公式计算得到。而对于不规则刚体或非均质刚体的转动惯量，一般通过实验的方法来进行测定。

事故车辆在事故中发生转动时的转动惯量不能从车辆信息表中直接查到，只能通过计算的方法获得，经过大量试验测得，车辆绕质心转动惯量与车型及车辆参数之间对应关系。

$$I_{轿车} \approx \frac{W_b \cdot L_b}{2.595} \cdot m$$

$$I_{大客车} \approx \frac{W_b \cdot L_b}{1.110} \cdot m$$

$$I_{货车} \approx \frac{W_b \cdot L_b}{1.640} \cdot m$$

式中：I——车辆绕通过质心纵轴（Z 轴，如图 2-4-9 所示）的转动惯量大小（$kg \cdot m^2$）；

W_b——车辆的轮距（m）；

L_b——车辆的轴距（m）；

m——车辆的质量（kg）。

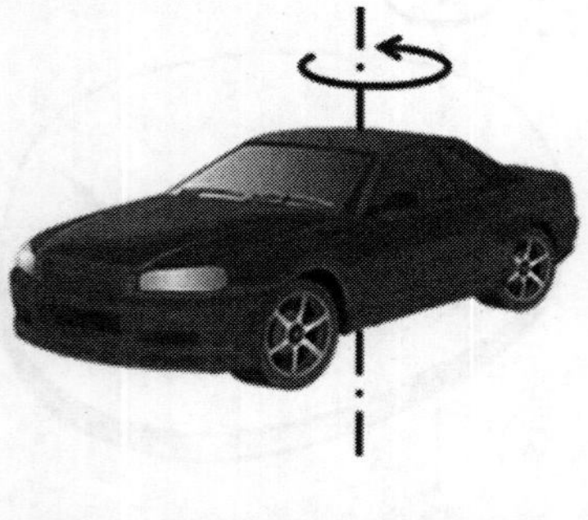

图 2-4-9　汽车绕纵轴角动量

以上是指空车时的转动惯量取值，对于装载的货物，也可将其看作是个长方体，求出转动惯量，然后与车体转动惯量进行合并，求出整车的转动惯量。长方体的转动惯量为 $I=(L^2+W^2)/12$，L 为长方体的长，W 为长方体的宽。

1. 刚体转动动能定理。设刚体以角速度 ω 绕定轴 O 转动时，刚体的质量为 m，刚体转动惯量为 I，则刚体的转动能为：

$$E_k = \frac{1}{2} I_z \omega^2$$

它表示刚体绕定轴的转动动能等于刚体对此轴的转动惯量与角速度平方之乘积的二分之一。将物体的转动动能 $E_k = \frac{1}{2} I_z \omega^2$ 与平动动能 $\frac{1}{2} m V^2$ 相比较，也可以看出物体的转动惯量 I 对应于物体平动时的质量 m。

与刚体的动能定理相似，刚体定轴转动动能定理可表述为：合外力矩对刚体所做的功等于刚体转动动能的改变量。

$$M = \frac{1}{2} I_z \omega^2 - \frac{1}{2} I_z \omega_0^2$$

2. 角动量定理。作用在刚体上力矩在时间上的累积等于刚体角动量的改变量，表达如下：

$$\int_{t_1}^{t_2} M \mathrm{d}t = I\omega - I\omega_0$$

汽车在碰撞过程中发生旋转运动时，力矩 M 即碰撞力与该力 F 的作用线到汽车质心转动半径 r 的乘积，假设碰撞力的平均值 F，这时角动量方程可简化成下表达式：

$$F \cdot r \cdot t = I\omega - I\omega_0$$

碰撞力 F 与作用时间 t 乘积为碰撞力的冲量，即动量的改变量，所以汽车碰撞过程中角动量定理可进一步写成：

$$(mv - mv_0) \cdot t = I\omega - I\omega_0$$

在经典力学方法再现交通事故中，除以上介绍到的物理规律外，还要用到变速直线运动规律、力矩平衡及圆周运动等物理规律，这些物理规律不单独介绍，将在本书相关章节中讲解。

第三章　交通事故再现中的运动学理论

交通事故现场的地面痕迹，是指在交通事故发生过程中事故车辆车体相关部件、人体以及与事故有关的物件同地面接触而遗留在交通事故现场的印迹。交通事故地面痕迹主要为轮胎痕迹，此外还有人体倒卧、车体部件在地面上挫划沟槽、地面各种散落物等痕迹。交通事故现场地面轮胎痕迹是事故发生过程的客观记录，是交通事故再现分析的重要依据。在事故中车辆运动姿态和运动方向近似满足匀减速直线运动、圆周运动、抛物体运动等其中一个时，可根据现场遗留的痕迹或物证空间位置关系，利用运动学的一些基本规律进行交通事故再现分析。

第一节　轮胎痕迹的类型和识别方法

轮胎痕迹，是指轮胎相对于地面滚动、纵向滑动或侧向滑动等运动时留在地面上的印痕。这种印痕基本上与车辆原行进方向一致，有时也会因制动跑偏或外加力矩的影响而有所偏离。在制动过程中留下的轮胎印痕，一方面可反映出该车的行驶状态和行驶轨迹，另一方面也能反映出该车在制动前的行驶速度，还可以帮助分析车辆的类型。地面痕迹是交警在事故现场痕迹勘查时，应该着重勘查的一种现场痕迹。

地面轮胎痕迹之所以产生，是由于轮胎橡胶磨损后，作为橡胶配合剂的炭黑会“洒落”在地面上，而地面与轮胎的摩擦也会软化橡胶，使其附着于地面。汽车在不同运动状态时，由于轮胎的滑移比不同，留在地面上的轮胎痕迹也不同，大致可分为滚印、压印、拖印及侧滑印四种。

一、滚印

滚印，是指车轮在自由转动时，轮胎胎面印在软路面或者浮尘路面上的印迹，以及潮湿轮胎印在干燥路面上的印迹。特点是，无论沿轮胎印的横向还是纵向，轮胎胎面花纹都是清晰可见的（如图 3-1-1 所示）。

图 3-1-1　轮胎滚印

研究表明，由于不同车辆的轮胎型号不同，它们在地面上所留下痕迹的宽度、花纹以及特征也各不相同。即使是同一种轮胎，由于胎压、车速以及制动特点的不同，痕迹也会不尽相同。如图 3-1-2 所示，同一轮胎在不同气压下在地面上留下的滚印。

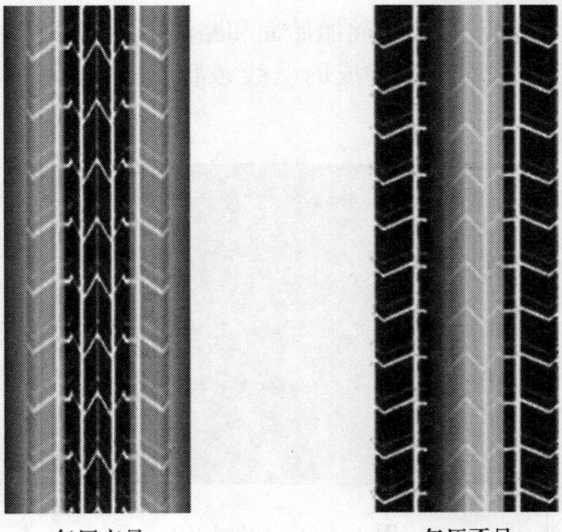

图 3-1-2　同一轮胎不同气压下的滚印

二、压印

压印，是指汽车在制动过程中，轮胎受制动力作用，沿行进方向相对地面作滚动、滑移的复合运动时，留在地面上的痕迹（如图 3-1-3 所示）。从痕迹形态上看，压印介于滚印与拖印之间，压印与滚印相比，颜色较浅，且能在一定程度上显示胎面花纹。压印往往形成于汽车制动初始阶段车轮未完全抱死时，近似等于胎面宽度，随轮胎滑移比的变化，会显示出模糊程度不同的胎面花纹，一般来说沿着行驶方向压印模糊程度逐渐增加。

图 3-1-3　轮胎压印

三、拖印

拖印，是指车辆轮胎受制动力作用，车轮处于抱死状态时，沿行进方向相对于地面作滑移运动的过程中，轮胎胎面和路面由于摩擦产生磨屑，刮擦下的轮胎橡胶粉末遗留在路面上，形成的呈线条状的黑色印迹（如图 3-1-4 所示）。

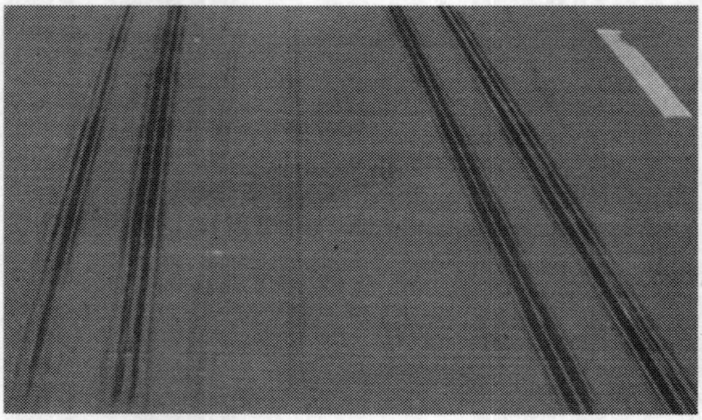

图 3-1-4　轮胎拖印

拖印特点是，痕迹呈带状而不能显示胎面花纹，痕迹宽度和轮胎宽度一致。当事故车辆轮胎气压不足时，轮胎痕迹呈现中间模糊两边清晰状态，大多数前轮制动拖印呈此状态；当轮胎气压过高时，轮胎痕迹呈现中间清晰两边模糊状态，大多数后轮制动拖印呈此状态。

四、侧滑印

侧滑印，是指汽车在行驶过程中，车轮发生侧滑时在道路上的印迹。侧滑印分为转向侧滑印和碰撞侧滑印。

1. 转向侧滑印。它是指汽车在高速、转急弯时，在转向离心力的作用下，车身发生横向滑移，轮胎相对于地面做斜向运动时留在地面上的印迹（如图3-1-5所示）。转向侧滑印的基本特点是，外侧比内侧轮胎痕迹的颜色深而且断面宽，外侧轮胎痕迹的颜色外深内浅有均匀排列的斜向短划线（如图 3-1-6 所示）。

图 3-1-5　轮胎转向侧滑印

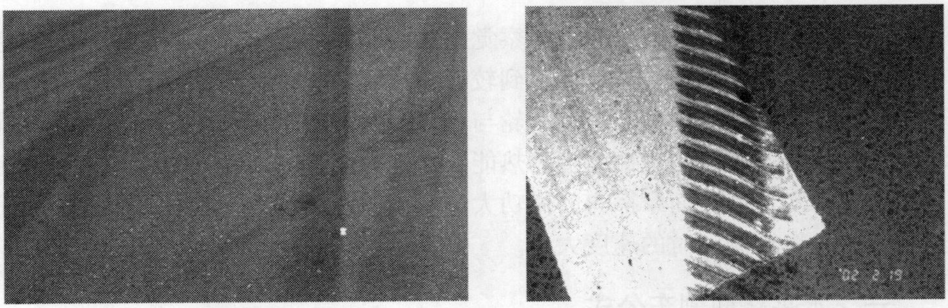

图 3-1-6　转向侧滑印特征

2. 碰撞侧滑印。它是指汽车在行驶中，被另一辆汽车碰撞，在碰撞冲击力的作用下，偏移原来行进的方向，轮胎相对于地面做斜向运动，此时地面上留下的印痕。由于碰撞后车辆运动方向突然发生变化，所以碰撞侧滑印的形状为折线形，具有突然方向转折点，转折点后的痕迹宽度比胎面宽度宽（如图3-1-7所示）。在交通事故现场勘查过程中，可以利用碰撞侧滑印突然转折点的位置判断车辆碰撞时的位置。

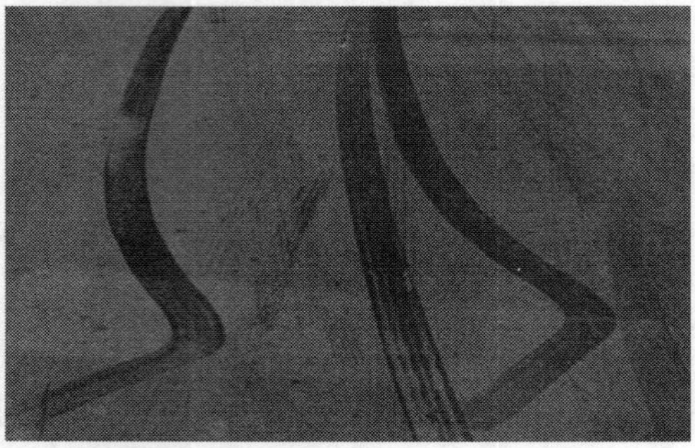

图 3-1-7　汽车碰撞侧滑印

另外，根据路面条件不同，遗留在路面上车轮痕迹还可分为平面痕迹和立体痕迹两种。立体车轮痕迹，经观察即可发现。而平面车轮痕迹的清晰度除受路面条件影响外，还与车辆的制动系形式（是否装备 ABS）与技术条件、制动强度、转向角（侧偏角）、轮胎气压与花纹、汽车速度等因素有关。在交通事故现场勘查中，可采用侧光或反射光观察发现。

第二节　利用汽车制动痕迹长度计算车辆行驶速度

车辆在行驶过程中，当驾驶员察觉到危险时，往往会采取制动措施来避免事故的发生，使车辆从较高速度降到较低速度。从能量转换角度分析，此时汽车的动能转换制动器内部摩擦及车轮与地面摩擦所产生的热能，其中大部分汽车动能转换成了车轮与地面摩擦的热能。这部分能量的转换是通过车轮与地面摩擦力做功实现的，而摩擦力的做功大小可以通过制动痕迹的长度求得，从而进一步求出车辆制动时的速度大小。

一、水平路面刹车公式

根据事故路段纵向是否有坡度，利用制动痕迹长度求车辆制动时的速度推导过程也不同，在水平路面由于重力方向与车辆行驶的速度方向垂直，重力不做功，所以此时重力不直接改变车辆制动时的动能。设某汽车在制动时的初速度为 v_1，经过制动速度减为 v_2，车辆与地面间附着系数为 φ，制动痕迹长度为 s，汽车的质量为 m，根据动能定理可得：

$$\frac{1}{2}m\,v_1^2 - \frac{1}{2}m\,v_2^2 = f \cdot s$$

轮胎与地间面的摩擦力大小：

$$f = \varphi mg$$

由上面两个公式，可以推导出非常重要的公式——刹车公式：

$$v_1 = \sqrt{2\varphi gs + v_2^2}$$

对于一般的道路交通事故，事故车辆经过制动后最终停止下来，所以末速度为零，此时刹车公式可以简化为：

$$v_1 = \sqrt{2\varphi gs}$$

上式中求出的速度单位为 m/s，汽车速度单位习惯用 km/h，因此需要进行单位换算。

【案例 1】某客车在水平路面上行驶时，因前方有行人突然横穿马路，驾驶员采取了紧急制动措施，客车在地面上留下的制动痕迹的长度为 11m，路面附着系数为 0.7，试求制动开始时的初速度。

解：将现场勘查所得到的数据代入刹车公式得：

$$v_1 = \sqrt{2\varphi gs} = \sqrt{2 \times 0.7 \times 9.8 \times 11} = 12.28\ (\mathrm{m/s}) = 44.23\ (\mathrm{km/h})$$

【案例 2】某日甲某驾驶摩托车与行人乙某发生碰撞，造成乙某受伤。摩托车在路面上的制动痕迹长度约为 7.5m，路面摩擦系数为 0.75，该路段限速为 50km/h（如图 3-2-1 所示）。事故中乙某主要伤及左小腿左侧，经对伤情鉴定系被摩托车撞击所致。

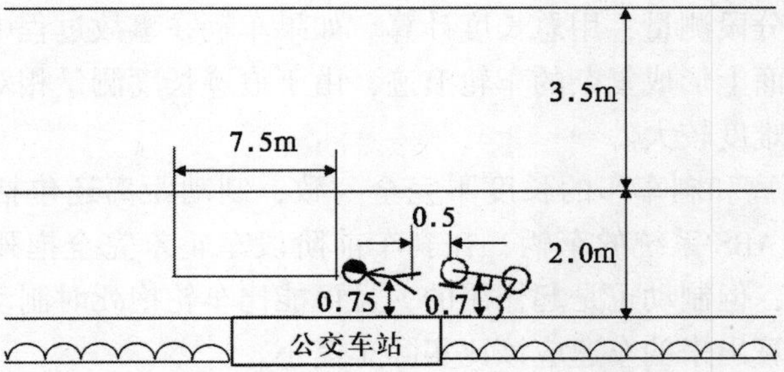

图 3-2-1 案例 2 交通事故现场勘查示意图

问题 1：行人乙某在被碰撞之前可能的行为？

问题 2：根据乙某的伤害部位，行人在碰撞前的哪种动向概率更大？

问题 3：该起事故中摩托车的行驶速度为多少？

问题 4：事故责任应该如何认定？

分析过程：

1. 行人动向分析。

(1) 乙行人可能是招呼公交车，也有可能是欲横穿道路。若是招呼公交车，应是右脚在前举右手，因此，右脚、右手会被摩托车碰撞。

（2）依据行人行动习惯，通常第一步都是迈左脚，因此，乙行人穿越道路的可能性比较大。

2. 摩托车驾驶动态分析。

（1）乙行人倒地位置距路边 0.75m，甲机动车倒地位置距路边 0.7m，距行人 0.5m；行人步幅一般约为 0.75m，显示行人跨第一步时即被撞；行人每走 2 步约需要 3s，因此行人跨一步约 1.5s.

（2）由刹车公式可知，摩托车行驶速度：

$$v=\sqrt{2\varphi gs}=\sqrt{2\times 0.75\times 9.8\times 7.5}=10.5\ (\mathrm{m/s})=37.8\ (\mathrm{km/h})$$

由上式计算可知，摩托车并没有超速行为。该道路限速为 50km/h，假设摩托车以最高限速行驶，并采取全力制动，根据刹车公式可计算出制动距离为 25m 左右。

综上所述，根据现场留下的制动痕迹及行人的伤情特点，此起事故的发生原因是行人突然横穿马路，导致摩托驾驶人避让不及而造成的。

二、利用刹车公式计算车速过程中的注意点

1. 该公式 s 是车轮痕迹的长度，车轮痕迹成直线就取直线长度；如果车轮痕迹是曲线，痕迹长度应该取曲线的长度进行计算；如果车轮痕迹是不连续的，需要进行分段测量，用总长度计算。如果车辆在事故过程中发生转动或侧摆运动，在地面上形成复杂的车轮痕迹，由于痕迹长度测量相对困难，运用此公式计算车速难度较大。

2. 制动距离和刹车印的长度不完全一致，制动距离还包括制动初期的空行距离，装有 ABS 系统的车辆，在刹车前阶段车轮未完全抱死之前，即使车轮痕迹不清晰，但制动也是起作用的，且可能比车轮抱死时制动效果好，所以按刹车公式计算出来的车速应该比实际车速小。

表 3-2-1 是日本学者经过实验得到的在不同的车速情况下，安装 ABS 汽车和没有安装 ABS 汽车的制动距离、制动痕迹长度的关系数据。

表 3-2-1　有无 ABS 制动距离对比表

有 ABS 系统			无 ABS 系统		
车速（km/h）	制动距离（m）	制动痕迹（m）	车速（km/h）	制动距离（m）	制动痕迹（m）
20.4	2.5	1.08	19.8	2.2	1.50
50.4	12.2	10.8	50.1	13.3	11.00
80.5	30.1	28.30	80.0	33.7	30.0
100.9	46.4	44.70	100.3	52.0	48.10

3. 根据刹车公式可知，理论计算出来车速与车辆本身重量无关，但事实上货运车辆以同样速度行驶时，超载时的制动距离比正常装载时距离长，如何解释这一现象呢？我们利用动能定理推导出的刹车公式是基于一个前提的，即车辆是在制动系统正常工作情况下的。要确保制动系统能正常工作，车辆必须在最大载荷范围内。如图 3-2-2 所示，汽车在制动过程中，轮胎可以当作转动体来研究。主要受到制动力（制动蹄和制动鼓之间作用力）f 的力矩 M_f，轮胎与地面间摩擦力 F 有力矩 M_F。设制动盘半径为 r，轮胎半径为 R。

制动力 f 力矩：$M_f = fr$　　(1)

摩擦力 F 力矩：$M_F = \mu NR = \mu mgR$　　(2)

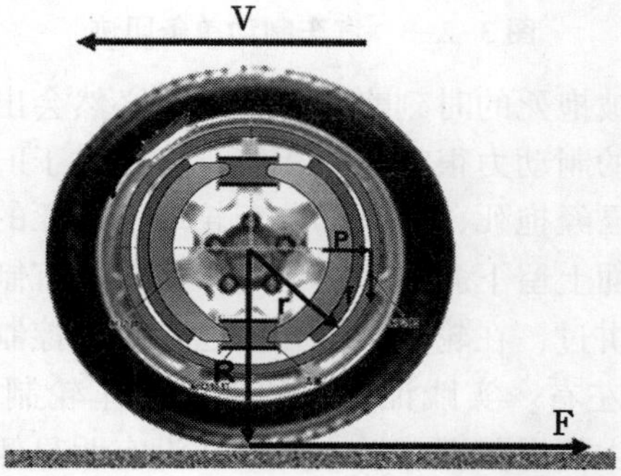

图 3-2-2　轮胎制动过程受力示意图

要让轮胎和路面之间相对处于滑动摩擦和滚动的临界点状态，需要满足 $M_f \approx M_F$。由（1）式和（2）式，可得制动力 $f = \varphi g \frac{R}{r} m$。所以，汽车在不同装载质量下，正常制动时的制动力大小是不同的。但对任何一辆汽车的制动系统，存在一个最大制动力 f_{MAX}，此时对应的是汽车的核载质量。汽车在超载情况下，$f \neq \varphi g \frac{R}{r} m$、$M_f \neq M_F$，直接导致汽车的制动效果不佳，制动距离延长。另外，由于车辆超载，车胎内气体受压缩做功，车胎发热严重，导致路面附着系数略有降低。

4. 我们常常看到汽车在制动中，四个轮子留在地面上的刹车印长短不一，有时只有一侧，甚至只有一个轮子留下了明显的刹车印（如图 3-2-3 所示）。面对这些现象，事故处理民警常常提出这样的问题：在长短不一的刹车印中，应该以哪条印迹计算车速？若只有前轮或只有后轮，或甚至只有一个轮子制动呢？

图 3-2-3　汽车制动单条印迹

各车轮在制动中被抱死的时刻略有差异，就必然会出现刹车印痕长短不一的现象，一般各车轮的制动力很难保持相等，特别对于旧车更是如此，于是有可能出现一部分车轮已经抱死，另一部分车轮却抱不死的情况，这样就会造成只有一部分车轮在路面上留下刹车印，但这不代表没有制动痕迹的轮胎就没有制动。在第二章我们讲过，在轮胎被抱死前已存在摩擦制动，而且最大摩擦力是出现在滑移比 20%左右。实践证明，如果一侧车轮制动系统发生故障，车辆在行驶过程中将发生侧滑甚至旋转，所以在没有明显侧滑的情况下，应该以四个轮子制动分析计算。在利用刹车公式计算车辆速度时，只要对肇事车辆的鉴定中未发现有制动装置失灵的情况，即使只有一个车轮有刹车痕迹，也应作为四轮制动处理。

三、只有前轮或只有后轮制动的刹车公式

交通事故肇事车辆，由于机械故障或其他原因，可能只有前轮或只有后轮实施有效制动的现象，影响车辆的制动效果。对于这种现象，刹车公式要进行参数修正，需要用到重心和力矩等物理知识。

（一）车辆重心测量

汽车的重心，是指地球对汽车各部分的万有引力，即重力的合力的作用点。在交通事故再现的计算车辆的速度过程中，往往需要确定事故车辆的重心位置。汽车的重心位置可以直接查阅汽车的参数资料或者通过测量汽车的前后轴轴距及轮距，运用力矩平衡方法求解（如图 3-2-4 所示）。

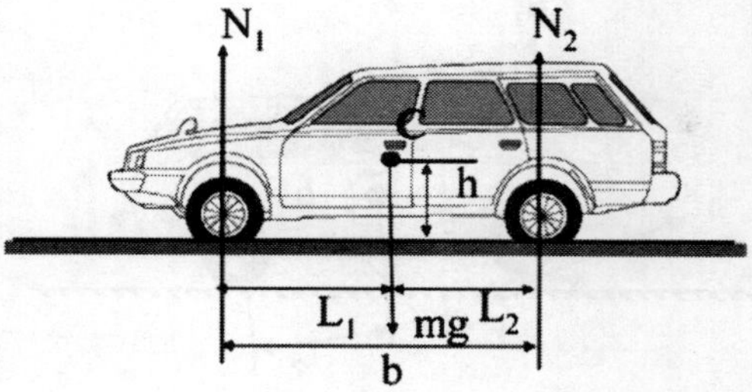

图 3-2-4 汽车重心测量图

图中各字母含义：

C——汽车的重心。

b——汽车的轴距，可以查阅参数资料或直接测量得到。

mg——汽车的重量，可以查阅参数资料或直接测量得到。

N_1、N_2——汽车前后轴的轴重，即对前后轴对地面的正压力。轴重可以查阅参数资料或通过地磅秤或检测线上称出得到。

L_1、L_2——重心距前后轴的水平距离。

h——重心离地面的高度。

静止的汽车，受到的外力合力为零，且外力的合力矩也必然为零。在计算重心与前后轴的水平距离时，可以把汽车看成是以车轴为转轴的转动平衡。

将车辆前轴看成转动轴，根据力矩平衡原理可得：

$$N_2 \times b = mg \times L_1$$

同理，将车辆后轴看成转动轴，根据力矩平衡原理可得：

$$N_1 \times b = mg \times L_2$$

由以上两个式子可得车辆重心与前后轴的水平距离满足下面两个关系式：

$$L_1 = \frac{N_2 \times b}{mg} \text{和} L_2 = \frac{N_1 \times b}{mg}$$

【案例】某小车前轮重 800kg，后轮重 600kg，前后轴距为 2. 5m，求该车的重心到前后轴的水平距离。

分析：直接代入公式，重心到前轴的距离为 1. 07m，到后轴的距离为 1. 43m。

通过上面条件可以求出重心与前后轴水平距离，如要进一步得到定重心离地面高度，则要在前面计算的基础上，再测出重心的高度 h。具体方法是用千斤顶使前（后）轮升起一定的刻度 d，让前后轴连线与水平面成夹角 α。重新测量前（后）轮重，并利用力矩平衡进行计算（如图 3-2-5 所示）。

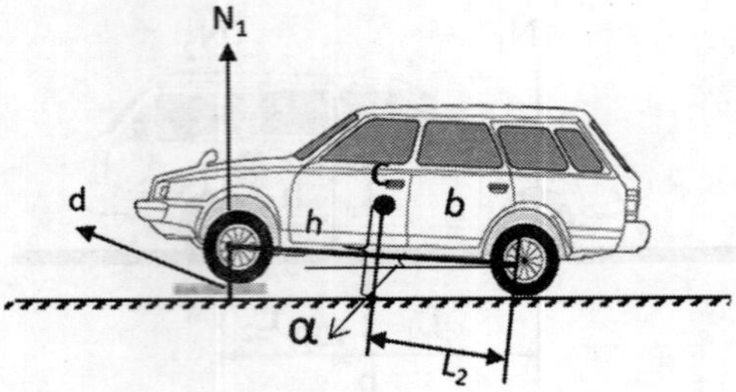

图 3-2-5 汽车纵向重心测量图

在操作时，d 往往很小，确保夹角 α 不大于 5 度，此时夹角 α 正弦值与正切值近似相等，重心离地面的高度满足下面关系式：

$$h = \frac{(mg\,L_1 - N_1 b)\,b}{mgd}$$

（二）只有前轮或后轮制动刹车公式

如图 3-2-4 所示，假设汽车因制动器故障，只有前轮制动，由重心位置及力矩平衡可得，汽车前轮对地面的压力为：

$$N_1 = \frac{mg}{b - \varphi h} L_2$$

可见，当只有前轮制动时，前轮轴重会加大，后轮轴重会减小，这被称为负载前移。可以证明，无论是前轮、后轮还是四轮制动时，都会产生负载前移现象。我们平时看到的当汽车减速或刹车时车头下沉的“点头”现象就是由于此原因造成的。当只有前轮制动时，汽车制动过程中所受地面摩擦阻力为：

$$f = \varphi\,N_1 = \frac{\varphi mg}{b - \varphi h} L_2 = \varphi kmg$$

其中 k 为刹车因素修正系数，大小为：

$$k = \frac{L_2}{b - \varphi h}$$

根据动能定理，可得出只有前轮制动时的刹车公式：

$$v_0 = \sqrt{2\varphi kgs}$$

用同样方法可以求得，只有后轮制动时的刹车因素修正系数刹车公式：

$$k' = \frac{L_1}{b + \varphi h}$$

此时的刹车公式为：

$$v_0 = \sqrt{2\varphi\,k'gs}$$

对于普通轿车，由于发动机前置，汽车重心与前轴距离 L_1 比与后轴距离

L_2小，所以单轴制动时刹车因素修正系数满足 $k < k'$，就单轴制动而言，前轴制动效果比后轴制动效果好。

在实践中，修正值 k 可根据车辆检验结果测定，全轮制动时 $k=1$，一前轮和一后轮制动时 $k=0.5$，只有前轮或后轮制动时 k 的取值视汽车形式而定，对于发动机前置前驱动的轿车在良好路面只有前轮制动时 $k=0.6 \sim 0.7$，而只有后轮制动时 $k=0.2 \sim 0.3$。

【案例】某汽车碰撞行人的事故现场，汽车从碰撞点到停止位置，留下了30m 长的前轮刹车拖印。经车检发现该车后刹车已失灵，只有前轮制动，该车重心高 0.8m，重心到后轴的距离为 1.5m，前后轴距为 2.5m。已知轮胎与路面的附着系数为 0.7，求该车发生碰撞前的车速。

分析：运用只有前轮制动的刹车印公式：

$$v_o = \sqrt{2\mu g(\frac{L_2}{b - \mu h})s}$$

代入有关数据得：

$$v_o = \sqrt{2 \times 0.7 \times 9.8 \times (\frac{1.5}{2.5 - 0.7 \times 0.8}) \times 30} = 17.8\ (\mathrm{m/s}) = 64.2\ (\mathrm{km/h})$$

讨论：若同样的数据，肇事车为四轮制动或后轮制动，车速大小又如何呢？

若为四轮制动，则：

$$v_o = \sqrt{2 \times 0.7 \times 9.8 \times \times 30} = 20.3\ (\mathrm{m/s}) = 73\ (\mathrm{km/h})$$

若只有后轮制动，则

$$v_o = \sqrt{2\mu g(\frac{L_1}{b + \mu h})s} = \sqrt{2 \times 0.7 \times 9.8 \times (\frac{2.5 - .15}{2.5 + 0.7 \times 0.8}) \times 30}$$

$$= 11.6\ (\mathrm{m/s}) = 41.8\ (\mathrm{km/h})$$

可见，四轮制动效率最高，在 30m 制动距离内能使汽车速度从 73.0km/h 降到为零。

四、坡度路面刹车公式

汽车在具有纵向坡度的道路行驶过程中，所受重力可分解成平行路面和垂直路面的两个分力，其中垂直路面的分力方向与行车方向在同一条直线上，起到阻碍或促进汽车行驶的作用，根据动能定理可以得到在坡度上的刹车公式：

$$v_o \approx \sqrt{2(k \pm tg\theta)gs}$$

k 为刹车因素修正系数，θ 为道路坡度角。公式是正向坡度（上坡）取“+”，负向坡度（下坡）坡取“−”。

测量道路坡度角可以采用专业的坡度测量仪，如果没有坡度测量仪也可采用图 3-2-6 所示方法，需用到两根直尺和一个水平仪。在测量时，要确保一根尺子水平放置，而另一根尺子竖直放置状态，则坡度角所对应的正切值 $tg\theta=\frac{M}{L}$。有些地方把该值称为道路坡度，用字母 i 表示。

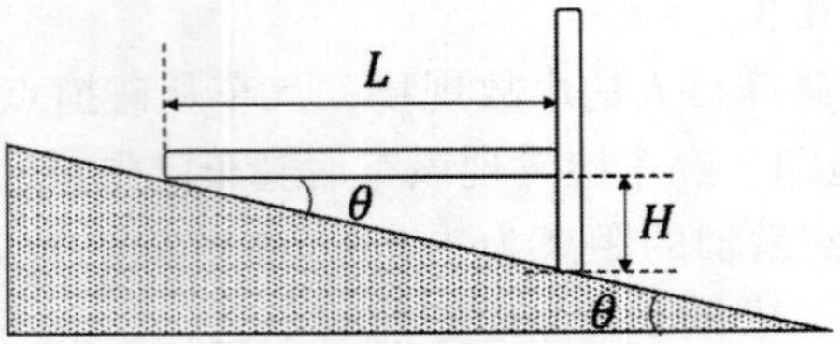

图 3-2-6　道路坡度测量示意图

第三节　侧滑交通事故车辆速度分析

汽车在转弯、掉头、弯道行驶过程的运动轨迹近似一段弧线，可看成圆周运动的一部分，行驶时存在离心现象，在离心力的作用下可能发生侧滑，侧滑过程中路面上会形成侧滑印。本节从侧滑印出发，利用圆周运动规律分析车子侧滑时的速度。

一、圆周运动基本的规律

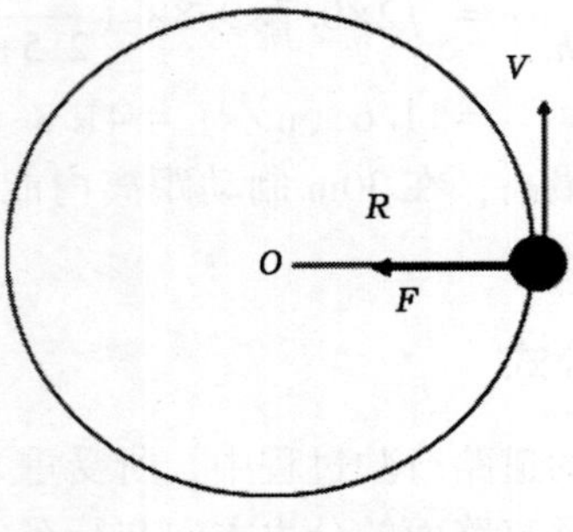

图 3-3-1　圆周运动规律示意图

若质量为 m 的物体，沿着半径为 R 的圆周运动（如图 3-3-1 所示）。则该物体必须受一个指向圆心的力 F，否则将发生离心现象。提供该物体圆周运动所需的向心力 F，与物体运动速度 V（ω）满足基本关系式为：

$$F = \frac{m v^2}{R} = m \omega^2 R$$

物体作圆周运动时，向心力 F 往往是由某个外力或多个外力的合力提供。汽车在弯道、掉头等作曲线行驶时，主要由轮胎与地面间沿车轴方向纵向摩擦力提供向心力，如果是超高设计路面，重力沿车轴方向纵向分力和纵向摩擦力合力共同提供。

为了方便研究物体的离心现象，我们引入离心力的概念，实际上离心力是不存在的，它是一种惯性力。为了方便理解，可以认为离心力是向心力的反作用力，所以离心力与向心力之间大小相等，方向相反。当物体作圆周运动时未发生离心现象时，物体所受指向圆心的合力与离心力大小相等；当发生离心现象时，物体所受指向圆心的合力小于离心力。

圆周运动规律可以用来分析汽车转向特性，这一特性对高速行驶时的汽车稳定性起较大的作用。汽车转向设计有不足转向、适中转向和过度转向三种（如图 3-3-2 所示）。采用不足转向设计汽车随着车速的增加，汽车向圆外侧行驶，即发生离心现象；适中转向车辆随着车速的增加，仍在既定的圆上行驶；过度转向随着车速的增加，汽车向圆内运动，即向心运动。

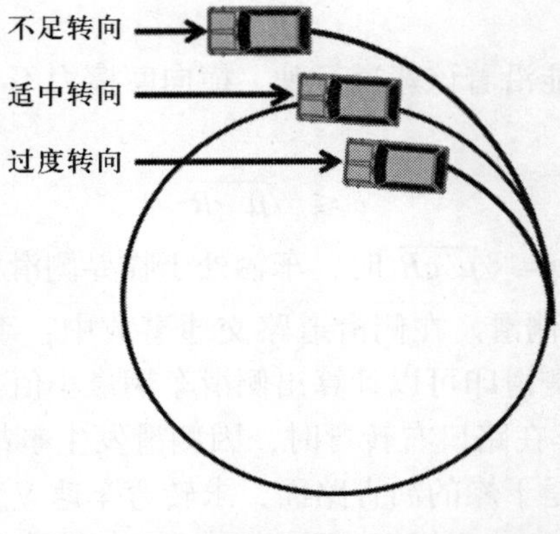

图 3-3-2　三种转向汽车行驶状态示意图

二、汽车发生转向侧滑时的速度分析

据统计，高速公路上因侧滑而引发的事故占 40%，侧滑主要有两种，一是转向侧滑，二是碰撞侧滑。转向侧滑在转弯、调头或沿弯道行驶时，由于轮胎与地面间的摩擦力不足以提供作圆周运动所需要的向心力，引起汽车发生侧滑。此类侧滑交通事故可以运用圆周运动的规律分析汽车发生转向侧滑的原因，并求出汽车发生侧滑的临界速度。

若某质量为 m 的汽车以速度 v，沿半径为 R 的水平弯道行驶（如图 3-3-3 所示），因为此时提供车辆作圆周运动的向心力由轮胎与地面间横向摩擦力提供。

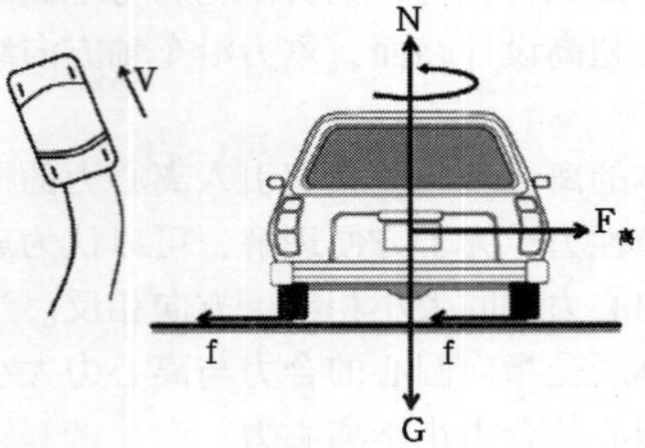

图 3-3-3　水平路面汽车转弯轴向受力示意图

汽车受到的离心力大小为：

$$F = \frac{m\,v^2}{R}$$

物体所受指向圆心的合力，即轮胎与地面横向摩擦力：

$$f = \mu' mg$$

为了保证该汽车能沿着该弯道行驶，横向摩擦力不小于离心力大小，因此可得：

$$v \leqslant \sqrt{\mu' gR}$$

当车辆行驶速度 $v = \sqrt{\mu' gR}$ 时，车辆处于临界侧滑状态；当车辆速度 $v > \sqrt{\mu' gR}$ 时，车辆发生侧滑。在侧滑道路交通事故中，事故车辆速度肯定大于临界速度，所以通过侧滑印可以计算出侧滑车辆最小值。

【案例】一辆汽车在路口右转弯时，因侧滑发生事故。经现场勘查，汽车转弯半径 20m，道路是干燥的沥青路面，求转弯车速 V。

分析：已知 R = 20m，干燥沥青路面 $\mu = 0.7$，横向侧滑附着系数为：

$$\mu' = 0.97\mu + 0.08 = 0.76$$

侧滑临界速度：

$$v = \sqrt{\mu' gR} = \sqrt{0.76 \times 9.8 \times 20} = 12.2\ (\text{m/s}) = 43.9\ (\text{km/h})$$

以上求出的侧滑临界速度即发生侧滑最小速度，所以实际车速只可能比这个速度值大。

由侧滑临界速度可知，汽车发生侧滑与车辆行驶速度、路面附着系数和行驶转弯半径三个因素有关。研究表明，汽车在行驶过程中有三种不同原因引起的侧滑离心现象。

1. 制动时后轴的侧滑。对于未安装置 ABS 系统和制动力失调的汽车，当紧急制动时，一般会出现前轮先抱死或者后轮先抱死的现象。研究表明，在制动过程中，若确保前后轴同时抱死或前轴先抱死后轴始终不抱死，则能防止后轴侧滑。有人做过大量实验，总结了以下两点：

（1）制动过程中若是前轮先抱死，汽车基本上直线向前减速停车，汽车处于稳定状态，但在弯道行驶时，汽车丧失转向能力。

（2）若后轮比前轮提前 0.5s 以上时间先抱死，且车速超过 48km/h 时，由于后轮抱死与地面附着能力变小，在外界微小的侧向力作用下，就会发生后轴侧滑，汽车高速运动，甚至发生车辆掉头和旋转现象。

2. 过多转向的侧滑。汽车在弯道行驶、掉头行驶过程中，由于转弯半径过小，使得需要维持转弯的向心力大于轮胎与地面的最大附着力，而发生侧滑现象。实践表明，对于过多转向特性的汽车，当行驶速度上升到临界车速后，即使是直线行驶，方向盘稍微转动或受侧向力扰动也会引起汽车急转而侧滑。

3. 低附着系数路面上的侧滑现象。汽车在冰雪路面、湿路面上行驶时，即使不采取任何制动措施，后轴也易发生侧滑现象。这是由于冰雪路、湿路面的附着系数较小，而引起车辆与地面间的附着力减少引起的。

在交通事故勘查过程中，为了分析侧滑交通事故车辆速度，民警需要测量汽车行驶轨迹半径。在实践过程中有两种方法：一是测出侧滑印轮胎痕迹弧线半径；二是如果车辆在弯道行驶且侧滑印难以测量的情况下，可以把道路弯道半径近似侧滑车辆发生侧滑时的轨迹半径。弧线半径可以按以下方法进行测量（如图 3-3-4 所示）。

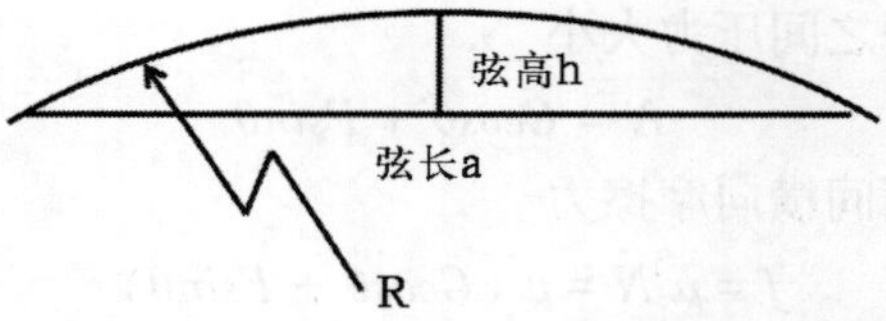

图 3-3-4　侧滑印半径测量

根据几何关系，弦长满足计算公式：

$$R = \frac{4h^2 + a^2}{8h}$$

测量过程中要注意以下几点：

（1）在测量道路的弯道半径时，如果公路边缘不整齐，圆弧截取时宜长些，这样可以减少测量误差。

（2）公路弯道内外侧圆弧半径不一样，汽车行驶实际半径应修整。

（3）随着汽车在侧滑中因消耗动能逐渐减速，侧滑印的曲率半径在减小，在测量过程可以选择多段测量，推算出车辆的在每一段临界侧滑速度。

三、超高设计道路侧滑速度分析

高速公路和等级较高公路，为了便于车辆转弯，在弯道处有横向正坡度(超高设计)。在这种道路上行驶，提供汽车转弯时的向心力除了地面与轮胎横向摩擦力以外，还有重力沿车轴指向内侧分力，离心力沿路面分力使车子发生侧滑，受力分析如图 3-3-5 所示。若某质量为 m 的汽车以速度 v、沿半径为 R 且水平夹角为 θ 的弯道行驶，此时车辆的受力情况如下：

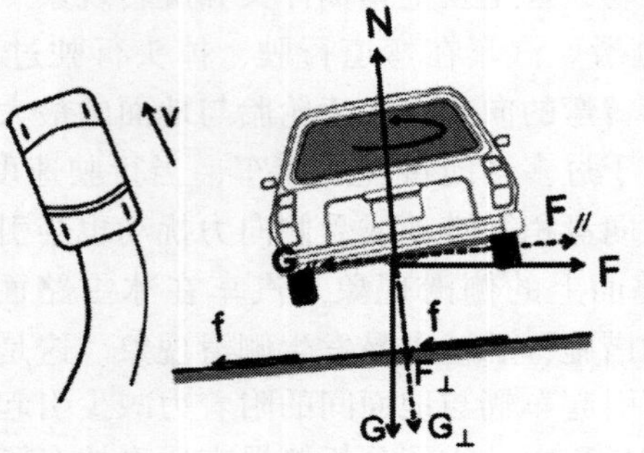

图 3-3-5　超高设计路面汽车转弯轴向受力示意图

(1) 受到离心力大小

$$F = \frac{m v^2}{R}$$

(2) 汽车与地面之间压力大小

$$N = G\cos\theta + F\sin\theta$$

(3) 轮胎与地面间横向摩擦力

$$f = \mu' N = \mu'(G\cos\theta + F\sin\theta)$$

(4) 沿着路面指向弯道半径的合力

$$F' = f + G\sin\theta$$

要确保不发生侧滑，沿着路面指向弯道半径的合力 F' 不得小于离心 F 沿路面力，即：

$$F\cos\theta - G\sin\theta \leqslant \mu'(G\cos\theta + F\sin\theta)$$

发生临界侧滑时 $F' = F$，将有关参数代入，可求得在具有横向正坡度道路行驶的车辆侧滑时的临界值：

$$v = \sqrt{\frac{(\mu' + tg\theta)gR}{1 - \mu' tg\theta}}$$

式中 $tg\theta$ 为道路横向坡度值，有时用字母 i 表示。有些道路因长时间没有维护保养，可能会造成外侧低而内侧高的现象，这种道路叫横向负坡度（负超高），重力的分力和向心力方向相反。汽车在这种道路上行驶容易发生侧滑，推算侧滑临界速度只要将上式中坡度值以负值代入即可：

$$v = \sqrt{\frac{(\mu' - tg\theta)gR}{1 + \mu' tg\theta}}$$

【案例】民警在勘查一起发生在一级公路上车辆撞击路边护栏道路交通事故时，事故车辆轮胎痕迹呈弧形，且外侧痕迹相对于内侧痕迹宽而长。民警测量一段弧形轮胎痕迹时，当弦长 a = 30m，中间矢高 h = 0.82m。事故路段为一弧形弯道，弯道圆曲线最小半径为 350m，路面沿滑动方向呈上坡，坡度 $tg\theta$ = 0.03，横向附着系数 μ' = 0.6。求：（1）推算发生事故前的速度。（2）判断这是一起什么类型的交通事故，引发这起事故的原因是什么？

分析：

（1）根据现场轮胎痕，具有侧滑印痕迹的特点，所以这是一起因侧滑而撞击护栏引起的道路交通事故。根据民警在测量侧滑印时所提供的数据，根据曲线半径的求解方法可知：

$$R = \frac{4h^2 + a^2}{8h} = \frac{4 \times 0.82^2 + 30^2}{8 \times 0.82} \approx 137.6\ (\text{m})$$

事故路段有横向的正坡度，根据这种路段的侧滑时临界速度为：

$$v = \sqrt{\frac{(\mu' + tg\theta)gR}{1 - \mu' tg\theta}} = \sqrt{\frac{(0.6 + 0.03) \times 9.8 \times 137.6}{1 - 0.6 \times 0.03}} = 29.4(\text{m/s}) = 105.8(\text{km/h})$$

所以，车辆在发生事故前，行驶速度在 105.8km/h 以上。

（2）事故路段为一级公路，我国一级公路的限速为 90km/h。事故车辆明显超速行驶，且在事发弯道外道路内侧半径达 300m，而车辆在发生事故时在路面上留下弧形痕迹半径为 137m，所以驾驶员也有因转向过小而引发侧滑事故的可能。

道路的圆曲线最小半径是以汽车在曲线部分能安全而又顺适地行驶所需要的条件而确定的，即车辆行驶在道路曲线部分所产生的离心力等横向力不超过轮胎与路面的摩擦阻力所允许的界限。根据侧滑临界速度，可以计算出圆曲线半径的通用计算公式为：

$$R = \frac{v^2}{127(\mu + i)}$$

式中：R——曲线半径（m）；

V——设计速度（km/h）；

μ——横向力系数，取轮胎与路面之间的横向摩阻系数；

i——路面横坡度或超高横坡度，以小数表示，反超高时用负值。

在公路工程和城市道路工程规范中，对道路的限速和曲线半径进行了明确的规定，为了确保弯道行驶安全，一般情况下不小于不设超高最小半径值的相关标准，只有受到地形或其他条件限制时，方可采用超高设计的最小半径值。

第四节 侧翻交通事故车辆速度分析

离心侧翻现场常发生于车辆转弯、掉头、弯道行驶过程，尤其是重心较高的车子更容易发生侧翻事故。由于汽车侧翻往往伴随着滚动现象，加之通常轮胎和车身会与路面发生多次接触，所以汽车侧翻事故的再现分析是一个复杂的过程，此类事故的再现分析难度较大。

一、侧翻交通事故的类型及阶段

侧翻交通事故，是指汽车在行驶过程中，因在非惯性力或其他外力的作用下，绕其纵向轴转动，以致车身与地面或道路护栏相接触碰撞的一种极其危险的交通事故类型。根据导致侧翻事故的作用力性质不同，可将侧翻道路交通事故分为三种：离心侧翻交通事故、侧倾侧翻交通事故及碰撞侧翻交通事故。碰撞侧翻事故包括车辆互碰和车辆与道路设施碰撞。有些学者根据侧翻成因又将其分为操稳型侧翻（非绊倒型侧翻）、绊倒型侧翻。本书中所指离心侧翻为非绊倒型侧翻，而碰撞侧翻则大多为绊倒型侧翻。侧翻事故一般分为三个阶段，即侧滑阶段、侧翻阶段和翻滚阶段。

（1）侧滑阶段。此阶段是典型汽车侧翻事故全过程的第一阶段。在该过程中，一般汽车会在路面上留下侧滑印迹，可以通过侧滑印推算出车辆在侧滑时的临界速度。

（2）侧翻阶段。此阶段是侧翻事故全过程中持续时间最短的一个阶段。一般情况下，该阶段大约持续 0.5s，也是汽车滚翻事故再现分析中难度最大的一个阶段。

（3）翻滚阶段。在该阶段中，事故车辆的车身会与路面发生一次或多次的接触，损失能量，降低速度，直至汽车处于静止状态。同时车身和路面上的损伤会记录两者之间每一次的接触，为再现分析该阶段提供最直接的物理证据。

二、侧翻交通事故基本动力学模型

汽车在高速行驶过程中，由于速度及惯性的原因，对车辆平衡有着相当严格的要求。根据实践来看，非因外力撞击侧翻的车辆重心普遍较高或偏向车体一侧，这种车辆在紧急制动或曲线行驶过程中容易发生侧翻事故。造成车辆重心偏高或偏向一侧主要有以下几种原因：一是由于汽车本身重心离地面位置较高；二是由于超载使得车辆重心抬高；三是装载货物摆放不均衡造成车辆重心位置偏车体一侧。

分析车辆在侧翻时的速度可以利用“推箱”模型（如图 3-4-1 所示）。

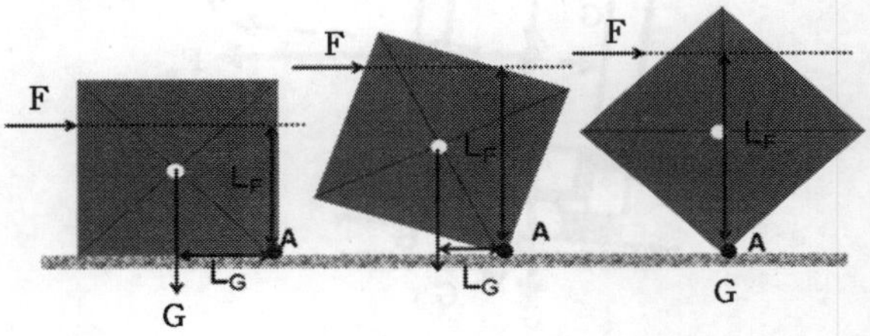

图 3-4-1　“推箱”模型示意图

在平衡位置，以箱体的 A 点视为转动轴，当外力 F 的力矩大于重力 G 的力矩时，箱体开始绕 A 轴转动。一旦箱体转动后，如果外力 F 没有减少，则转动效果将进一步加剧，因为此时力 F 的力臂增长，而重力 G 力臂缩短。当外力 F 力矩一直大于重力 G 力矩，直到箱体重心与转轴在同一竖直面上，箱体发生翻转。

（一）离心侧翻交通事故力学模型

离心侧翻交通事故，是指汽车做曲线运动时，由于存在离心运动而引发侧翻交通事故。这种类型的侧翻事故常发生在掉头、转向、弯道行驶过程中，有时也因为车辆失控侧滑而引起。

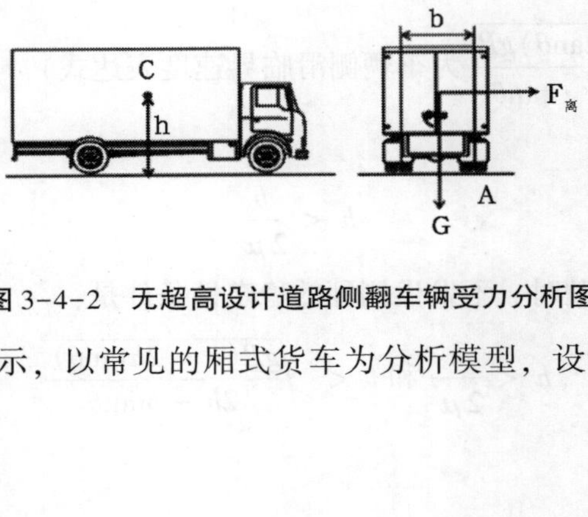

图 3-4-2　无超高设计道路侧翻车辆受力分析图

如图 3-4-2 所示，以常见的厢式货车为分析模型，设该货车在进行曲线运动时，受到离心力 $F_离$ 作用，车辆重心离地面高度为 h，汽车重量为 G，车辆轴距为 b，车辆行驶轨迹曲线半径为 R，外侧轮胎 A 在侧翻时可视为转动点。

根据“推箱子”模型，发生侧翻满足 $M_G \leqslant M_F$，可以推导出侧翻的临界速度为：

$$v_{临界} = \sqrt{\frac{gRb}{2h}}$$

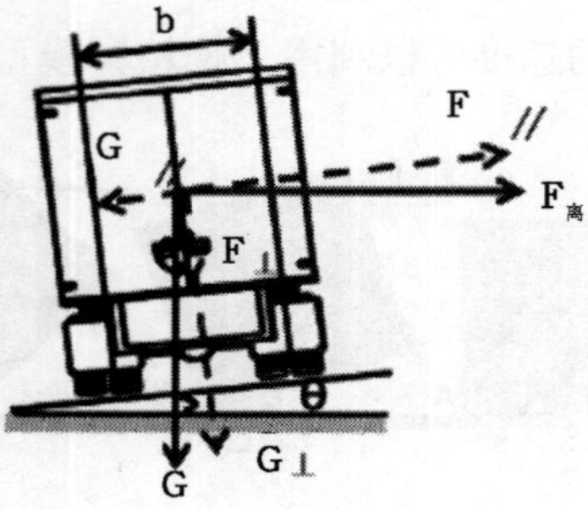

图 3-4-3　超高设计道路侧翻车辆受力分析图

如果道路存在横向坡度（如图 3-4-3 所示），根据“推箱”模型可知，代入参数并整理得到具有横向坡度（超高）的道路侧翻临界速度为：

$$v_{临界} = \sqrt{\frac{gR(b + 2h\tan\theta)}{2h - b\tan\theta}}$$

上式中，如果横向为负坡度（即负超高），计算时坡度值应取负值。

典型侧翻交通事故的车辆往往是先发生侧滑，如果在侧滑时速度没有有效减少，接下来就会发生侧翻现象，这就要求满足：

$$\sqrt{\frac{gR(b + 2h\tan\theta)}{2h - b\tan\theta}} > \sqrt{\frac{(\mu' + \tan\theta)gR}{1 - \mu' \cdot \tan\theta}}$$

（注：$\sqrt{\frac{(\mu' + \tan\theta)gR}{1 - \mu' \cdot \tan\theta}}$ 为车辆侧滑临界速度表达式）

整理得：

$$h < \frac{b}{2\mu'}$$

所以，转弯行驶时，不发生侧翻的稳定性条件是：

$$h < \frac{b}{2\mu'} \text{ 和 } v < \sqrt{\frac{gR(b + 2h\tan\theta)}{2h - b\tan\theta}}$$

式中：b—— 车辆轮距；

h—— 车辆重心高度；

$tan\theta$—— 道路超高设计值；

μ'—— 横向摩擦系数；

R—— 转向半径；

g—— 重力加速度。

由离心侧翻交通事故的力学模型可知，影响汽车发生侧翻的因素主要有：

（1）车辆的重心高度。车辆的重心高度是导致车辆侧翻的一个关键因素，将式 $v_{临界}=\sqrt{\frac{gRb}{2h}}$ 利用数学上的直接求导的局部灵敏度分析方法，求出 $\frac{\partial v_{临界}}{\partial R}$、$\frac{\partial v_{临界}}{\partial b}$、$\frac{\partial v_{临界}}{\partial h}$，比较 $v_{临界}$ 受到 R、b 和 h 等因素的影响程度。偏导数求解结果如下：

$$\frac{\partial v_{临界}}{\partial R}=\sqrt{\frac{gb}{2h}}R^{-\frac{1}{2}};\ \frac{\partial v_{临界}}{\partial b}=\sqrt{\frac{gR}{2h}}b^{-\frac{1}{2}};\ \frac{\partial v_{临界}}{\partial h}=\sqrt{\frac{gRb}{2}}h^{-\frac{3}{2}}$$

由上述三个偏导数表达式，可以知道 $v_{临界}$ 受到车辆重心高度变化灵敏度最大。当同一辆汽车做同一转向半径行驶时，利用 Matlab 语言绘制发生临界侧翻时重心高度与速度之间关系图，满足如图 3-4-4 所示的函数图形关系。

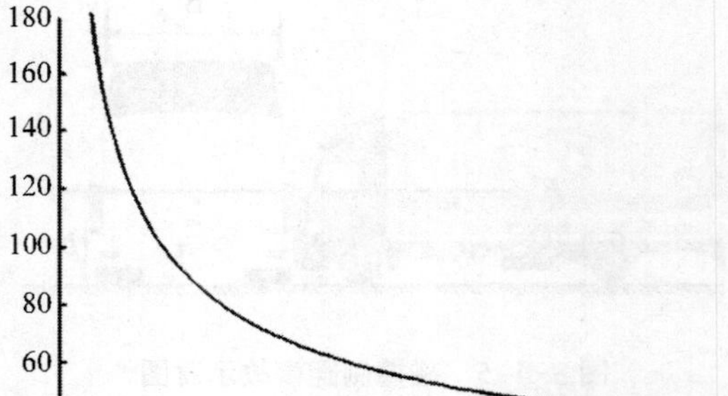

图 3-4-4　临界侧翻速度—重心高度图

由图像可知，当车辆重心高度较低时，临界侧翻速度随着高度增加而迅速减小；当车辆重心高度较大时，临界侧翻速度随着高度增加变化趋缓，且一直处在一个较低的速度范围之内。所以，当车辆重心过高，即使在较低速度行驶时，也极易导致车辆侧翻事故发生。微型面包车、大中型客车、各种厢式货车、槽罐车等车辆由于车辆本身或因装载重心过高，成为侧翻交通事故的主要车型。

（2）车辆的轮距。汽车的轮距是影响侧翻的另一个因素，轮距越大的车辆越不容易发生侧翻。对于三轮车，由于前轴只有一个车轮，轮距在分析时可以看作为0，所以三轮车极其容易发生侧翻交通事故。

（3）车辆的行驶速度。当车辆做曲线运动且行驶速度大于侧翻临界速度时，驾驶员没有采取有效降速措施，车辆就有发生侧翻的可能。

（4）车辆的行驶半径。车辆行驶在弯道上或因超车、避让、侧滑、制动器故障、驾驶员的驾驶行为等原因，车辆行驶轨迹具有一定的曲率半径，根据圆周运动规律，在同样的速度下行驶，行驶半径越小，离心现象越严重，越容易发生侧翻。

（5）道路的摩擦系数。道路摩擦系数过小，容易使车辆发生侧滑失控，进一步导致侧翻交通事故。因积水（雪）结冰造成路面摩擦系数下降，成为车辆侧翻的重要诱发因素。

（6）道路的超高设计。超高设计路面重力可以提供圆周运动所需要的向心力，所以在弯道处，如果不采用超高设计，更容易发生侧翻交通事故。

（二）碰撞侧翻交通事故力学模型

碰撞侧翻事故是车辆在行驶过程中，侧面受到外力作用而发生的侧翻交通事故。导致侧翻的外力可能是来自其他车辆的碰撞力，也可能是车辆自身碰撞道路上的物体时产生的碰撞力。本章以车辆间的碰撞力作为分析模型。

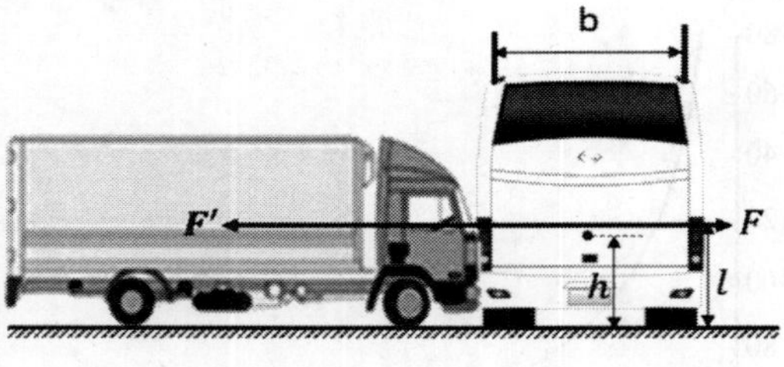

图 3-4-5　碰撞侧翻事故示意图

碰撞侧翻交通事故常常发生在交叉路口，其中的一方车辆是因违反交通规则而造成的，撞击另一车辆（弹车）侧面或被另一车辆碰撞（耙车）（如图3-4-5所示）。设客车的重心高度为h，轮距为b，F的作用线与地面的高度为l，侧向滑移摩擦系数为μ，根据“推箱子”模型，客车在受到货车的碰撞力F作用下，存在两种可能的情形（如图3-4-6所示）。

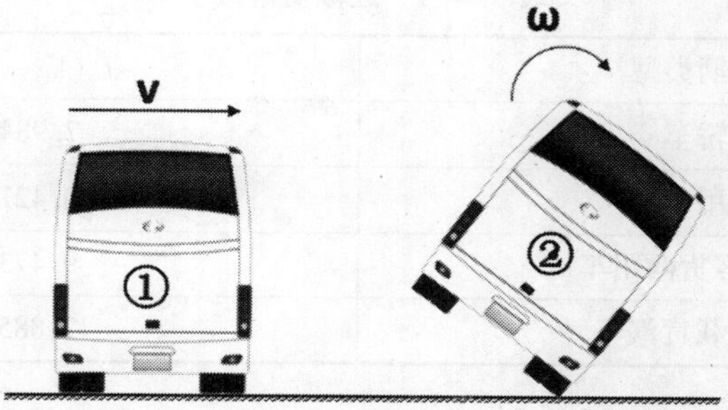

图 3-4-6　客车受碰撞后运动状态

①当 $F \cdot l < mg \cdot \frac{b}{2}$ 且 $F > mg \cdot \mu$，即 $mg \cdot \mu < F < mg \cdot \frac{b}{2L}$ 时，粑车将产生侧向的移动。这种情形存在要求满足 $\mu < \frac{b}{2L}$，因此轮距与重心高度比值较大的轿车类车型被其他车辆碰撞以后发生侧向运动的可能性更大。

②当 $F \cdot l > mg \cdot \frac{b}{2}$ 且 $F < mg \cdot \mu$，粑车将出现以外侧轮胎为转动点发生翻转。这种情形存在要求满足 $\mu > \frac{b}{2L}$，因此轮距与重心高度比值较小的客车、面包车、货车类车型在两车发生碰撞以后，极易发生碰撞侧翻事故。

出现第二种情形不一定会导致车辆侧翻，因为碰撞过程非常短暂，一旦碰撞结束碰撞力也立即消失，所以，只有当碰撞后的车辆转动角速度 ω 大于一定数值，弹车所受重力作用通过外侧车轮时方可发生侧翻。设粑车以外侧轮胎的侧向转动惯量为 J，粑车质量为 $m_{粑}$，弹车质量为 $m_{弹}$、碰撞前的速度为 $V_{弹}$，根据转动惯量定理可知：

$$\int_0^t F \cdot L \cdot dt = J \cdot \omega$$

汽车绕单侧车轮的转动惯量表达式为：

$$J = m\frac{(H + h)b}{K}$$

式中 H 为身高度，J 为与车型有关的常数，J 取值如表 3-4-1 所示：

表 3-4-1 近似值常数 J

车辆类型	J（$kg \cdot m^2$）
轿车	7.9846
通用车辆	9.4212
轻型客货两用车	9.4738
厢式载货汽车	7.8854

设耙车重心与外侧车轮转动点距离为 l，即 $l = \sqrt{h^2 + \left(\frac{b}{2}\right)^2}$，根据转动定理可知：

$$J \cdot \frac{d\omega}{dt} = m_{靶} g \cdot l \cdot \sin\theta$$

因此：

$$J\int_{\omega_0}^{0} \omega \cdot d\omega = m_{靶} g \cdot l\int_{\theta_0}^{0} \sin\theta \cdot d\theta$$

将临界侧翻速度的条件，即“$\theta = 0$时，$\omega = \omega_0$；$\theta_0 = \tan^{-1}\left(\frac{b}{2h}\right)$时，$\omega = 0$”的初始条件代入，可求出车辆发生侧翻的临界角速度为：

$$\omega_0 = \sqrt{\frac{2\, m_{靶} g \cdot \left(\sqrt{h^2 + \frac{b^2}{4}} - h\right)}{J}}$$

即：

$$\int_0^t F \cdot l \cdot dt \geqslant \sqrt{2\, m_{靶} g \cdot J \cdot \left(\sqrt{h^2 + \frac{b^2}{4}} - h\right)} \text{ 且 } \mu > \frac{b}{2l}$$

由碰撞侧翻交通事故的力学模型可知，影响汽车发生侧翻的因素主要有：

（1）碰撞力的大小。弹车对靶车碰撞力越大，被撞的耙车发生侧翻的可能性越大。弹车对靶车碰撞力主要由弹车的质量、行驶速度决定。

（2）耙车的质量。耙车质量越大，则侧翻的可能性越小。

（3）耙车重心高度与碰撞点离地高度关系。单纯从重心高度分析可以发现，重心高侧翻临界速度反而更大，但耙车重心 h 是相对于碰撞点 l 而言的，而且从表达式可知 l 比 h 对侧翻影响更敏感。

（4）碰撞持续时间。碰撞持续时间越长，越容易发生侧翻交通事故。

（5）耙车的转动惯量。耙车的转动惯量越大，车辆越不容易发生侧翻交通事故。

（6）道路的摩擦系数。道路摩擦系数越大，互碰侧翻交通事故的可能性越大。

在实际的碰撞侧翻交通事故中，除典型的侧碰以外，还有一种是一定角度斜碰侧翻交通事故，即在高速公路上斜碰侧翻交通事故大多数是由同方向行驶在不同道车辆之间因变道或失控而引发的，少数是因为穿越护栏与相向行驶的车辆发生斜碰。

（三）侧倾侧翻交通事故力学模型

侧倾侧翻交通事故，是指汽车在行驶过程或静止状态时，车辆发生侧倾现象，当侧倾角度 θ 超过一定的值后，导致车辆发生侧翻的交通事故（如图 3-4-7所示）。造成车辆侧倾的原因主要是车辆两侧车轮不在同一水平面上，如单侧车轮驶离道路，由于路面与路基高度差而造成车辆侧倾；又如单侧车轮驶上绿化带路缘石，造成车辆发生侧倾现象。

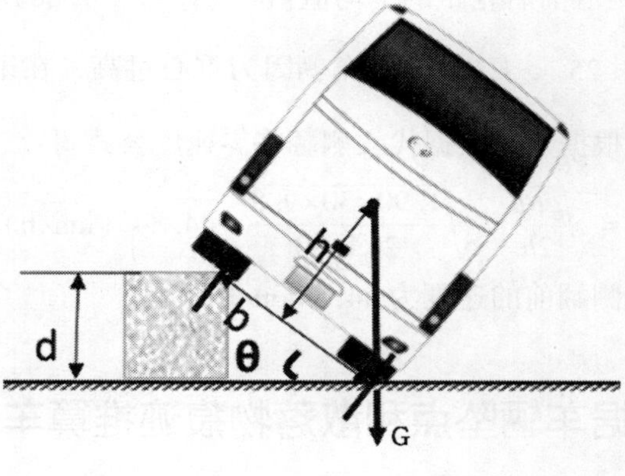

图 3-4-7　侧倾侧翻示意图

设车辆两侧车轮落差为 d，轮距为 b，重心高度为 h，侧倾角度为 θ。发生侧翻临界现象时，则满足以下条件：

$$\sin\theta = \frac{d}{b} \text{ 且 } \tan\theta = \frac{b}{2h}$$

另外，根据三角函数相互之间的关系，也可推导出相关参量的关系。

临界落差高度为：

$$d_{临界} = \frac{b^2}{\sqrt{4h^2 + b^2}}$$

由侧倾侧翻交通事故的力学模型可知，影响汽车发生侧翻的因素主要有：

(1) 两侧车轮所处平面高度落差 d，d 越大则车辆侧倾程度也越大，越容易引发车辆发生侧翻。

(2) 车辆的重心高度 h，h 越大车辆侧倾稳定角及驻车稳定角值反而越小，即越容易发生侧翻。

(3) 车辆的轴距 b，b 越大车辆侧倾稳定角及驻车稳定角值越大，同落差相同道路上行驶时，侧倾程度越不明显。

【案例】一辆货车在平直道路上行驶时，遇到紧急情况，急打方向避让障碍物时，发生路内侧翻。现场为干燥的沥青路面（纵向滑移附着系数为 0.7），勘查并计算得该车转弯半径为 30m。车辆装载货物过高，经检测重心高 1.80m，前轮距 1.94m，后轮距 1.86m，问：(1) 车辆在侧翻之前有无发生侧滑现象？(2) 该车急转弯时，车速为多少？

解：已知纵向滑移附着系数为 0.7，所以 $\mu' = 0.97\mu + 0.08 = 0.76$；路面坡度为 0；车辆轮距取前后轮距的平均值：$b = (1.94 + 1.86)/2 = 1.90\text{m}$；因为 $\frac{b}{2\mu'} = \frac{1.90}{2 \times 0.76} = 1.25 < 1.8$，所以车辆因为重心过高，在未发生侧滑之前就可能发生了侧翻。根据上述数据代入侧翻临界速度公式得：

$$v = \sqrt{\frac{gRb}{2h}} = \sqrt{\frac{1.90 \times 30 \times 9.8}{2 \times 1.80}} = 44.84\ (\text{km/h})$$

所以，车子在侧翻前的速度为 44.84km/h 以上。

第五节　根据车辆坠点和散落物痕迹推算车辆行驶速度

汽车从悬崖或陡坡上坠落时，最初在空中运动的轨迹是一条抛物线，然后着落到较低的地面或水中，再滑移一段距离消耗能量而最终停止。另外，车辆在发生碰撞或急刹车时，车上的装载物或脱落物由于惯性作用，将脱离车体本身，在空中类似做平抛运动。本节内容就利用抛体运动规律，根据车辆坠点和散落物痕迹推算车辆行驶速度。

一、汽车外坠时的速度推算

在此类事故现场勘查过程中，如果车辆第一落点离坠落处可以确定，可直接利用平抛运动公式求出车辆发生外坠瞬间的车速大小（如图 3-5-1 所示）。

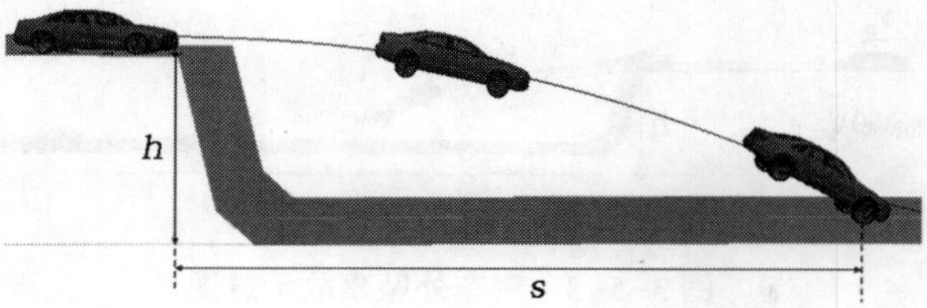

图 3-5-1　汽车外坠事故示意图

根据平抛运动规律可得：$v = s_1\sqrt{\dfrac{g}{2h}}$

通常情况下，外坠的汽车在着地以后还要向前再滑移一段距离，从理论上说外坠时车速与着地后的水平前进速度大小相同，所以还可以根据痕迹来求出着地后或外坠时的初速度（如图 3-5-2 所示）。

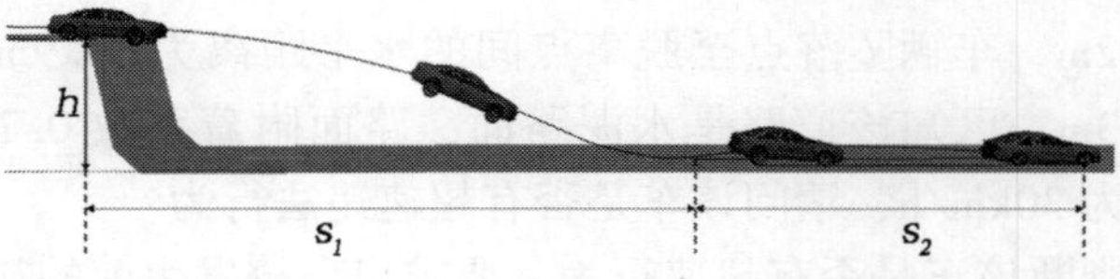

图 3-5-2　汽车外坠事故示意图

由动能定理可得：

$$v = \sqrt{2\varphi g\, s_2}$$

如果在事故现场可能第一落点不明显，但最终停止地点是明确的，可以结合以上两个公式进行求解，得到与 s_1 和 s_2 无关的计算公式：

$$v = \varphi\sqrt{2g}\left(\sqrt{h + \frac{s_1 + s_2}{\varphi}} - \sqrt{h}\right)$$

公式中，φ 是指低处的地面附着系数。

使用上面几个公式时要注意，一般崖下的地面是极其复杂的，故附着系数变化范围很大。如果车坠在农田里，附着系数是相当高的；坠在水里，整个车体均要受到阻力。通常坠落点是明显的，所以推算汽车外坠车速最好是第一个公式，这样可以避开附着系数。在发生外坠事故过程中，车辆在坠落之前，驾驶员往往会提前察觉到危险采取紧急制动措施，所以一般会在坠落前的路面上留有轮胎痕迹。在这种情况下，车辆行驶初速度应该比外坠速度大（如图 3-5-3所示）。

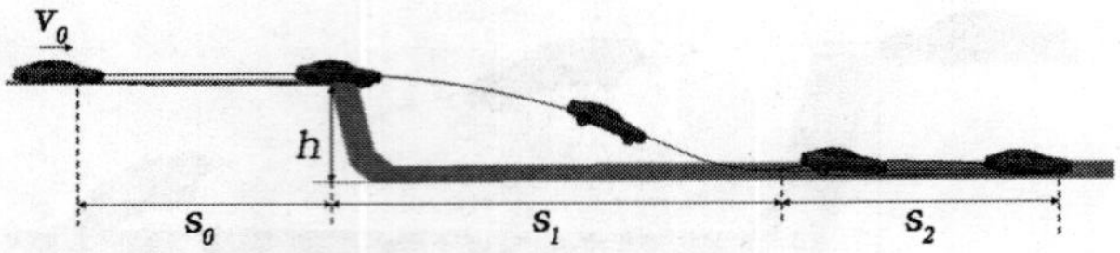

图 3-5-3　汽车外坠事故示意图

进一步利用动能定理求出初速度大小，得：

$$\frac{1}{2}m v_0^2 - \frac{1}{2}m v^2 = \varphi mg s_0$$

即：

$$v_0 = \sqrt{2\varphi g s_0 + v^2}$$

【案例】一起汽车在转弯处驶离公路的外坠交通事故中，事故民警在现场勘查时，测得车子在坠落前驾驶员采取过紧急制动措施，车轮在地面上留下的痕迹长度为 4. 2m，车辆坠落点至脱离点间的水平距离为 10. 9m，坠落点的垂直高度为 12. 53m。已知该道路是水泥路面，路面附着系数 0. 7，此路段为连续弯道，限速为 30km/h，请问该车是否有超速违法行为?

分析：要判断该车是否有超速行为，要求出事故发生前的初速度大小，根据民警现场勘查的数据，可以计算出汽车在坠落前瞬间的速度：

$$v = s\sqrt{\frac{g}{2h}} = 10.9 \times \sqrt{\frac{9.8}{2 \times 12.53}} = 6.82\ (\text{m/s})$$

由于驾驶员在坠落前采取了紧急制动措施，所以还要根据动能定理进一步求出制动前的速度：

$$v_0 = \sqrt{2\varphi g s_0 + v^2} = \sqrt{2\times0.7\times9.8\times4.2+6.8^2} = 10.19\ (\text{m/s}) = 36.68\ (\text{km/h})$$

由上面分析计算结果可知，该车在事故发生前存在超速行为。

二、利用坠落物推算车辆速度

汽车在碰撞时，在外界冲击力的作用下改变原有的运动状态，车载物体或零部件由于惯性常常被抛出车外。被抛出车外的物体或汽车零部件在落地之前做的是类似于平抛的运动，可利用散落物抛出距离推算汽车碰撞时的速度。

（一）单散落物分析法

在事故现场中，如果能测得散落物落点的位置（如图 3-5-4 所示），根据平抛运动规律可求出该物体抛离车辆瞬间速度，可近似认为此速度是车辆在事故前的瞬间速度。

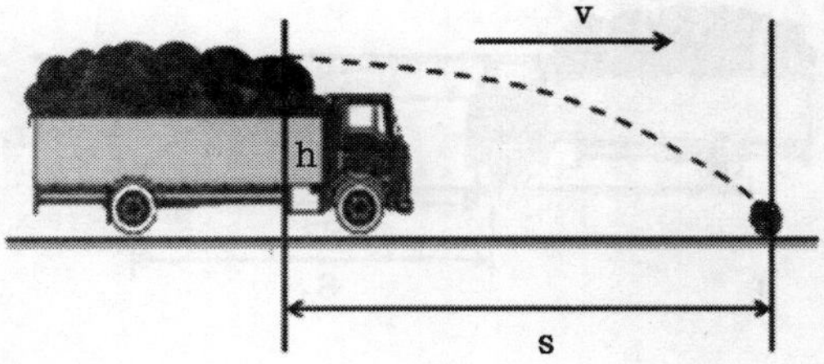

图 3-5-4　单散落物示意图

由平抛物体可以得到基本计算公式：

$$v = s\sqrt{\frac{g}{2h}}$$

式中，h 为散落物离地面的高度，s 为物体的抛距。

(二) 双散落物分析法

在交通事故现场，往往可以勘查到多个车载物体或零部件，为了提高计算准确度，我们同样也可以选取其他的物体或部件进行分析推算。若常见的车辆发生碰撞时，汽车车外后视镜容易脱落在事故现场地面（如图 3-5-4 所示），此时可以运用平抛运动的规律，根据散落物高度差与抛距差的关系，求出车辆碰撞速度，这种方法被称为双散落物法。

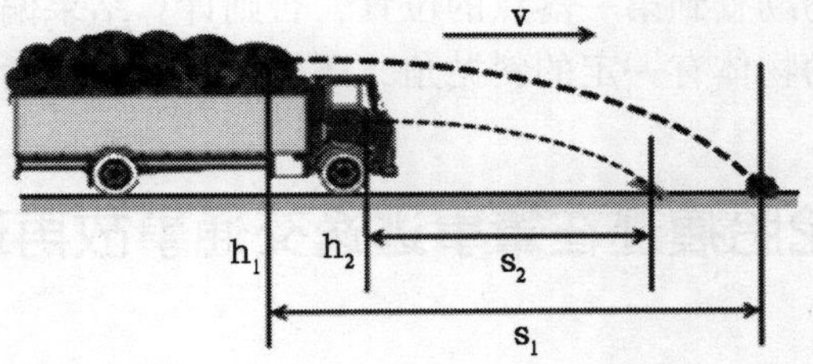

图 3-5-5　双散落物示意图

双散落物基本计算公式：

$$v = \sqrt{\frac{g}{2}} \cdot \frac{s_1 - s_2}{\sqrt{h_1} - \sqrt{h_2}}$$

在交通事故现场，特别是碰撞类交通事故中，汽车的前挡风玻璃在撞击力作用下发生破碎，地面上留下了挡风玻璃碎片。因为挡风玻璃上缘离地高度较高抛距较远，下缘离地面低抛距较近，所以现场玻璃碎片往往分布在一个区域（如图 3-5-6 所示）。为了提高推算结果的可信度，往往采用双散落物分析法进行计算。

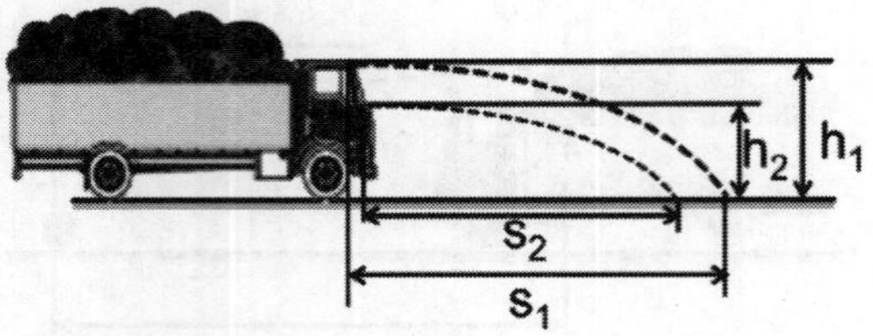

图 3-5-6　双散落物示意图

在利用抛体运动规律再现汽车道路交通事故时，存在较大的局限性，因为我们以上公式假设车载物体或零部件与路面的碰撞是完全塑性碰撞，或者是在事故现场能够勘查到第一落点的前提下导出的。只有车载物体或零部件抛落到稀泥地面或松软的细沙土地上时，应用上面式子才会得出相对准确的结论。事故现场不难发现，车辆挡风玻璃碎片分布区域没有明显规则，只是某地方碎片相对较多。有些玻璃碎片可能离中心区域较远，所以在使用过程中对那些离中心区域较远的散落物视为例外不加考虑。

在实践过程中发现，对于车载物体或零部件刚度较大，利用此抛体公式即使以中心区域作为抛距进行车速推算时误差也较大，这主要是由于车载物体或零部件在落地时仍然有水平方向速度，以弹跳、滚动以及滑动的形式运动。所以，现场测得车载物体或零部件与碰撞点的距离基本上不是抛距，利用此公式计算时尽量在现场勘查到第一落点的位置，否则计算结果偏大于实际车速。另外，如果被抛出的物体有一定的斜抛角，还需要用到斜抛运动规律。

第六节　轮胎痕迹在肇事逃逸交通事故再现中的应用

事故现场留下的轮胎痕迹，一方面可以判断肇事车辆在事故发生时是否采取制动措施，另一方面还可进一步分析车辆速度大小。除此之外，分析事故现场的轮胎痕迹还可以进一步掌握车辆行驶方向以及车辆的种类，这在侦破交通肇事逃逸事故案件中有着十分重要的作用。

一、根据轮胎痕迹分析车辆行驶方向和路线

确定事故车辆行驶方向对于还原事故真实情况，划分事故责任，以及确认肇事车辆逃逸方向，查缉肇事车辆有重要意义。确定事故车辆行驶方向的方法很多，包括利用人体表皮剥脱痕迹、衣着痕迹、地面轮胎痕迹以及油漆附着痕迹、散落物痕迹等。根据轮胎痕迹，分析肇事车辆行驶方向常用的方法有以下几种：

（1）车辆行驶时，由于气流作用，常使轮胎两侧的尘土、细砂形成扇状痕迹。扇面展开方向为车辆驶来方向，反之则为车辆驶去方向。

（2）被车轮辗压的树枝、麦秸、草棍等物体，其弯折两端指向车辆的前进方向。

（3）车辆行驶时滴落在地面的油滴、水点等液体物质，形状为惊叹号或星芒状的，其尖端指向车辆的前进方向。

（4）车辆行驶经过泥水路面时，引起泥水喷溅，其喷溅方向为车辆的前进方向。

（5）车辆经由水或泥的地方，驶入干燥的路面时会留下水印。水印随车子行驶方向，由重到轻，轻的一方是车辆的前进方向。

（6）车辆刹车时形成的痕迹由轻到重，重的一方为车辆的前进方向。

（7）车辆轮胎面痕迹为人字形、八字形花纹时，花纹展开面指向车辆的前进方向。

（8）伴随着畜力车或手推（或拉）车痕迹出现的足迹或牲畜蹄迹，其行进的方向就是车辆前进的方向。

（9）车轮上黏附的泥、雪等物质，行驶时脱落在坚硬路面上，常呈锯齿状，其齿端指向车辆行驶的背离方向。

二、根据轮胎痕迹分析车辆类型

车轮痕迹还可以反映出车体的大体结构特征，主要有轮距特征、轴距特征、车轮数量、轮胎直径和胎面宽度等特征。轮距和轴距所代表的含义如图3-6-1所示。这能为交通肇事案件的侦破提供方向，缩小嫌疑车辆排查范围。

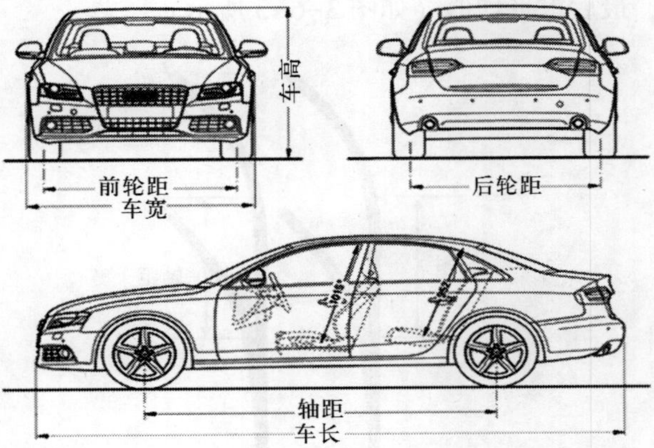

图 3-6-1　汽车主要外观参数名称

（1）轮距的判断。轮距，是指同一轴上两侧轮胎痕迹中心点之间的直线距离。轮距特征反映的是车体的宽窄。一般情况下，后轮轮距大于前轮轮距；由于形成痕迹的车体的结构不同，痕迹反映的轮距特征各不相同，因而轨迹特征是识别车辆的重要特征。可以用以下方法测量车辆的轮距，首先确定同一轴两侧车轮轮胎痕迹的中心线，然后测量两条中心线之间的垂直距离。两条中心线之间的垂直距离为轮距。测量车辆转弯时的轮距，要首先过测量点做轮胎痕迹的切线，过切点做垂直于切线的直线，直线与另一条轮胎痕迹相应部位相交，则切点和交点之间的距离就是相应的轮距（如图 3-6-2 所示）。当前后轮胎痕迹完全重叠时，说明前后轮距相同，只测量后轮距即可。当前后轮距不等时，应分别测量。

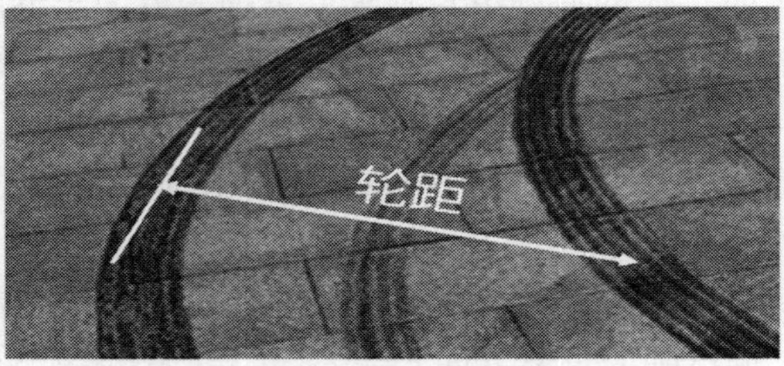

图 3-6-2　轮距测量示意图

（2）轴距的判断。轴距，是指同一车辆前后轴之间的距离。轴距特征和轮距特征共同反映车辆的大小，也是识别车辆种类的重要特征。正常行驶的车辆痕迹，轴距无法测量。但有刹车痕迹时，可根据刹车痕迹测量前后轴之间的距离，也可根据转弯时的前后轮痕迹不重叠来测量轴距，在测量时可以分别测出内外两轴距，最后求平均值（如图 3-6-3 所示）。

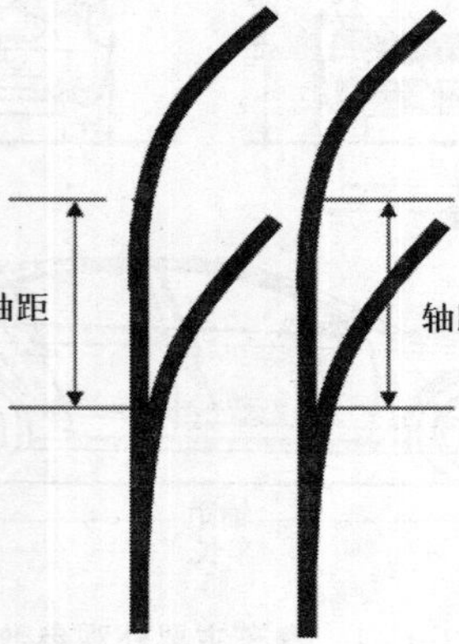

图 3-6-3　轴距测量示意图

（3）车轮数量的判断。车轮数量特征也反映车轴数量。车辆的车轴有双轴、三轴等。前轴通常为两只车轮，主要是起调整行车方向的作用。后轴有两轮、四轮、八轮之分，主要是起承载和驱动的作用。车轮数量特征反映不同车体结构，车轮数可以直接通过车轮痕迹判断。

（4）轮径的测量。轮径，是指车轮的半径或直径这也能反映车辆类型的特征。测量方法是，首先在车轮痕迹中确定一个明显的特征，该特征在地面重复出现一次，即车轮在地面转动一周，两特征点之间的距离即为车轮的周长。利用周长和轮径的关系，就可以求出轮径的大小。

（5）测量轮胎面的宽度。轮胎面与轮胎面痕迹的宽度基本相同。由于车辆直行，前轮痕迹往往被后轮痕迹所覆盖或与后轮痕迹重叠，因此，可以选择车辆转弯时形成的轮胎痕迹，进行前后轮胎面宽度的测量。

三、案例分析

某日傍晚时分，杨某驾驶江铃凯悦轻型厢式货车自西向东行驶至某省道一路口，与吴某驾驶的自南向北横电动自行车发生碰撞，造成两车不同程度损坏、吴某受伤的道路交通事故。交通事故现场勘查示意图如 3-6-4 所示。

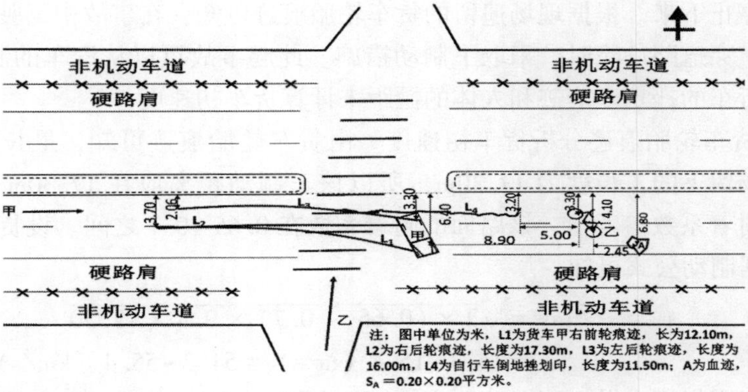

图 3-6-4　交通事故现场勘查示意图

交通事故现场、肇事货车及电动自行车照片如图 3-6-5 所示。

图 3-6-5 交通事故现场勘查照片

事故发生路段限速为 80km/h，路面为沥青路面，道路较新，事故发生当天为晴天。根据现场痕迹，分析货车在事故发生前是否存在超速行驶。

（一）事故车辆分析

该起事故是货车与电动自行车发生碰撞，碰撞以后自行倒地并在地面上滑行一段距离，电动自行车驾驶人碰撞以后人车分离，并抛出一段距离后在地面上最终停止下来。根据现场遗留的货车轮胎痕迹可知，在事故中驾驶员发现有自行车横穿道路危险时，采取了制动措施。此起事故可以从汽车的制动痕迹、电动自行车的挫划印痕迹和人体的抛距来计算货车初速度。

1. 货车轮胎痕迹分析货车初速度。由货车轮胎痕迹可知，最长的是右后轮在现场留下的，长度为 17.30m，所以该车制动距离应在 17.30m 以上。根据路面附着系数参考值，该路面的附着系数在 0.65~0.7 之间。设货车速度为 V_1，根据制动公式可知：

$$v_1 = \sqrt{2\mu gs} = \sqrt{2 \times (0.65 \sim 0.7) \times 9.8 \times 17.30}$$
$$= 14.3 \sim 15.4\ (\mathrm{m/s}) = 51.3 \sim 55.4\ (\mathrm{km/s})$$

由于现场没有勘查到左前轮痕迹，且车辆在制动过程中明显偏离原行驶方向，说明该车制动系统存在一定的问题，此结论与车辆制动性能鉴定结论一致。

2. 由电动自行车挫划痕迹分析货车初速度。根据电动自行车在地面上的滑移痕迹长度 11.50m，可计算出电动自行车被货车碰撞之后瞬间速度，电动自行车在与地面间的附着系数为 0.55~0.7（参考摩托车倒地后的附着系数），假设此速度为 V_2 可得：

$$v_2 = \sqrt{2\mu gs} = v_1 = \sqrt{2 \times (0.55 \sim 0.7) \times 9.8 \times 11.50} = 11.1 \sim 12.6\ (\mathrm{m/s})$$

一般碰撞点的位置为倒地挫划起点前 2m 的位置，因此由货车驾驶员开始制动到碰撞点的制动距离约为：

$$S=9.5\text{m}-2\text{m}=7.5\text{m}$$

所以，货车的初速度 V_1' 得：

$$V_1'=\sqrt{2\mu gS+V_2^2}=\sqrt{2\times(0.6\sim0.7)\times9.8\times7.5+(11.1\sim12.6)^2}$$
$$=14.5\sim15.0\ (\text{m/s})=52.5\sim58.2\ (\text{km/s})$$

以上两种方法计算出货车行驶速度相当接近，说明计算结果可信度较高。

3. 根据人体抛距计算货车初速度。由电动自行车倒地点到血迹处可知人体的抛距：

$$L=21\text{m}+2\text{m}=23\text{m}$$

被撞骑车人抛出高度的确定：电动自行车骑车人的抛出高度一般为头部撞击位置高度的一半或是电动自行车座高度位置，综合两者故可得 H=0.8m；人体与沥青路面之间附着系数约为 0.55，所以人体被抛出初速度即碰撞瞬间货车初速度约为：

$$V_2'=\mu\sqrt{2g}\left(\sqrt{H+\frac{L}{\mu}}-\sqrt{h}\right)=0.55\times\sqrt{2\times9.8}\left(\sqrt{0.8+\frac{23}{0.55}}-\sqrt{0.8}\right)$$
$$=13.7\ (\text{m/s})$$

所以，货车的初速度 V_1'' 得：

$$V_1''=\sqrt{2\mu gS+V_2^2}=\sqrt{2\times(0.6\sim0.7)\times9.8\times7.5+(13.7)^2}$$
$$=16.6\sim17.0\ (\text{m/s})=59.8\sim61.4\ (\text{km/s})$$

（二）结论

比较三种不同方法所计算出货车初速度，V 和 V' 较为接近，而 V_1'' 略偏大一点，造成此结果可能是因事故中人体抛距存在一定的偏差，伤者在最终停留之前有移动。另外，从货车的轮胎痕迹左前轮缺失分析，该车在制动时偏离原行驶方向，该车制动系统存在故障（此推断与车辆制动系统鉴定结果一致）。综上所述，事故中货车的初速度在 52.5~61.4km/h 之间。

该起事故现场勘查民警如果能测量现场货车轮胎痕迹的弧度，对分析此起货车速度将提供一个新的途径，因此现场勘查对交通事故再现非常重要，要求现场勘查民警做到全面、细致和及时。

第四章　汽车—行人碰撞交通事故再现

目前我国是以混合交通为主，行人过街设施不完善，加上汽车驾驶员和行人的文明素质和交通安全意识不强，行人交通事故在所有交通事故中所占比例较大。在行人与车辆发生碰撞的过程中，由于缺少保护措施，行人在交通事故中的致伤致死率极高。行人在交通事故事中是弱者的观念，导致社会大众对其高度关注，处理稍有不慎，就会引起民众的不满，成为社会的焦点和公众事件。所以，通过科学的方法再现行人交通事故，确定事故发生过程中车辆和行人的第一接触点、在碰撞过程中驾驶员和行人是否采取对策应急措施、碰撞时车辆的速度大小、行人在事故发生时的运动状态等问题，对事故处理的公正以及行人交通安全的改善都有非常重要的意义。

第一节　汽车—行人碰撞交通事故过程分析

典型汽车—行人交通事故过程一般可分为三个阶段（如图 4-1-1 所示）。首先是碰撞阶段，行人被加速到接近汽车的速度，身体的一些部位会接触到保险杠、发动机前罩或风挡玻璃。其次是飞离阶段，如果汽车采取了制动措施，那么人体就会飞离车辆，如果汽车没有减速，那么人体就会被车带走，并且可能摔在汽车行驶途中的任何地方，甚至可能落地后被汽车碾压。最后是滑移或滚动阶段，行人被摔到地面上以后，人体滑移或滚动到其停止位置，在此过程中，可能碰到其他的障碍物（如树、石头或路缘石等）造成进一步伤害。

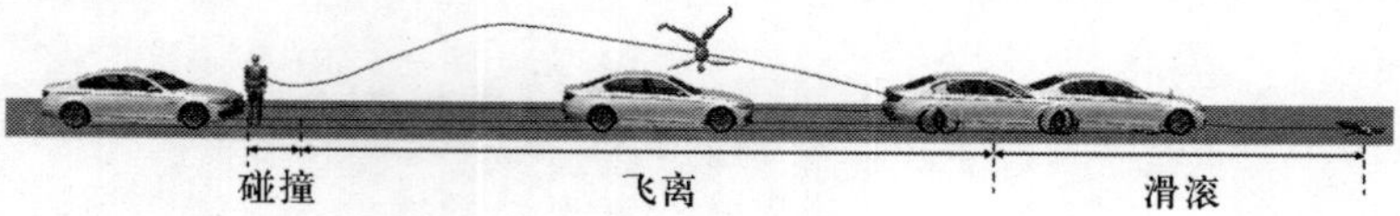

图 4-1-1　汽车—行人碰撞过程

一、汽车—行人碰撞交通事故行人运动状态

汽车与行人发生碰撞后，行人的运动状态与汽车外形、尺寸、行驶速度，行人身材高矮、速度和方向，行人与汽车的接触部位等因素有关。这些因素特别是汽车外形决定汽车碰撞行人接触部位是在人体质心下方还是上方，导致行人运动状态的不同。

（一）接触部位在行人质心上部

大型客车、货车、面包车等平头车辆与成年人碰撞过程时，碰撞点直接作用在行人的胸部甚至头部（如图 4-1-2 所示）。图 4-1-3 是平头车在与行人碰撞时的行人运动过程图。在碰撞力的作用下，人体迅速加速到车辆的行驶速度，直接被汽车沿行驶方向推向前方，人体质心在空中的运动轨迹接近平抛运动的抛物线。平头车与行人发生碰撞后，行人被撞后运动形态在不同车速情况下基本相似。

图 4-1-2　平头车与行人碰撞受力示意图

图 4-1-3　平头车与行人碰撞过程

在交通事故中，发生碰撞以后，如果驾驶员不采取制动措施或车速过快，行人倒地还会被碾压或推行一段距离，在路面上留下血迹。另外，轿车与儿童发生碰撞，如果碰撞点在质心上方，被撞后儿童的运动形态与图 4-1-3 相似。

（二）接触部位在行人质心下部

在轿车与成年人的碰撞交通事故中，由于轿车前保险杠较低，接触部位作用在行人质心下部，大多数汽车—行人交通事故均属于这种形式（如图 4-1-4 所示）。图 4-1-5、图4-1-6是轿车在全力制动时，在低速行驶和高速行驶与行人发生碰撞时，车辆和行人运动轨迹示意图。

图 4-1-4　轿车与行人碰撞受力示意图

图 4-1-5　轿车低速行驶与行人碰撞并制动

图 4-1-6　轿车高速行驶与行人碰撞并制动

此类碰撞事故一般有以下三个过程：（1）车人接触，行人身体碰撞并迅速被加速，身体移向汽车发动机罩、风挡玻璃或 A 柱、车顶；（2）从发动机罩、风挡玻璃或 A 柱上抛出，身体在空中作翻滚运动，人体质心轨迹接近斜抛物体运动轨迹；（3）落地后与地面再次碰撞，继续向前滑行直到静止。

大量的汽车与行人碰撞交通事故表明，当汽车以较高速度行驶时，如果驾驶员未及时制动时，人体落地后可能在车子后面（如图 4-1-7 所示）。

图 4-1-7　轿车高速行驶与行人碰撞且未制动

二、行人的步行特点

行人步行速度的分布范围较宽，从 0.5m/s 到 2.16m/s，主要集中于 1.0m/s 到 1.3m/s 之间。步行速度不仅与行人性别、年龄、出行目的有关，而且受到沿街建筑物使用性能的影响：男性的步行速度比女性大，儿童的步行速度随机性大，老年人步行较慢；有目的的出行比无目的的出行步行速度要高；结伴出行比单个行人的步行速度低。研究成果表明，行人在水平道路上自由步行速度在 0.5~1.5m/s，平均为 1.3m/s，我国规范采用 1.0~1.2m/s。行人过街步行速度比人行道的步行速度快，但两者之间具有类似的特点：男性比女性快，青年比老年快。在穿过较宽的车行道时，行人的过街步行速度会发生变化，通常在前半幅怕来车时有疑虑，进入后半幅时，受赶快离开险地的心理支配，速度显然加快。观测研究表明，天桥、地道上行速度慢，而下行速度快，老年和妇女更加明显，我国观测出的步速和日本观测值相近，其平均值大致为0.55~0.94m/s，我国规范采用0.5~0.8m/s。

第二节　汽车—行人碰撞交通事故车辆速度分析

汽车—行人交通事故中，碰撞前与碰撞后由于行人往往会采取避让和保护措施，导致不确定因素较多，但在碰撞瞬间及倒地期间，车与人是一个力学作用过程，满足力学的一些基本规律，人体在这一过程类似做抛体运动。在汽车与行人相撞时，由于人体的质量和汽车相比小得多，基于这个原因，在分析汽车与行人相撞事故时，一般无需运用动量守恒定律，而是直接把人体抛出的速度作为汽车碰撞时的行驶速度。所以，利用抛体运动规律可以分析碰撞时的车辆速度，结合轮胎在路面上留下的痕迹，进一步求出车辆的初始速度。目前理论上分析汽车—行人碰撞事故中车辆速度主要有四种方法：一是抛距模型；二是基于实验的经验模型公式；三是人体伤害与碰撞速度；四是车辆损坏程度与碰撞速度关系。

一、抛距模型

由于汽车质量相对人体质量大得多，所以发生碰撞后，碰撞力对汽车的动量影响可以忽略不计。在碰撞时，行人在碰撞力作用下，迅速被加速到车辆的行驶速度。当驾驶人采取制动措施后，汽车和行人分离，人体被抛出的过程可视为抛物体运动过程。

（一）平抛运动模型

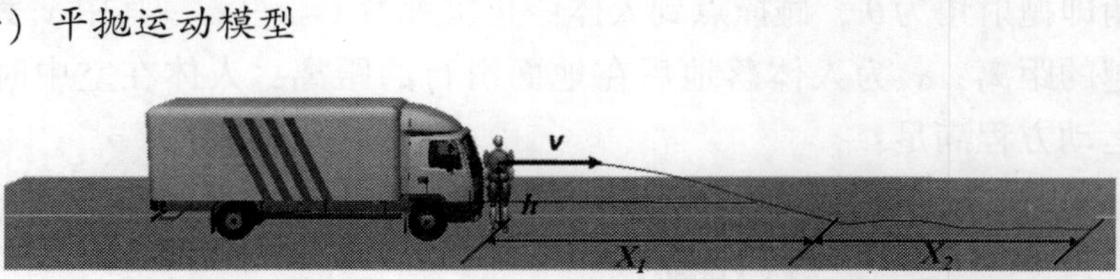

图 4-2-1　人体平抛模型图

平头车与人体发生碰撞后，人体的重心轨迹类似做平抛运动（如图4-2-1所示）。其被撞人体运动的距离与碰撞速度之间的关系由抛物方程和直线运动方程确定，假定撞击后人体被抛出时的高度为 h，汽车碰撞速度为 v，碰撞点到人体停止位置为 $X = x_1 + x_2$，其中 x_1 为人体在空中飞越的距离，x_2 为人体落地后在地面滑行的距离，人体在空中时间为 t，则人体运动方程满足：

$$x_1 = vt \qquad (1)$$

$$h = \frac{1}{2} g t^2 \qquad (2)$$

$$x_2 = \frac{v^2}{2\mu g} \qquad (3)$$

联合式（1）、式（2）、式（3）三个方程，得到人体碰撞的方程式为：

$$v = \mu \sqrt{2g} \left(\sqrt{h + \frac{X}{\mu}} - \sqrt{h} \right)$$

式中，μ 为人体与地面间的摩擦系数（经过实验，一般取 0.6~0.8）；h 一般取汽车与人体主要碰撞力作用点离地面的高度，在实际交通事故中，可以通过量取事故车辆碰撞点距地面高度。当碰撞高度不明确时，可以取人体的重心高度计算。研究表明，人体重心高度一般位于人体身高的 $\frac{2}{3} \sim \frac{3}{5}$ 处，x 为人体抛出的距离，即接触点至最终位置的距离，实际上包括纵向距离和横向距离，但一般使用合距离。

（二）斜抛运动模型

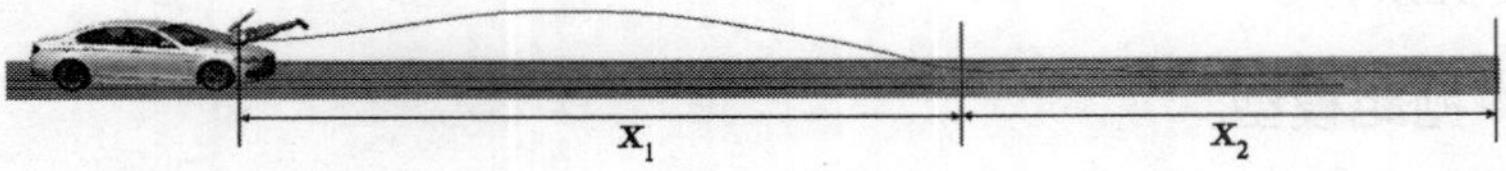

图 4-2-2　人体斜抛模型图

轿车与人体发生碰撞后，人体的重心轨迹类似做斜抛运动（如图 4-2-2 所示）。假定撞击后人体被抛出时的高度为 h，人体的抛出速度为 v，v 与水平方向夹角即抛射角为 θ，碰撞点到人体停止位置为 $x=x_1+x_2$，其中 x_1 为人体在空中飞越的距离，x_2 为人体落地后在地面滑行的距离，人体在空中时间为 t，则人体运动方程满足：

$$x_1 = (v\cos\theta)\, t \qquad (4)$$

$$x_2 = \frac{(V\cos\theta)^2}{2\mu g} \qquad (5)$$

$$-h = (v\sin\theta) t - \frac{1}{2} g t^2 \qquad (6)$$

式（4）、式（5）、式（6）三个方程中，其中抛射角为 θ。当人体直接和轿车风挡玻璃发生碰撞时，在计算时人体的抛出方向近似垂直于前风挡玻璃（如图 4-2-3 所示）。轿车前风挡玻璃倾斜角度一般设计约为 30°，货车及客车多为60°至90°，所以抛射角在45°至60°之间。高度h主要与碰撞点离地面高度及人的体形有关，在计算时可以近似认为撞击位置中心离地面高度，如图4-2-3所示。

图 4-2-3 抛射角示意图

注意运用抛体模型计算得到的速度，是汽车和行人碰撞瞬间的速度。如果在事故中驾驶员在碰撞前就采取了措施，则要通过制动痕迹进一步求出交通事故车辆速度。

在交通事故中，人体落地点一般没有明显痕迹，事故现场路面留下人体血迹的位置往往是人体最终停留的位置，该血迹是人体“七窍流血”而形成的。大部分汽车—行人碰撞事故中，行人的鞋子往往会脱落在事故现场。鞋子脱落往往是因为行人着地以后，在地面上滑行时鞋子与地面摩擦而导致脱落，所以鞋子所在位置更接近落地点。

【案例】在一起公交车与行人碰撞的交通事故中，民警对事故现场进行了勘查，结果如下：汽车在现场留下的刹车痕迹长度为11.3m（碰撞时刻至静止），汽车的质量为1087kg，该路段的路面附着系数为0.8；人体身高为1.74m，重心高度为0.90m，行人质量为79kg，行人从接触点至最终位置为16.4m，人体与地面间的摩擦系数为0.7。根据以上数据试分析碰撞时车辆的行驶速度。

分析：根据民警现场采集的相关信息数据，可以通过抛距模型和汽车制动痕迹推算速度两种方法来计算碰撞时的车速。

方法1. 抛距模型得：

$$v=\mu\sqrt{2g}\left(\sqrt{h+x/\mu}-\sqrt{h}\right)=0.7\times\sqrt{2\times9.8}\left(\sqrt{0.9+\frac{16.4}{0.7}}-\sqrt{0.9}\right)$$

$$=44.4\ (\mathrm{km/h})$$

方法2. 由汽车制动距离求汽车碰撞速度得：

$$v=\sqrt{2\mu gS}=\sqrt{2\times0.8\times9.8\times11.3}=47.9\ (\mathrm{km/h})$$

利用两种方法所计算的结果存在差异，这是正常现象。抛距模型公式中所用到人体摩擦系数在实践中比较难以测量，使用过程中只能用一个估算值。通过误差分析表明，摩擦系数有 0.1 的变化，其对碰撞速度影响达到 7%～8%。另外，人体的质心也只能是估算值，实际上对于不同人体相差较大，但由于 h<S，所以 h 的取值对碰撞速度影响不是很敏感，哪怕相差 0.5m，对结果也只有 2%左右的影响。

在计算肇事车辆速度时，还可以根据其他物体抛出距离计算所得车速作为参考值，比如行人随身携带的物品抛出距离。行人碰撞抛出后的过程类似抛物体运动，但是人体和刚体相比有较大区别，在被抛出后自身也在转动，身体又会受到较大的空气阻力。在实际中，行人第一次落地后的运动并不是纯粹的滑动，而是包括滑动、翻滚及弹跳的组合或复合运动。而且轿车与行人碰撞更严格来讲是一种斜抛运动，斜抛角度与车型、速度等因素有关。另外，人体质心高度、抛出距离及人体摩擦系数在实践中存在一定的难度，所以利用此公式推算速度与实际速度存在误差，应该只能将结果和其他方法计算结果相互印证。

二、基于实验的经验模型公式

鉴于汽车—行人的事故比较复杂，仅靠理论计算是不够的。自 20 世纪 70 年代开始，国内外许多研究者利用假人模型，对汽车—行人碰撞事故做了大量模拟试验，得出各有特色的成果，总结了许多的经验公式，下面介绍三组比较实用、简单的公式。

（一）席勒（Searle）理论模型

1983 年席勒提出了计算车速的公式：

$$v = \frac{\sqrt{2\mu_p g(s - h_p)}}{cos\varphi - \mu_p sin\varphi}$$

式中：μ_p——人体摩擦系数；

h_p——人体摩擦系数；

S——人体抛距；

φ——人体的抛射角。

（二）乌德（Wood）经验模型

1986 年乌德提出了一组计算车速公式：

最小碰撞速度：$v = 2.5\sqrt{S}$

最大碰撞速度：$v = 4.5\sqrt{S}$

平均碰撞速度：$v = 3.6\sqrt{S}$

式中：速度计算结果单位为 m/s；s 是人体抛距。

（三）人体抛距与车速关系模型

日本学者片山邦昭等通过用模拟实验，研究了汽车—行人事故中行人纵向距分布范围，总结出公式及相应图像。公式：

$$s = 0.0178av + 0.0271\frac{v^2}{a}$$

公式中 s 为抛距，a 为制动减速度，v 为碰撞时的速度。此公式对应的函数图为图 4-2-4：

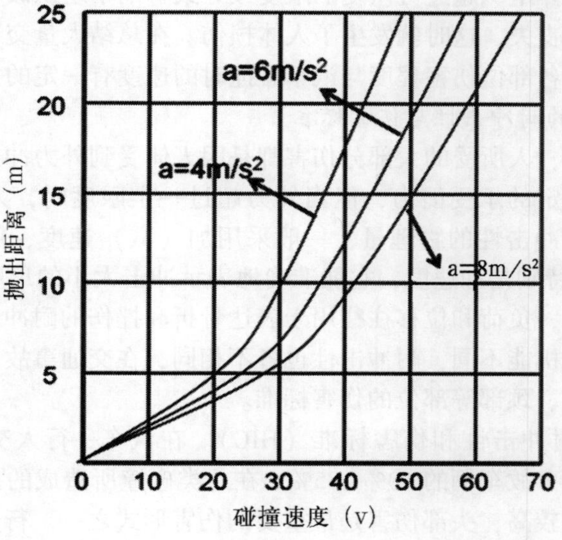

图 4-2-4　抛距—速度图

以上实验数据是以同一种轿车（船头形车子）以不同的速度正面碰撞假人模型而得到。实践证明人体的抛距与车型有一定的关系，因为不同车型汽车前端高度是有差异的，如运动型跑车一般前端设计得比较矮，而家用轿车居中，SUV 等大型车前端就比较高。汽车前端高度与行人碰撞所受的力矩大小密切相关，会一定程度影响行人碰撞后身体的旋转，从而影响行人抛距。通过上述分析得到以下推论：

（1）行人身高对第一落地点抛距的影响。在低速碰撞时，第一落地点抛距随行人身高的变化不大；在高速碰撞时，第一落地点抛距随着行人身高的增大而减小。

（2）行人身高对行人总抛距的影响。行人总抛距随着行人身高的增大而减小。

经验模型公式是通过对大量真实事故或实车碰撞试验采集的行人抛距进行统计，构建为一个简单数学表达式，其实用性较强。但经验模型的精度很大程度上依赖采集数据的可靠程度，所以要提高经验公式计算结果可信度，需要从事交通事故现场勘查的民警认真、细致、全面。

三、人体伤害与碰撞速度

在汽车—行人交通事故过程中，人体暴露在一个机械冲击的环境中，在惯性力和接触力的作用下，人体的各部分组织将产生一定的生物力学响应。若生物力学响应使人体组织超过可恢复的限度或导致解剖学组织破坏，或导致正常生理功能变化或丧失，这时就发生了人体损伤。在总结大量交通事故及实验的基础上，人体的各部位伤害程度与汽车碰撞时的速度有一定的关系。

（一）人体的耐冲击性与伤害标准

交通事故中，人所受的大部分伤害都是因人体受到外力冲击所致。人体对外力的冲击有一定的承受能力，但当外力超过一定限度时，人体便会受到伤害。表示人体耐冲击性的物理量，一般采用加（减）速度、负荷、压力及位移（变形量）。特别是加速度，它能准确地表示冲击大小的尺度，测量和数据处理也比较容易，负荷和位移往往用于表达骨折和挫伤的耐冲击性。由于人体各部位的构造、机能不同，耐冲击性也各不相同，在交通事故中特别关注的是人体头部、胸部、颈部等部位的伤害标准。

1. 头部的耐冲击性和伤害标准（HIC）。在汽车—行人交通事故中，轿车—行人碰撞占事故车辆的60%~85%。在此类碰撞所造成的损伤中，行人头部损伤所占比例较高，头部伤害是最重要的伤害形式之一。行人状况受伤一般发生在行人与汽车碰撞、行人与地面碰撞两个阶段，而且第一次碰撞往往比第二次碰撞力更大、伤害更大（如图 4-2-5 所示）。

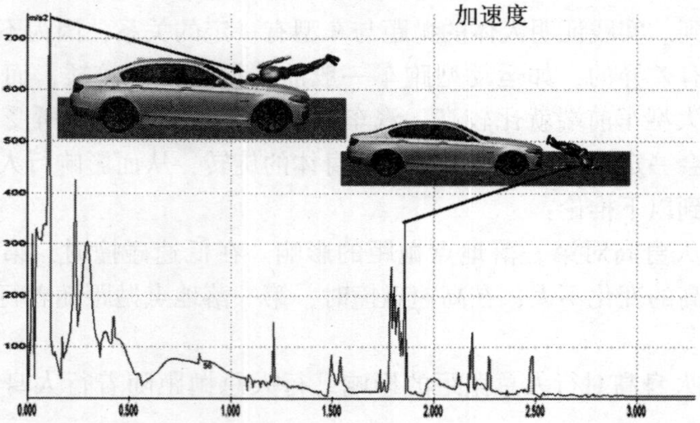

图 4-2-5　汽车与行人碰撞人体状况重力加速度

1971 年美国运输部决定采用下述 HIC 计算公式作为头部伤害界限的基准：

$$HIC=(t_1-t_2)\left[\frac{1}{t_1-t_2}\int_{t_2}^{t_1}adt\right]^{2.5}$$

式中：a——头部重心加速度，用重力加速度 g 的倍数表示；

t_2、t_1——碰撞过程中所选择的两个时刻，它们应使上式计算结果达到最小值（s）。从计算公式可以知道，头部伤害与加速度大小有关系，而且与持续的时间有关系，这与物理学中的冲量相似。

HIC=1000 作为头部冲击伤害的安全界限，美国现行法定标准规定：时速为 30 英里（约合 48km/h）的正面碰撞，其 HIC 值为 1000。这一安全界限已被美国联邦机动车安全标准（FMVSS）采用，并被作为评价汽车安全措施的依据。据测定，HIC 值为 1000 时，发生恶性头骨骨折的概率相当于 33%。我国的国家标准 GBT11551-89《汽车乘员碰撞保护》也将此值作为防止乘员受伤的标准要求。

2. 颈部的耐冲击性。人体颈部的生理构造很复杂，即使受到轻微冲击，也可能造成伤害而产生严重后果。颈部向前及向后倾斜时的伤害界限为 60°左右，这一研究成果可用来指导汽车座椅靠背及安全枕的设计。

3. 胸部的耐冲击性。在交通事故中，驾驶员常因胸部与方向盘碰撞而受伤。为减轻事故中驾驶员的伤害，可将汽车的转向管柱作成安全转向管柱，这种转向管柱受到大于某一界限值的压力时，长度会缩短，从而起到保护作用。为了确定界限压力的数值，就需要了解人体胸部的耐冲击特性。美国 20 世纪 70 年代初期的研究结果表明，胸部受到的冲击力如超过 6. 4KN，人体便会受到严重伤害，发生胸骨、肋骨骨折和心肺损伤。因此，可以此值作为胸部的耐冲击界限。

另外，对于人体其他部位，如腹部、腿部及足部、臀部等，欧美国家都有相应的伤害界限标准。

（二）人体伤害与碰撞速度一般规律

加拿大学者通过大量实践总结出了人体的伤害与车速规律（见表 4-2-1）。国内学者实践表明，面包车、大货车或两轮车与行人碰撞时，人体损伤特征类似于上述规律，但轿车与行人发生碰撞时，相当于上述人体损伤特征的相应碰撞速度低于 10km/h。

表 4-2-1　碰撞速度与人体损坏特征

20~30km/h	被撞人体的局部受伤，主要是腿部被保险杠、前发动机罩撞击，或倒地后身体局部受擦皮伤
30~40km/h	人体腿部、腰部、上体局部呈中度或较大损伤，大多不至于死亡
40~50km/h	重度损伤乃至致命，下肢断裂、腰部重伤、头部重伤为主要特征
50~60km/h	一般会导致死亡，主要头部严重损伤，直接危及生命

从表 4—2-1 可以得出，碰撞速度低于 40km/h 时，通常不至于死亡；当碰撞速度高于 50km/h 时，通常会危及生命。

四、车辆损坏程度与碰撞速度关系

对大量的汽车—行人事故进行总结分析，发现汽车的损坏程度和碰撞时的速度有一定规律。发动机罩、前风挡玻璃与 A 柱是行人头部与车体接触位置中最常见部位。在短头或平头车辆与行人发生碰撞，或者长头车车速较高的时，通常会导致风窗玻璃破损（如图 4-2-6 所示）。

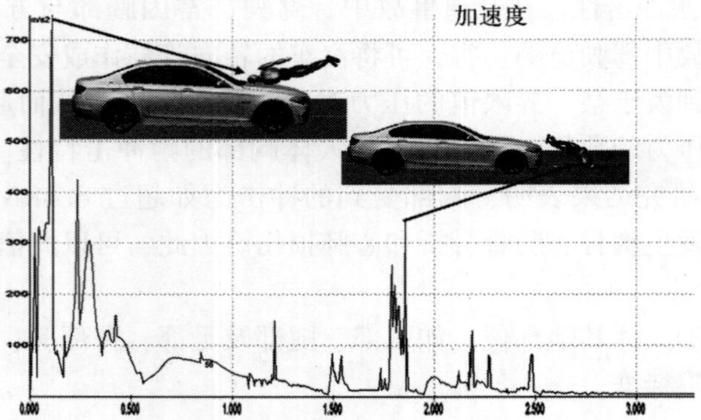

图 4-2-6　人体头部与汽车前风挡玻璃撞击痕迹

风窗玻璃受到头部撞击后产生的裂纹主要有：环形裂纹、放射状裂纹及锥形裂纹。可以根据裂纹半径和凹陷深度来估算车辆行驶速度范围，还可以根据人体与车辆的碰撞位置判断车辆的行驶速度（如表 4-2-2 所示）。

表 4-2-2　碰撞速度与车体损坏特征

20～30km/h	保险杠凹陷，车前灯破损，发动机盖前部凹陷
30～40km/h	发动机罩前部、中部凹陷
40～50km/h	发动机罩中、后部凹陷、风挡玻璃下部蜘蛛网状裂纹，随碰撞速度增大，网状裂纹区的直径增加，头部撞击玻璃区上移
60～70km/h	风挡玻璃中部呈网状裂纹，凹陷区上移，陷深增加
高于 80km/h	风挡玻璃上部呈网状裂纹，人体的臀部、腰部入撞压顶棚蒙皮，致使蒙皮凹陷深度加大、加深

第三节　汽车—行人碰撞交通事故主要参数

利用理论方法推算汽车—行人碰撞交通事故中，人体与路面间的摩擦系数、人体重心高度、抛距和车辆类型等参数，对推算结果有较大的影响，且许多参数本身具有一定的不确定性，所以要提高碰撞速度的可信度，各类参数证据收集至关重要。

一、现场勘查参数

在汽车—碰撞行人交通事故勘查现场，以下一些参数证据要认真仔细收集，并在现场勘验图上注明：(1) 车辆碰撞行人的第一接触点（即碰撞点）。(2) 车辆停止位置和路面的轮胎痕迹长度、类型，车辆路程表所指向位置、挡位情况等。(3) 行人被抛出后，落地头部位置和最终行人停卧位置及身体方位，行人是否被碾压。在事故现场，行人第一次落地头部位置可以利用事故现场的血迹识别。(4) 散落物类型、位置及分布状态。车辆撞击行人事故形态的散落物除了车辆的前风窗玻璃和灯具玻璃碎片外，还有行人的随身物品，如鞋子、帽子、身上的钥匙、手里提的篮子等物品。(5) 事故发生时的天气状况，路面是否积水（雪）、结冰等情况等。

由于以上参数证据容易消逝，因此这类参数采集要做到及时、认真、仔细。在实践过程中接触点往往难度较大，在路面很难找到。但接触点在汽车—行人碰撞交通事故中有很重要的意义，它表示发生事故瞬间。事故双方在路面上的确切位置是判断路权的主要依据，也是确定行人抛距的参考点。

汽车—行人碰撞事故触点判断上一般可以分为两种方法。一是根据行人鞋底擦痕确定接触点。由于行人的速度和质量与机动车相比差距太大，机动车碰撞行人时，碰撞对机动车运动状态影响极小，机动车轮胎痕迹一般不会因为碰撞发生明显变化，所以无法根据机动车轮胎痕迹确定接触点位置。但是行人碰撞后会被突然加速，行人的鞋底可能与路面摩擦，产生行人鞋底擦痕。行人鞋底擦痕的起点就是接触点。二是根据行人抛距确定接触点。如果已经查明机动车碰撞时的车速，可以利用经验公式，计算行人的抛距，然后从行人的最终位置，沿其被抛出方向向后测量抛出的距离，从而确定接触点。

二、鉴定补充参数

（1）车辆参数。其包括车辆品牌型号、车长、车宽、车高、轴距、轮距、车头形状、车辆前端高度，整备质量，载客（货）状况，是否有 ABS 系统，车辆与地面摩擦系数，车辆在事故中的损坏程度，车辆技术鉴定结果参数等。

（2）人体参数。其包括行人的性别、年龄、身高、体重、身材情况，事故发生时的行人着装情况，人体法医鉴定结果参数等。

（3）环境参数。其包括路面的材质、路面的坡度和曲线半径等；周边监控录像的采集等。

以上参数由于相对固定，如果事故现场勘查条件不允许，也可以在现场勘查完毕后补充完善。

三、经验推断参数

（1）询问笔录。其包括对当事人、证人、亲戚朋友的询问，了解事故发生过程中的一些基本情况，车辆和行人的出发地和目的地。通过对以上信息的了解，对一些第一接触点难以找到的事故，能起到缩小碰撞点范围的作用。

（2）视频资料。通过对视频资料的分析，推断抛射高度和抛射角度等。

以上参数证据采集，存在一定不确定性或受人为因素的影响，在事故再现过程中要慎重。

四、案例分析

某雨天傍晚，夜色昏暗，黄某驾驶“桑塔纳”牌小型轿车行驶致某高速接线路口处，与正在自北向南横穿马路的余某发生碰撞。在事故发生时黄某采取了紧打方向盘避让措施，由于事故发生时为雨天，路面比较湿滑，最后车辆驶向路边水沟。事故导致行人余某死亡，小型轿车损坏。民警在现场未发现有明显的轮胎痕迹，事故道路为沥青路面，该路段限速 70km/h。在询问笔录中，黄某反映在碰撞之前未采取措施。图 4-3-1 是肇事轿车痕迹勘查照片，前风挡玻璃有行人头部与轿车接触痕迹，中心距离地面高度约为 1.05m；肇事轿车前部与水沟水泥柱面碰撞后变形情况；图 4-3-2 是该起事故现场勘查示意图。

（1）根据人体伤害情况及车辆损坏情况推断车辆行驶速度范围。

（2）假设鞋子为行人余某被碰撞后抛向空中后的落地点位置，行人身高约为 1.54m，运用“抛距公式”推算车辆行驶速度。

（3）请分析事故现场没有留下车辆制动痕迹可能原因，并对事故发生过程中驾驶员的采取措施情况进行描述。

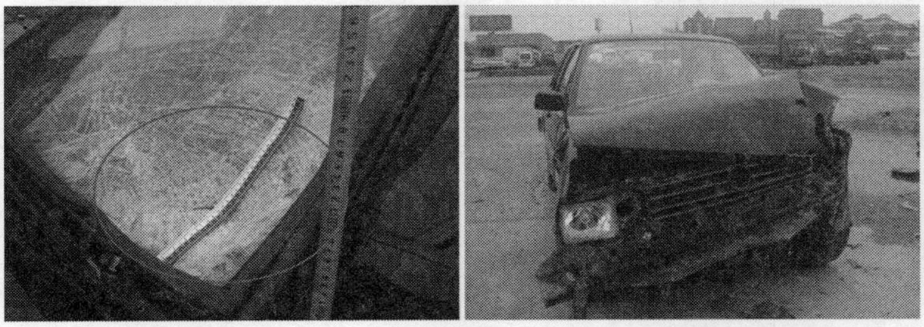

图 4-3-1　肇事轿车前部变形情况

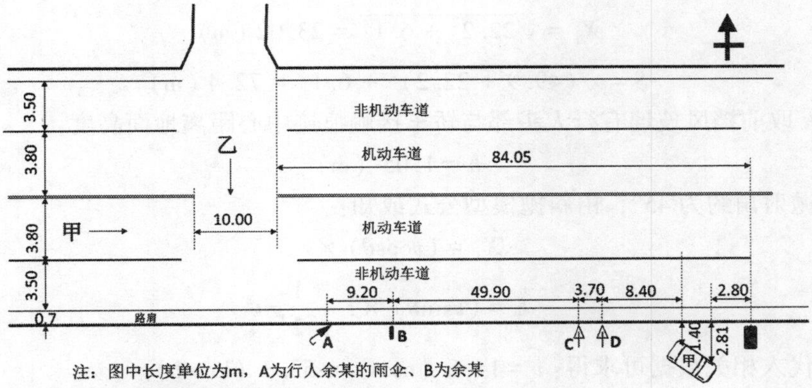

注：图中长度单位为m，A为行人余某的雨伞、B为余某的鞋子、C和D为被肇事车辆所碰撞到的路边树木。

图 4-3-2　交通事故现场勘查示意图

车辆事故分析：

（1）本起交通事故中，行人头部与车子前风挡玻璃碰撞并受伤，最终导致行人死亡。根据车辆碰撞速度与人体损伤特征关系可知，肇事车辆速度应该在 50~60km/h 以上；由图 4-3-1 轿车风挡玻璃的损坏部位及其形状，并考虑到行人的身材相对矮小，碰撞速度在 50km/h 以上。

（2）根据轿车行驶方向、行人的行走方向及车体碰撞痕迹，碰撞点大致在轿车所行驶车道与人行道交叉处，且比较靠近道路中心线位置（如图 4-3-3 所示）。

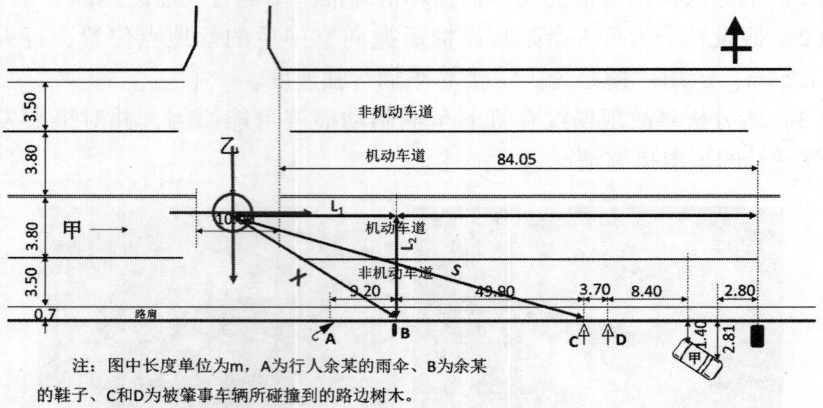

图 4-3-3　汽车制动距离及人体抛距示意图

根据现场示意图提供的数据及桑塔纳车型的轴距，可知 L_1 约为 22.2m，L_2 约为 6.1m，人体抛距 X 和碰撞点到冲出道路位置（C 处）距离 S 分别为：

$$X_1 = \sqrt{22.2^2 + 6.1^2} = 23.02\ (\text{m})$$

$$S = \sqrt{(49.9 + 22.2)^2 + 6.1^2} = 72.4\ (\text{m})$$

h 取前挡风玻璃有行人头部与轿车接触痕迹中心距离地面高度：

$$h = 1.05\ (\text{m})$$

抛射角约为 45°，由斜抛模型公式或知：

$$X_1 = (v\cos\theta) \times t$$

$$-h = (v\sin\theta) \times t - \frac{1}{2} g t^2$$

代入相关数据可求得：$v = 14.5\ (\text{m/s}) = 52.3\ (\text{km/h})$。

（3）民警在现场没有勘查到车辆制动痕迹，有两种原因：一是痕迹被雨水冲洗而消失；二是驾驶员没有采取全力制动。按驾驶员从碰撞点到 C 点的长度 S 为制动距离，轮胎与地面间的摩擦系数为 0.4~0.6，反应时间为 0.8s，制动距离与车辆速度关系式为：

$$S = v\,t_{\text{反应}} + \frac{v^2}{2\mu g}$$

代入相关数据可解得：$v = 20.9 \sim 24.9\ (\text{m/s}) = 75.2 \sim 89.6\ (\text{km/h})$。

实际上车子离开路面还行驶了一段距离，与水沟碰撞后变形比较严重。所以，肇事车辆的制动距离大于 S 值，根据制动距离与车辆速度关系计算车速结果是偏小的。这与第（1）、（2）步计算结果不符合，这是因为驾驶员没有全力制动或者碰撞以后驾驶员没有及时采取制动措施，而只是采取向右侧打方向盘的避险方法。

综合以上分析，首先驾驶员在本起事故中没有提前发现危险导致与行人碰撞，这与当天下着小雨，又是傍晚时分有直接关系；在碰撞后驾驶员也没有及时采取紧急制动措施，只是打方向盘改变行驶线路，没有及时制动，这也增加了事故后果的严重程度。

第五章　汽车—汽车碰撞交通事故再现

车辆间相互碰撞是一种常见的交通事故形态，根据车辆碰撞具体部位可分为正面碰撞、追尾碰撞、侧面碰撞、斜碰等基本类型。本章主要介绍如何运用动量守恒定律、动量矩守恒定律及塑性形变中的能量守恒定律，计算典型碰撞交通事故中车辆速度的方法，这些方法同样适用单车碰撞固定物的交通事故。

第一节　汽车—汽车碰撞交通事故动力学特点

汽车间碰撞事故可以分为碰撞前、碰撞期间和碰撞后三个阶段。碰撞前阶段运动是由驾驶员参与的行为过程，由于发现紧急情况，一般会采取诸如制动或转向避让等避险措施。碰撞期间，是指两车由接触开始至两车接触部分不再继续变形的过程。在这一过程中，两车的动量充分交换，同时一部分动能将以产生永久变形（塑性变形）的方式消耗掉。这一过程是没有驾驶员参与有效控制的过程。碰撞后的运动过程一般比较复杂，可能两车成为一体共同运动，或分别作平行移动和旋转运动，甚至车辆发生翻转，直至消耗完全部的动能，最终停止运动。

为了研究车辆碰撞事故的全过程，并对事故过程进行再现分析，需对以下两个问题进行分析：一是根据碰撞前与碰撞后两阶段事故车辆的运动轨迹，建立运动轨迹方程，描述事故车辆的空间位置和运动状态；二是碰撞瞬间事故车辆的动力学参数的变化规律，从而使得车辆在碰撞前碰撞后两个过程的运动状态进行衔接。其中第一、三阶段的分析方法在前面第三章已介绍过，本章着重是对第二阶段即碰撞阶段进行分析。

一、汽车—汽车碰撞作用阶段的力学特点

（1）碰撞作用时间短。碰撞作用时间，是指汽车从碰撞接触瞬间到碰撞分离瞬间的时间间隔，这一过程包括车辆相互挤压变形和车辆间的弹性恢复两个阶段。实验表明，碰撞作用时间为 70～120m/s，而且与车辆碰撞时相互接

触部位刚度特性有关。由于车辆在碰撞前后的速度是有限的，而碰撞时间极短，物体来不及移动，碰撞就结束了，所以汽车碰撞阶段的位移可以忽略不计。

（2）车辆受到的碰撞冲击力巨大。通过对大量碰撞事故安全的研究可知，由于碰撞发生前后车辆的速度变化很大（动量改变量大），加上经历的时间极短，所以受到冲击力极大，所有在碰撞过程中汽车受到的非碰撞力，如汽车的重量、摩擦力和空气阻力，均可忽略不计。

（3）车辆的碰撞接近于塑性碰撞。鉴于车辆本身的结构特点，在碰撞过程中车体的接触部位会产生不同程度的塑性变形，碰撞性质属接近于塑性碰撞。如果汽车塑性变形量相对车体几何尺寸可以忽略不计时，为了方便起见，可以将碰撞车辆近似看作刚体。

（4）车辆碰撞过程伴有不同程度的能量损失。碰撞作用使得车辆发生局部的塑性变形，同时还伴有振动、发声、发光和发热等物理现象，因此伴有机械能的损失。

二、汽车—汽车碰撞交通事故按动力学特性的分类

汽车碰撞交通事故，根据汽车之间位置关系，可分为以下几种类型：

（1）一维碰撞事故，是指汽车发生碰撞的瞬间及在碰撞前后运动过程中，其质心始终沿碰撞前车辆行驶方向所在直线运动。一维碰撞交通事故根据车辆行驶方向，又细分为正面碰撞和追尾碰撞两类事故形态。

（2）二维碰撞事故，是指汽车在碰撞前、碰撞瞬间及碰撞后运动过程中，其质心始终做平面运动的碰撞事故。根据碰撞瞬间事故车辆受力特点，车辆二维碰撞事故又可细分为二维向心碰撞和二维偏心碰撞两类事故形态。

在车辆二维碰撞事故中，当碰撞冲击力作用线通过车辆的质心时，称向心碰撞。向心碰撞事故的前后阶段，事故车辆往往仅做平移运动而不发生横摆转动。当一辆车的碰撞冲击力未通过另一辆车的质心，即相对另一辆车的质心产生力矩时，称为二维偏心碰撞。二维偏心碰撞的主要特点是，碰撞后车辆滑行时，不仅做平移运动，而且做横摆转动，转动程度的大小取决于碰撞冲击力对车辆力矩及车辆本身的转动惯量。

（3）三维碰撞事故，是指事故车辆在碰撞前、碰撞瞬间及碰撞后运动过程中，其质心高度和车体方位角发生改变的复杂事故类型（如图 5-1-1 所示）。该类碰撞事故的主要特点是碰撞后车辆的运动，不仅有平移运动与横摆转动，还伴随侧翻旋转运动。三维碰撞中相对于前两种情况，其运动形态最为复杂，本书不做深入研究。

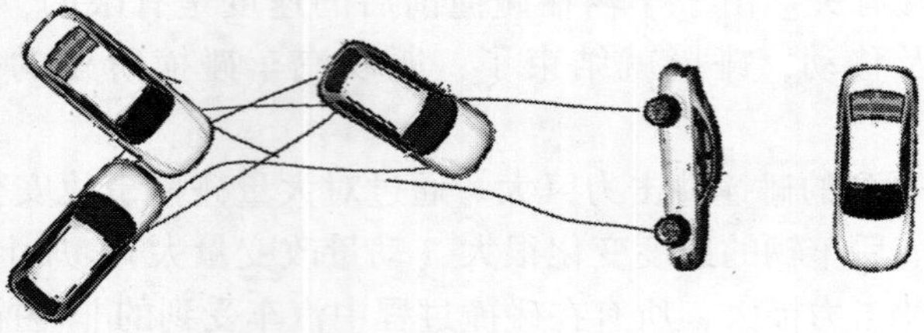

图 5-1-1　三维碰撞示意图

第二节　汽车正面碰撞交通事故

汽车正面碰撞交通事故，是指汽车正面碰撞前方对面驶来的车辆或正面碰撞前方障碍物的交通事故，属于一维碰撞交通事故。在实践中，只要碰撞角度与两车质心夹角不是很大时，也可以近似看作正面碰撞。该类事故碰撞的动力学模型，主要是解决碰撞瞬间和碰撞分离瞬间速度大小。

一、碰撞特征

（一）正面碰撞交通事故常见情景

（1）超车过程。由于超车视距不足或驾驶人违法超车，与前方来车发生相撞。

（2）会车过程。由于机动车驾驶人在会车过程中违反有关让车规则，与前方来车发生碰撞。

（3）弯道行驶。汽车在弯道行驶过程中，驾驶员为了能走近道和减少转向半径，占用对方车道行驶过弯道，或者车辆在高速通过弯道时，由于发生侧滑造成车辆失控穿越中心护栏，与对向来车发生碰撞。

（4）路口行驶。在交叉路口，两相对方向行驶的车辆或者相对方向同时转弯的车辆由于未按规定转弯造成两车发生正碰。

（5）易滑路段。在雨天或冬季冰雪路面上，汽车以比较高的速度行驶，当遇到突发的干扰时，紧急打方向盘或紧急制动，导致车辆失控，与对方来车发生碰撞。

（6）疲劳驾驶。长时间疲劳驾驶，驾驶员瞬时入睡，丧失操纵方向盘的能力而导致汽车驶入对向车道。

（7）机械故障。转向系统失灵是导致汽车肇事的重要机械故障，有可能发生正面碰撞。

（二）正面碰撞事故车损特点

两车正面碰撞速度是两车各自速度之和，即两车接近速度，因此两车碰撞相对速度比较高，碰撞动能为各动能之和，碰撞时的能量较大。

正面碰撞后的汽车车体受损，破坏特征十分明显（如图 5-2-1 所示）。两车正面相撞后，受损破坏情况取决于车身的刚度和质量，刚度和质量不同，破坏严重程度不同，但破损部位特征基本相似。正面碰撞后，车体主要变形在前部，保险杠首当其冲，保险杠歪斜、断裂、脱落；车前灯碎裂；散热器挤扁、歪斜、后移；发动机罩（盖板）向后挤压皱屈、上凸、折弯；靠近撞击中心的翼子板弯曲、卷折；如果碰撞速度高，仪表盘破损、弯曲、歪斜，驾驶室空间压缩、座椅倾斜、移位，前风挡玻璃碎裂、车门弯曲变形、前立柱弯曲等。

图 5-2-1　正面碰撞交通事故车损图

汽车正面碰撞刚性较大的障碍物，车体前面大面积向后挤压变形，车体破坏形式与前述比较类似。汽车正面撞击前方电线杆、灯杆、隔离带等柱状障碍物时，车体撞击中心附近结构受到破坏，车体前部呈槽形挤压变形，通常变形凹陷较深，车内机器设备损坏比较严重。

（三）重要规律

两车正面碰撞的速度是两车各自速度之和，即两车接近速度。而且两车相对碰撞时的相对速度大小相等，方向相反，因此，两车碰撞速度比较高时，总的动能为各自动能之和，碰撞力比较大，车体变形也就比较大。

不同的汽车相撞，由于汽车结构刚度、总质量不同，其车体的变形大小也各异。刚度大车体变形小，刚度小则变形大；对于质量相同的同类汽车碰撞也相同，碰撞速度越高，碰撞力越大，碰撞减速度也随之加大，其车体结构破坏、人身伤亡也就更为严重。

二、正面碰撞车辆速度计算

汽车碰撞过程是极其复杂的动量交换过程，碰撞的两个汽车，在碰撞前后，两车的动量要进行交换，这一过程的重要规律是遵循动量守恒定律。设两辆发生正面碰撞的①车和②车质量分别为 m_1 和 m_2，交通事故碰撞瞬间的车辆速度分别为 v_1 和 v_2，该速度是两车接触瞬间的速度，碰撞第二阶段的初速度或第一阶段的末速度；碰撞分离瞬间速度分别为 v_1' 和 v_2'，即碰撞的第二阶段的末速度或第三阶段的初速度。

图 5-2-2　汽车正面碰撞示意图

根据动量守恒定律，碰撞过程中满足的方程：

$$m_1 \boldsymbol{v}_1 + m_2 \boldsymbol{v}_2 = m_1 \boldsymbol{v}_1' + m_2 \boldsymbol{v}_2' \qquad (5-2-1)$$

根据动量守恒定律，严格的对心碰撞事故，两碰撞车辆是沿直线在地面做滑移运动，碰撞后车辆的速度方向既可能与碰撞前速度方向相同，也可能与碰撞速度方向相反。式（5-2-1）为矢量关系式，在代入具体数值计算时，要选择正方向，不管碰撞前还是碰撞后的速度方向，与正方向一致计算时取符合“+”，反之符合取“-”。

事故车辆与路面间的附着力做负功，全部用于转化碰撞分离瞬间事故车辆的动能，因此可利用第三章介绍的刹车公式求出分离瞬间速度 v_1' 和 v_2' 的大小。假设在碰撞交通事故现场，分别测得两车从碰撞点开始的地面轮胎痕迹长度分别为 s_1 和 s_2（如图 5-2-3 所示）。

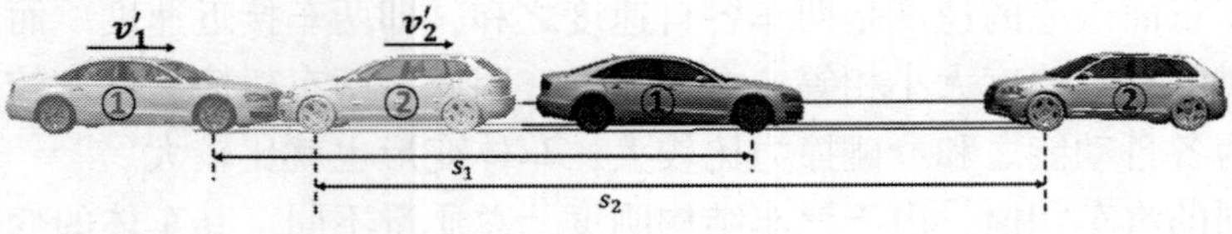

图 5-2-3　汽车正面碰撞过程示意图

因此两车碰撞分离瞬间速度分别表达为：

$$\boldsymbol{v}_1' = \sqrt{2\varphi_1 g \boldsymbol{s}_1 k_1}$$

$$\boldsymbol{v}_2' = \sqrt{2\varphi_2 g \boldsymbol{s}_2 k_2}$$

在式（5-2-1）中有两个未知数，还是不能求出碰撞时的初速度，需要引入其他参量进行求解，主要有以下两种方法：

1. 引入弹性恢复系数计算。关于恢复系数的含义可以参阅本书第二章第四节相关内容，假设两车碰撞恢复系数为e，可得：

$$e=\frac{\boldsymbol{v}_2'-\boldsymbol{v}_1'}{\boldsymbol{v}_1-\boldsymbol{v}_2} \qquad (5-2-2)$$

联合式碰撞分离瞬间速度公式，就可以求出碰撞瞬间速度表达式：

$$\boldsymbol{v}_1=\boldsymbol{v}_1'+\left(1+\frac{1}{e}\right)\frac{m_2}{m_1+m_2}(\boldsymbol{v}_2'-\boldsymbol{v}_1') \qquad (5-2-3)$$

$$\boldsymbol{v}_2=\boldsymbol{v}_2'+\left(1+\frac{1}{e}\right)\frac{m_1}{m_1+m_2}(\boldsymbol{v}_1'-\boldsymbol{v}_2') \qquad (5-2-4)$$

上式子中的速度均为矢量关系式，在实际计算时需要选取某一方向为正方向进行计算。以图5-2-3为例，假设以1车碰撞前瞬间速度方向为正方向，则 v_1' 和 v_2' 大小表达为：

$$\boldsymbol{v}_1=\sqrt{2\varphi_1 g\boldsymbol{s}_1k_1}+\left(1+\frac{1}{e}\right)\frac{m_2}{m_1+m_2}\left(\sqrt{2\varphi_2 g\boldsymbol{s}_2k_2}-\sqrt{2\varphi_1 g\boldsymbol{s}_1k_1}\right) \qquad (5-2-5)$$

$$\boldsymbol{v}_2=\left(1+\frac{1}{e}\right)\frac{m_1}{m_1+m_2}\left(\sqrt{2\varphi_2 g\boldsymbol{s}_2k_2}-\sqrt{2\varphi_1 g\boldsymbol{s}_1k_1}\right)-\sqrt{2\varphi_2 g\boldsymbol{s}_2k_2} \qquad (5-2-6)$$

注：以上速度计算结果单位为m/s。

表达式表明，两车发生正面碰撞后速度取决于碰撞前的相对速度之差、两车的质量比和弹性恢复系数。在碰撞后分离速度知道的前提下，可由（5-2-5）和（5-2-6）求出车辆碰撞瞬间速度大小。

表5-2-1　不同类型汽车与刚性壁正面碰撞的恢复系数

汽车类型	48km/h	56km/h
轿车	0.139	0.152
越野车	0.135	0.146
货车	0.131	0.143

恢复系数是反映碰撞时物体变形恢复能力的参数，它只与碰撞物体的材料有关。表5-2-1是国外研究人员不同类型车辆分别在车速48km/h和56km/h的情况下，与刚性壁正面碰撞的恢复系数值。

汽车碰撞恢复系主要与材料、碰撞方向及碰撞部位有关系，可以通过实验测出车辆的弹性恢复 e。

2. 有效碰撞速度。由前面推导可知，要求出两车正面碰撞速度，必须知道恢复系数值，这个方法理论上是可行的，但实际运算上有困难。于是有研究者想到另一个思路，提出了“有效碰撞速度”概念，利用撞击力与塑性变形的性质，进一步建立汽车的变形量与有效碰撞速度的关系。

对质量为 m_1 和质量为 m_2 的汽车，以 v_1 和 v_2 碰撞阶段过程进行分析，碰撞可分为两个过程。开始碰撞时，两车相互挤压发生形变，由形变产生的弹性恢复力使两车的速度发生变化，直到两车的速度达到相等为止，这时车辆形变达到最大。这是碰撞的第一阶段，称为压缩变形阶段。此后，由于形变仍然存在，弹性恢复力继续作用，使两车速度进一步改变而有相互脱离接触的趋势，两车压缩有所减小，直到两车脱离接触为止。这是碰撞的第二阶段，称为恢复阶段。整个碰撞过程到此结束，两车速度的变化如图 5-2-4 所示。

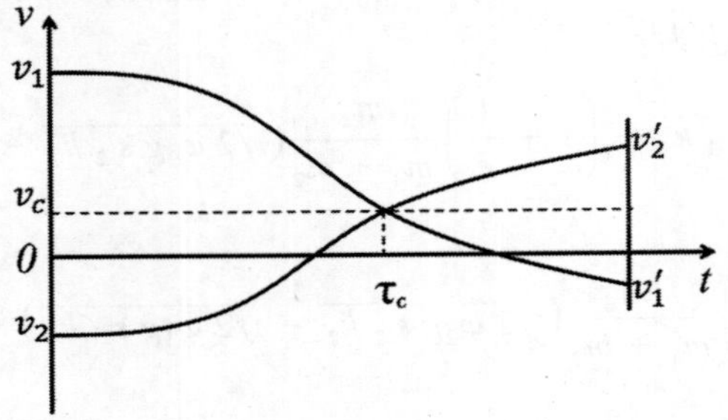

图 5-2-4　汽车碰撞瞬间 v-t 图

两车的形变量是发生在开始接触零时刻直到最大变形的 τ_c 时刻时间，形变的大小决定于撞击力。而根据冲量定理，平均撞击力与动量改变量有关。所以，决定变形量的速度大小是 $v_e = v_0 - v_c$，我们把这个差值称为有效碰撞速度。

根据动量守恒定律，两车碰撞过程中的共同速度为：

$$v_c = \frac{m_1 \boldsymbol{v}_1 + m_2 \boldsymbol{v}_2}{m_1 + m_2} = \frac{m_1 \boldsymbol{v}_1' + m_2 \boldsymbol{v}_2'}{m_1 + m_2} \tag{5-2-7}$$

由同速度可以求出两车碰撞时的有效速度：

$$\boldsymbol{v}_{e1} = \boldsymbol{v}_1 - \boldsymbol{v}_c = \frac{m_2(\boldsymbol{v}_1 - \boldsymbol{v}_2)}{m_1 + m_2} \tag{5-2-8}$$

$$\boldsymbol{v}_{e2} = \boldsymbol{v}_2 - \boldsymbol{v}_c - = \frac{m_1(\boldsymbol{v}_1 - \boldsymbol{v}_2)}{m_1 + m_2} \tag{5-2-9}$$

在道路交通事故中，有效碰撞速度是描述车辆损坏和驾乘人员伤害的一项参考指标，有效碰撞速度越大，在碰撞时速度变换越大，对应的加速度和破坏力也越大。由以上有效速度表达式可知，两车有效碰撞速度比值与对应两车质量比值呈反比关系，即在碰撞过程中，一般质量小的车子伤害更大。

由地面轮胎痕迹可分别求出两车碰撞的分离速度 v_1' 和 v_2'，由动量守恒定律可得：

$$\boldsymbol{v}_1 = \boldsymbol{v}_{e1} + \frac{m_1 \boldsymbol{v}_1' + m_2 \boldsymbol{v}_2'}{m_1 + m_2} \quad (5-2-10)$$

$$\boldsymbol{v}_2 = \boldsymbol{v}_{e2} + \frac{m_1 \boldsymbol{v}_1' + m_2 \boldsymbol{v}_2'}{m_1 + m_2} \quad (5-2-11)$$

假如在交通事故中，车辆有效碰撞速度可以通过测量事故车辆的塑性变形量得到，《道路交通事故车辆速度鉴定》（GB/T 33195—2016）提供了车身头部变形的测量方法（如图 5-2-5 所示）。

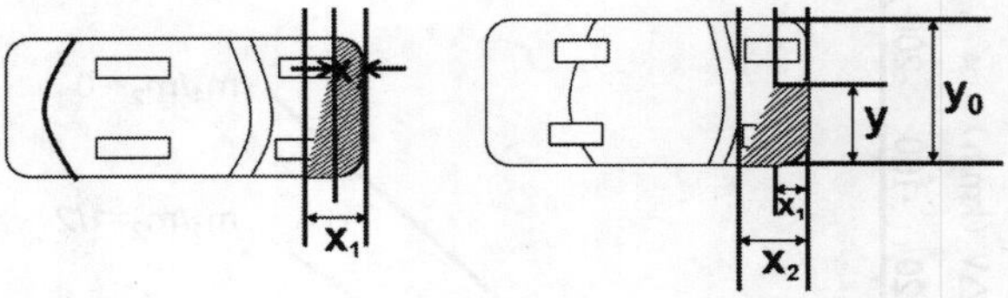

图 5-2-5　汽车塑性变形测量方法

测量时通常选取汽车车架附近的高度来进行测量，对于正面碰撞和追尾碰撞，可以选择保险杠的高度；对于侧面碰撞，可以选取车门底框的高度。具体测量方法是从小车最前沿的保险杠量至形变的最深处，其水平距离即为形变量 x。变形量的计算方法如下：

（1）车头全部凹陷：$c = \frac{x_1 + x_2}{2}$；（2）车头部分凹陷：$c = \frac{y}{y_0}\frac{x_1 + x_2}{2}$

式中 x 为轿车塑性变形量，单位为米。正面碰撞过程，轿车的有效碰撞速度和塑性变形量满足以下经验公式：

$$\boldsymbol{v}_e = 105.3x$$

上面公式中有效碰撞速度单位为 km/h。注意该式为实验得到的经验公式，实际工作中可对其进行修正。

仍以图 5-2-3 为例，假设 1 车在碰撞过程中产生的塑性变形量为 x_1，以 1 车碰撞前瞬间速度方向为正方向，则 v_1' 和 v_2' 大小表达为：

$$v_1 = 105.3x_1 + \frac{m_1\sqrt{2\varphi_1 g s_1 k_1} \pm m_2\sqrt{2\varphi_2 g s_2 k_2}}{m_1 + m_2} \times 3.6$$

$$v_2 = 105.3 x_1 m_1 / m_2 + \frac{m_1 \sqrt{2 \varphi_1 g s_1 k_1} \pm m_2 \sqrt{2 \varphi_2 g s_2 k_2}}{m_1 + m_2} \times 3.6 \quad (5-2-12)$$

注：如果碰撞后 2 车行驶方向与原方向相反（图 5-2-2 情形），则取“+”；碰撞后 2 车速度方向和原方向相同，则取“−”。

在车辆碰撞固定障碍物单方道路交通事故中，可认为汽车是碰撞质量为无穷大的静止汽车，碰撞时的共同速度为零，因此有效碰撞速度就应该是车辆的碰撞速度。

3. 恢复系数与有效碰撞速度之间的关系。由有效碰撞速度表达式可知，有效碰撞速度大小与两车速度的差成正比，而且与车的质量大小也有关系，质量相对较大的汽车在碰撞过程中有效碰撞速度小，在碰撞过程中车辆损坏也相对较小。

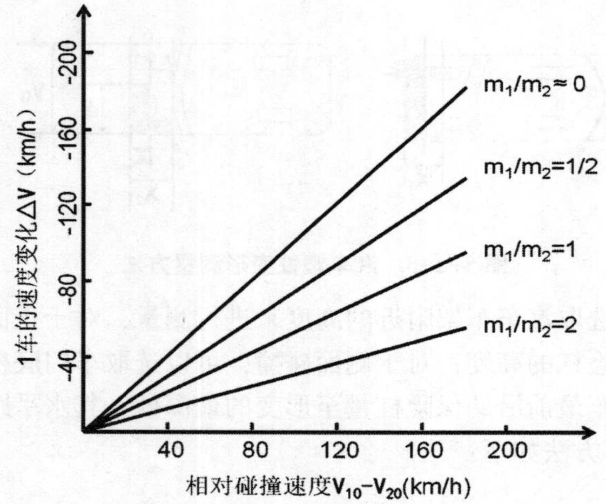

图 5-2-6　有效碰撞速度与质量比关系

轻车与重车以一定速度发生碰撞时，轻车可能被重车推回原来的方向，且两车一起运动，即 $v_2' = v_1'$，此时弹性恢复系数 e 接近 0。当 e=0 时，即完全塑性碰撞，车辆有效碰撞速度大小就为车辆碰撞前后的速度改变量，塑性碰撞车辆速度变化如图 5-2-6 所示。以微型汽车碰撞大型货车为例，令微型汽车总质量为 m_1，大货车的总质量为 m_2，因为 $m_1 \ll m_2$，代入式（5-2-7）、式(5-2-8)可知，微型汽车有效碰撞速度为 $v_1 + v_2$，大车以初速度把摩托车推回去，而大货车速度基本不变。

国外研究人员通过大量试验研究轿车的弹性恢复系数与有效碰撞速度关系，所得到的图像如图 5-2-7 所示。

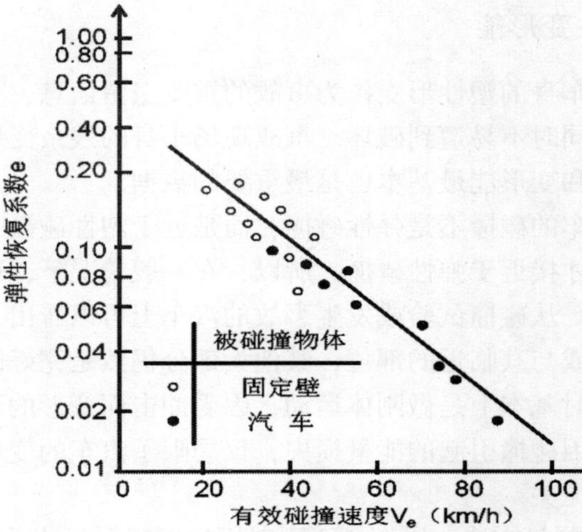

图 5-2-7　弹性恢复系数与有效碰撞速度关系

该图像中，弹性恢复系数与有效碰撞速度近似满足下面的函数表达式：

$$e=0.574\exp(-0.0396V_e)$$

在上式中，“exp”表示以自然对数“e”为底的指数函数，为了防止与弹性恢复系数“e”混淆，故用“exp”来表示。

从 5-2-5 图像可以看出，有效碰撞速度越大，弹性恢复系数也就越小。实践表明，汽车正面碰撞交通事故中，如车内乘客受到严重伤害，车身基本上是接近塑性变形，可以认为 $e=0$。

【案例】一辆质量为 $m_1=1.8t$ 的小轿车与另一质量为 $m_2=1.6t$ 的小轿车发生正碰撞，求当 1 车车速度为 100km/h，2 车车速为 80km/h 时的有效碰撞速度。

解：取 1 车初速度方向为正方向，把车辆初速度代入（5-2-6）、（5-2-7）式，即可求出相应的有效碰撞速度。

$$\boldsymbol{v}_{e1}=\frac{m_2(\boldsymbol{v}_1-\boldsymbol{v}_2)}{m_1+m_2}=\frac{1.6\times(100+80)}{1.8+1.6}=84.7\ (\text{km/h})$$

$$\boldsymbol{v}_{e2}=\frac{m_1(\boldsymbol{v}_1-\boldsymbol{v}_2)}{m_1+m_2}=\frac{-1.8\times(100+20)}{1.8+1.6}=-95.3\ (\text{km/h})$$

由该例子可知，在两车正面碰撞事故中，尽管 2 车的速度较小，但是由于质量相对较小，在碰撞过程中有效碰撞速度更大，车辆损伤更严重。所以，在事故现场我们可以发现这种现象，往往是质量轻的车子变形更严重。

三、汽车塑性变形能

汽车碰撞后的车身的塑性形变作为事故的重要遗留信息，可客观地反映出碰撞的激烈程度，同时不易遭到破坏。事故现场车身的残余变形量是计算碰撞力、有效碰撞速度和变形能最基本也是最重要的数据。

研究发现，汽车的碰撞不是弹性碰撞，而是近于塑性碰撞，只是在碰撞速度非常低的情况下才接近于弹性碰撞。所以，在一般情况下，可以将碰撞中的汽车当作刚体处理。从碰撞试验或发生事故的汽车上可以看出，汽车的损伤只局限于相撞的部位或与其临近的部位，其他大部分仍然是完好的。因而，可以设想，汽车在碰撞时基本上是做刚体运动，因受冲击而变形的仅是汽车上极小的一部分。此外，因碰撞引起的能量损失，仅局限于汽车的变形部分，其他部分则与能量的损失无关。

1. 车辆变形量测量方法。以车辆正面对固定壁障碰撞中为例（如图 5-2-8 所示），沿着保险杠变形区域将变形区域分成若干区段，分别测量出每个区段变形的宽度和深度，这种方法可以测量汽车与细杆发生碰撞的特殊情形。

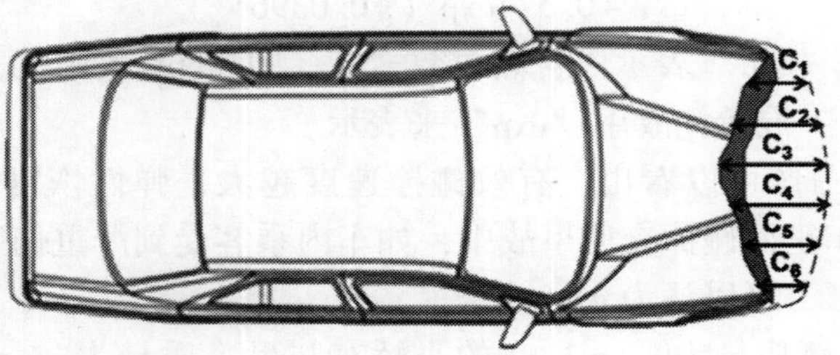

图 5-2-8　汽车变形测量方法 2

平均变形量与各点的碰撞深度的关系表达式：

$$c = (\frac{c_1}{2} + \sum_{i=2}^{n-1} c_i + \frac{c_n}{2})/(n-1) \qquad (5-2-13)$$

在一般碰撞中，当碰撞宽度小于 40cm 时，用 4 点测量法；当碰撞宽度大于 40cm 时，用 6 点以上方法测量法。由于 6 点测量能更好地反映碰撞情况，所以在实际测量时均在变形区域内采用 6 点位置进行测量，而且选取的测量点越多，所得到的变形量越精确。

2. 车辆碰撞力与变形量关系。20 世纪 80 年代，美国国家公路交通安全管理局（NHTSA）研究人员从 180 次汽车碰撞试验中得出一个结论，车辆的碰撞速度和车体残余变形之间呈线性关系，从而提出了线弹性刚度模型（式 5-2-11）。这是目前使用最为广泛的变形分析的数学模型（如图 5-2-9 所示）。该模型是

CRASH 和 SMAC 等碰撞模拟程序的基础，线弹性常刚度模型的数学表达式为：

$$f=A+BC \qquad (5-2-14)$$

式中：f——单位宽度上的碰撞力（N/m）；

A——零残余变形时单位宽度上的碰撞力（N/m）；

B——单位宽度上的变形刚度系数（N/m^2）；

C——残余形变深度（m）。

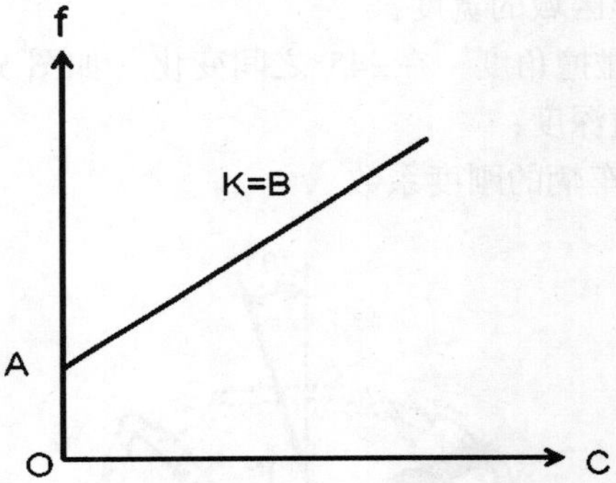

图 5-2-9　f-C 关系图

A 和 B 分别从不同角度描述汽车刚度系数特性，所以也称为汽车 A 类刚度系数和 B 类刚度系数。研究人员按轴长和车型，将汽车分成 9 类，并测出每类车型的刚度系数 A 和 B 值的大小（如表 5-2-2 所示）。

表 5-2-2　各类车辆碰撞刚度系数表

车辆类型		级别	轴距（mm）	前碰刚度系数		后碰刚度系数		侧碰刚度系数	
				A（N/cm）	B（N/cm^2）	A（N/cm）	B（N/cm^2）	A（N/cm）	B（N/cm^2）
轿车	迷你型	1	2054~2407	529	32.4	641.1	26.2	134.8	25.51
	超紧凑型	2	2407~2580	453.6	29.65	684.9	28.27	245.2	46.2
	紧凑型	3	2580~2804	555.2	38.61	718.1	30.4	303	39.3
	中型	4	2804~2984	623.5	23.44	625.3	8.96	250.4	34.8
	全尺寸型	5	2984~3129	569.2	25.5	526.2	48.27	310	32.41
	豪华型	6	3129~3810	569.2	25.5	526.2	48.27	310	32.41
厢式货车		7	2768~3302	670.8	86.89	525.4	37.90		
轻型货车		8	参照 1 级~6 级	840.6	34.5	605.9	17.20		
轻型越野车		9	参照 1 级~6 级	653.2	26.2				

3. 塑性变形能与变形量关系。汽车在碰撞过程中，由于碰撞力作用车辆发生塑性形变，部分动能就转换为塑性形变能量，塑性形变能值可以根据车身的残余变形量进行计算。国外研究人员得出以下塑性变形能与变形量、碰撞角度关系表达式：

$$E = \int_{0}^{w_0}\left(\frac{1}{2}B\,C^2 + AC + \frac{A^2}{2B}\right)(1 + \tan\theta)\,dw \qquad (5-2-15)$$

式中：w——变形区域的宽度；

$\tan\theta$——碰撞角度，在±45°之间变化（如图 5-2-10 所示）；

C——碰撞深度；

A、B——车辆的刚度系数。

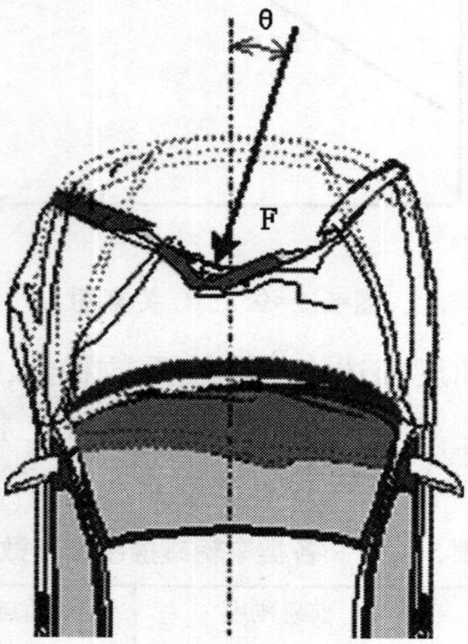

图 5-2-10　车身的残余变形量

对于汽车前端完全碰撞固定刚性墙来说，由于在碰撞宽度上的残余变形近似为常数，因此式（5-2-12）可以进一步转化为：

$$E = \left(\frac{1}{2}B\,C^2 + AC + \frac{A^2}{2B}\right)w_0$$

将多点法测量变形量式（5-2-11）代入式（5-2-16），可得出以下塑性变形能与变形量及碰撞角度关系式：

$$E_d = \sum_{i=1}^{n} w_i\left[\left(\frac{B}{6}\cdot\frac{C_{i+1}^3 - c_i^3}{c_{i+1} - c_i}\right) + \frac{A}{2}\cdot(C_{i+1} + C_i) + \frac{A^2}{2B}\right](1 + tg\theta^2) \qquad (5-2-16)$$

式中：A、B——车辆的刚度系数；

w_i——为第 i 个网格的宽度。

四、塑性变形能与碰撞车速关系

为了研究车辆塑性变形能与车辆碰撞前速度关系，在实验室中往往是通过汽车碰撞固定障碍物进行研究分析（如图 5-2-11 所示）。

图 5-2-11　汽车碰撞固定壁障试验

1. 等效壁障速度（V_{EBS}）。通过有效碰撞速度概念可知，两车正碰可等效于车子与移动速度为 Vc 的壁障的碰撞，当 Vc=0 时即得车辆撞击固定物时的速度。在实际交通事故中，由于车体的塑性变形量因对方车子的质量和速度不同而不同，但通过实验测出的是汽车的变形量与汽车碰撞移动壁障速度的关系，因此汽车在事故变形量中只能得到对应碰撞固定障碍物的速度大小。在汽车工程学中，把汽车变形程度转换为刚性壁障碰撞速度时的速度，称为等效壁障速度。等效碰撞速度与汽车实际行驶碰撞速度不完全相同，但两者相差不大，有时可以认为是相同的。

实验研究表明，等效壁障速度大小与塑性变形能（E_d）之间的关系为：

$$V_{EBS}=\sqrt{\frac{2E_d}{m}}$$

式中：m——汽车质量，单位为 kg；

E_d——塑性变形能，单位为 J。

目前许多交通事故仿真软件，如 SMAC、CRASH、IMPAC 和 PC-CRASH 等，提供了根据车身残余变形量计算车辆的等效壁障碰撞速度的计算工具。只要测量出现车辆各点的变形深度并输入系统内，系统能计算出等效壁障碰撞速度大小。

2. 能量等效速度（V_{EES}）。能量等效碰撞速度和等效壁障速度类似，也是根据汽车塑性变形能描述汽车碰撞前速度的参量。能量等效速度考虑到在碰撞过程中弹性恢复，在汽车低速碰撞时，由于恢复系数值较大，因此 V_{EES} 和 V_{EBS} 值相差较大。在实际研究中，当碰撞速度较大时，两者的差别往往不大，可近似认为速度大小相同。

两车碰撞能量等效碰撞速度大小：

$$V_{EES_1}=\sqrt{\frac{2E_d}{m_1\left(\frac{c_2}{c_1}+1\right)}}$$

$$\frac{V_{EES_1}}{V_{EES_2}}=\sqrt{\frac{m_1c_1}{m_2c_2}}$$

由上面两式可得：

$$V_{EES_2}=\sqrt{\frac{E_d-m_1V_{EES_1}^2}{m_2}}$$

式中：m_1、m_2——为两车的质量；

c_1、c_2——为两车的变形量；

E_d——两车总的塑性变形能。

3. 汽车碰撞变形能量网格有效碰撞速度。在汽车碰撞过程中，不计碰撞前后汽车的旋转动能，忽略碰撞变形能以外的噪声、热等能量损失，那么可以认为汽车在碰撞时损失的动能与变形所吸收的能量相等。在机动车与机动车碰撞的交通事故中，车辆变形量的大小取决于碰撞能量的大小，而碰撞能量的大小取决于碰撞时有效碰撞速度大小。在实车壁障碰撞试验基础上建立的车身变形能量网格图应用于实际的交通事故的分析，获取汽车在碰撞中的有效碰撞速度，也是基于能量进行事故再现和速度鉴定的具体应用。

汽车碰撞变形能量网格，是指将车身划分为若干区域，求出各个区域受撞击溃缩后所吸收的能量值。将事故车辆的实际变形与碰撞网格图进行比对时，变形曲线与完好状态下的车形轮廓线之间区域所包含的数值总和便是车身溃缩吸收的能量（如图 5-2-12 所示）。

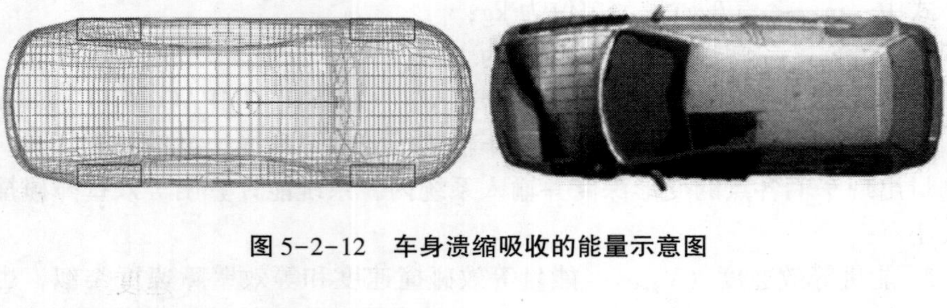

图 5-2-12　车身溃缩吸收的能量示意图

五、汽车碰撞速度经验公式

在汽车碰撞中，塑性变形与汽车碰撞速度、结构刚度有关，国内外许多专家对此做了大量实验，并给出了一些经验公式，这为交通事故分析提供了方便的计算方法。

1. 美国国家公路交通安全管理局经验公式。

（1）汽车正面碰撞障碍物。当障碍物刚度相对于汽车结构刚度足够大时，则汽车碰撞方程为：

$$m\frac{d^2x}{dt^2}=F \tag{5-2-17}$$

其中

$$F=fw$$

$$f=A+BC$$

式中：m——汽车质量，kg；

C——碰撞变形量，cm；

F——撞击力，N；

f——单位碰撞宽度上所受的撞击力，N/cm；

w——汽车碰撞宽度，cm；

A、B——汽车刚度系数。

对式（5-2-17）非齐次微分方程进行求解得汽车碰撞障碍物的碰撞速度：

$$V_P=\sqrt{\frac{100BW}{m}}\sqrt{(C+\frac{A}{B})^2-(\frac{A}{B})^2} \tag{5-2-18}$$

式中：V_P——碰撞速度，cm/s。

（2）汽车—汽车碰撞事故相对碰撞速度。汽车①与汽车②的碰撞比汽车碰撞障碍物复杂得多，因两车接触面处属于运动状态，汽车①碰撞变形不仅与本车的结构参数、运动状态有关，而且与汽车②的结构参数和运动状态有关。两车相对碰撞速度表达式为：

$$V_P=\sqrt{\frac{100\,B_r\,W_1}{m_r}}\sqrt{\left(\frac{A_r}{m_r/m_1}\right)^2-\left(\frac{A_{r1}}{B_{r1}}\right)^2} \tag{5-2-19}$$

其中：$B_r=\dfrac{B_1\,B_2}{B_1+B_2}$；

W_1——①车的碰撞宽度，cm；

$m_r=\dfrac{m_1\,m_2}{m_1+m_2}$；

$$A_r = \frac{m_2}{m_1 + m_2}\left(C_1 + C_2 + \frac{A_1 B_2 + A_2 B_1}{B_1 B_2}\right)$$

$$A_{r1} = \frac{A_1 B_2 + A_2 B_1}{A_1 B_1 + A_1 B_2} \cdot A_1$$

$$B_{r1} = \frac{B_1 B_2}{B_1 + B_2}$$

V_P—— 两车相对碰撞速度，cm/s。

2. 国内专家经验公式。大连理工大学于长吉教授等人对多种轿车车身建模并进行了大量的模拟碰撞分析计算。结果表明，碰撞速度在 65km/h 以下时变形深度与碰撞速度呈线性关系，但在高速碰撞时变形深度与碰撞速度呈准线性关系，且随着车速提高非线性特征逐渐增大。它们根据轴距长短将轿车分成 6 类刚度，得出了汽车变形量与碰撞速度的关系公式如下：

$$V_P = a_i + 10\sqrt{b_i - x_i c_i} \tag{5-2-20}$$

式中：i——轿车不同的刚度级别；

C_i——轿车变形量；

a_i、b_i、x_i——不同刚度级别的轿车特征常数。

桑塔纳汽车的特征值：$a_i = 1105$、$b_i = 11988$、$x_i = 20.5$。

六、汽车正面碰撞速度分析

对于汽车正面碰撞交通事故，可以按以下步骤对事故车辆初速度进行分析求解。第一步，根据事故现场车轮痕迹、散落物痕迹求出车辆分离时速度的大小，如果是完全塑性碰撞，则求出碰撞后的共同速度；第二步，测量计算出车辆碰撞过程的塑性形变量的大小；第三步，求出有效碰撞速度，有效碰撞速度可以用前面介绍的塑性变形量与塑性变形能求得；第四步，由动量守恒定律及有效碰撞速度或相对碰撞速度，求出车辆碰撞时的速度；第五步，如车辆在碰撞前有制动痕迹，还可以进一步求出车辆制动前的初速度大小。在这五个步骤中，其中第三步相对较为复杂，也是最为关键的一步。

七、案例分析

【案例 1】某日晚上，驾驶员贾某驾驶奥迪 A3 小型轿车（以下简称甲车）沿县道由西向东行驶，当行至一弯道路段时因越过道路中心黄线驶入对向车道逆行，与由东向西行至该路段一宝马 5 系轿车（以下简称乙车）发生正面碰撞，造成轿车上多人受伤、双方车辆损坏的道路交通事故（如图 5-2-13 所示）。图中 L1 为甲车前保险杠在路面留下的挫划印，长度为 6.2m；L2 和 L3 分别为乙车右后轮和左后轮在路面留下的制动拖印，长度分别为 1.2m 和 1.1m。

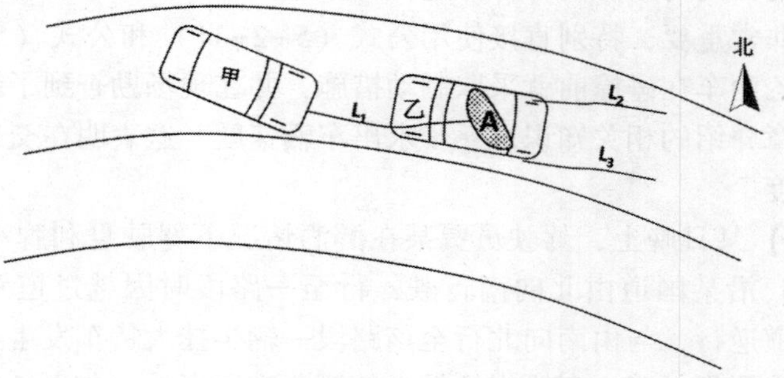

图 5-2-13　交通事故现场示意图

事故现场勘查及车辆鉴定结果如下：事发路段为一弯道，道路呈东西走向，路面为沥青铺装，附着系数约为 0.5，中央无物理隔离，双向两条车道，道路中心施画有单黄实线，机动车道每个车道宽为 4m，碰撞点两侧均设有弯道标志，事故发生时为阴天。甲车质量约为 1750kg，乙车质量约为 1270kg。甲车塑性变形量达 0.93m，两车的制动器正常。

请根据以上事故信息，试计算甲乙两车碰撞瞬间的速度是多少？

解：(1) 取自西向东方向为正方向，根据甲乙两车在地面上留下的挫划印和制动痕迹分别求出碰撞分离瞬间两车速度的大小：

$$v_{甲}' = \sqrt{2\varphi_{甲} g s_{甲} k_{甲}} = \sqrt{2 \times 0.5 \times 9.8 \times 6.2 \times 1} \approx 7.8 \text{ (m/s)}$$

$$v_{乙}' = -\sqrt{2\varphi_{乙} g s_{乙} k_{乙}} = -\sqrt{2 \times 0.5 \times 9.8 \times 1.2 \times 1} \approx -3.4 \text{ (m/s)}$$

以上式速度中“-”代表方向。

(2) 根据甲车的塑性变形量可求出甲车的有效碰撞速度大小：

$$v_{e甲} = 105.3x = 105.3 \times 0.93 = 98.5 \text{ (km/h)}$$

根据甲车有效碰撞速度，可以进一步求出乙车的有效碰撞速度：

$$v_{乙} = v_{e甲} \times m_{乙} / m_{甲} = 98.5 \times \frac{1270}{1750} \approx 71.5 \text{ (km/h)}$$

(3) 根据动量守恒定律和甲车的有效碰撞速度，分别计算两车碰撞瞬间的速度：

$$v_{甲} = v_{e甲} + \frac{m_{甲} v_{甲}' + m_{乙} v_{乙}'}{m_{甲} + m_{乙}} = 98.5 + \frac{-1270 \times 7.8 - 1750 \times 3.4}{1270 + 1750} \times 3.6$$
$$\approx 79.6 \text{ (km/h)}$$

$$v_{乙} = v_{e乙} + \frac{m_{甲} v_{甲}' + m_{乙} v_{乙}'}{m_{甲} + m_{乙}} = 71.5 + \frac{-1270 \times 7.8 - 1750 \times 3.4}{1270 + 1750} \times 3.6$$
$$\approx 90.4 \text{ (km/h)}$$

本案例在计算过程中，采用以甲车碰撞前速度方向为正方向，如果选用乙车碰撞前速度方向为正方向，计算过程符号选取要简单些，因此在计算过程中正方向选取非常重要，特别直接使用公式（5-2-11）和公式（5-2-12）。本案中如果甲乙两车在碰撞前就采取制动措施，并在现场勘查到了制动痕迹，可以根据第三章介绍的相关知识进一步求出车辆速度。这表明在交通事故再现中更加关心速度。

【案例2】某日晚上，驾驶员贾某在醉酒情况下驾驶夏利牌小型轿车（车上乘坐6人）沿某国道由北向南行驶，行至一路段时因越过道路中心双黄线驶入对向车道逆行，与由南向北行至该路段一辆半挂大货车发生正面碰撞，造成轿车上多人死伤、双方车辆损坏较大的道路交通事故（如图5-2-14所示）。

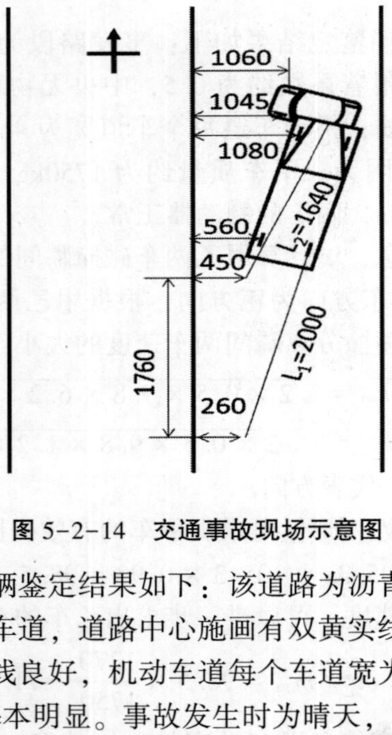

图5-2-14　交通事故现场示意图

事故现场勘查及车辆鉴定结果如下：该道路为沥青铺装，路面平直，中央无物理隔离，双向六条车道，道路中心施画有双黄实线，道路南北走向，东西两侧为非机动车道，视线良好，机动车道每个车道宽为3.75m，非机动车道宽度为3m，标志、标线基本明显。事故发生时为晴天，能见度为18km。大货车总质量约为56000kg，轿车约重1250kg。轿车右前部被压在大货车左前部之下，轿车前保险杠的最大凹陷深度约为102cm，大货车和轿车的制动器正常。图中以道路中线为基准线，车道分界线未在图中标出，L_1为大货车右后轮留下的拖印痕迹，L_2为挫划印，图中长度单位为cm。

这是一起较为典型的正面碰撞交通事故，由于大货车的质量约为小轿车质量的45倍，所以从有效碰撞速度与质量比关系看，小轿车的有效碰撞速度较大，这些因素直接导致轿车的伤害程度惨烈。基于两者质量相差很大，可以近似认为轿车与大货车碰撞瞬间，大货车的运动状态不因碰撞而改变。在分析两车碰撞前的速度时可以不用动量守恒定律，直接从制动痕迹以及塑性变形深度来计算速度。

大货车在碰撞前留下 20m 长的拖印，可以计算出大货车碰撞前的行驶速度：

$$v_{货} = \sqrt{2\mu g L_1} = \sqrt{2 \times (0.55 \sim 0.65) \times 9.8 \times 20} = 52.9 \sim 57.5\ (\text{km/h})$$

地上挫划印形成是由于碰撞以后，轿车压在大货车下面被向前推行过程中，轿车车体部件与地面的刮擦形成的。可以认为，被推行的距离为挫划印的长度，根据这一长度可以求出碰撞后两车的共同速度：

$$v_c = \sqrt{2\mu g L_2} = \sqrt{2 \times (0.55 \sim 0.65) \times 9.8 \times 16.4} = 47.9 \sim 52.1\ (\text{km/h})$$

根据轿车的最大凹陷深度，求得轿车的有效碰撞速度：

$$v_e = 105.3C = 105.3 \times 1.02 = 107.4\ (\text{km/h})$$

选取大货车碰撞前行驶速度方向为正方向，根据碰撞理论中碰撞初速度、有效碰撞速度及共同速度之间的关系，可知轿车碰撞前的速度为：

$$v_{轿} = v_e - v_c = 55.3 \sim 56.6\ (\text{km/h})$$

在本案中，由于两车质量相差极大，在分析车辆碰撞前的速度时没有运用动量守恒定律，当两车质量相差不大时，需要用到动量守恒定律。

第三节　汽车追尾碰撞交通事故

汽车追尾碰撞交通事故，是指汽车头碰撞同一车道正前方同向行驶车辆的现象。大部分追尾碰撞可近似看成是一维碰撞，本节主要讨论对心碰撞的追尾碰撞交通事故。追尾碰撞是汽车与汽车碰撞事故中发生频率非常高的事故，占汽车与汽车碰撞事故的 30%左右，特别是城市道路的信号灯路口及高速公路上较为常见。

一、发生追尾碰撞的主要原因

1. 跟车距离过近。《中华人民共和国道路交通安全法》第四十三条规定“同车道行驶的机动车，后车应当与前车保持足以采取紧急制动措施的安全距离。”安全距离，是指前车突然停车而后车随之制动，能保证不碰撞的跟随车辆前后之间所必需的距离。前后两车在行驶时，由于后车跟车距离小于安全距离，极易引发追尾交通事故。

2. 驾驶员注意力不集中。后方汽车与前方汽车的间距较短，前方汽车因某些原因减速或停车时，后方驾驶人精力不集中（如手机通话、发短信，抽烟或酒后驾驶等）未及时采取制动措施而造成追尾碰撞交通事故。这种类型追尾现象往往发生在车队行驶行进中、前车遇红灯停车等候及前车停车上下客的过程中。

3. 快速路上违法停车。在快速路上特别是高速公路上，车辆停车又未按规定放置警示标志物，造成后车直接与违法停放车辆发生碰撞。

追尾碰撞时两车变形也十分明显，由于发现被撞车的时间较迟，没有躲避行动，因此很少形成斜碰撞。通常轿车身前装有发动机等硬件设备，其刚性比较大，而车后部为空壳后备厢，相比之下刚性比较小，又缺少弹性材料，其回弹系数比正面碰撞时小得多，有效碰撞速度在 20km/h 以上时，回弹系数几乎为零。所以，追尾车辆前部的塑性变形量远小于被追尾车辆后备箱的塑性变形量（如图 5-3-1 所示）。

图 5-3-1　汽车追尾碰撞示意图

追尾碰撞与正面碰撞相比，车辆的恢复系数较小（如图 5-3-2 所示）。

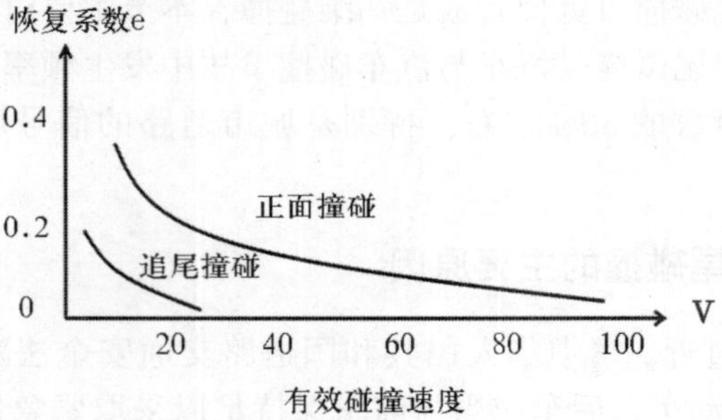

图 5-3-2　恢复系数与有效碰撞速度关系

二、追尾碰撞车辆速度

如图 5-3-3 所示，假设碰撞车①车的质量为 m_1，发生碰撞瞬间速度为

v_1；被碰撞车②车质量为 m_2，发生碰撞瞬间速度为 v_2；碰撞分离瞬间两车的速度分别为 v_1' 和 v_2'。

图 5-3-3　汽车正面碰撞示意图

在追尾碰撞交通事故中，必然存在 $v_1 > v_2$，两汽车碰撞开始之后，相互挤压变形、交换动量，碰撞车在减速，被碰撞车在加速，到达某一时刻，两车有相同速度 v_c，两车达到了最大的变形量。在追尾交通事故中，一般是碰撞车驾驶员提前发现危险并采取措施，而被碰撞车驾驶员感到车体受到较强震动后，会松开油门，使车辆自由滑移一段距离停止（如图 5-3-4（A）所示）；或者适当采取制动措施，直至停止（如图 5-3-4（B）所示）。这段时间里，两车速度都在下降，耗尽能量后而停车。

追尾碰撞时速度与正面碰撞交通事故类同，根据路面上自碰撞点起留下的痕迹长度，得到碰撞分离瞬间两车速度，根据动量守恒定律并结合车辆恢复系数或有效碰撞速度，建立方程组求出车辆碰撞瞬间速度（如图 5-3-4 所示）。如果车辆驾驶员已采取制动措施，可以通过制动痕迹利用第三章介绍的动力学知识求出采取制动措施车辆的行驶速度。

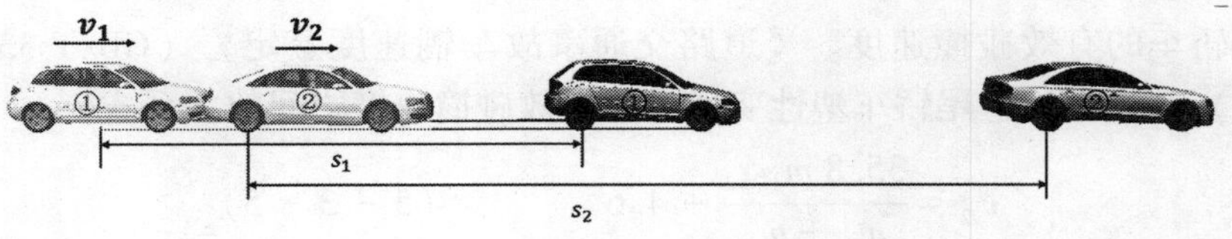

（A）

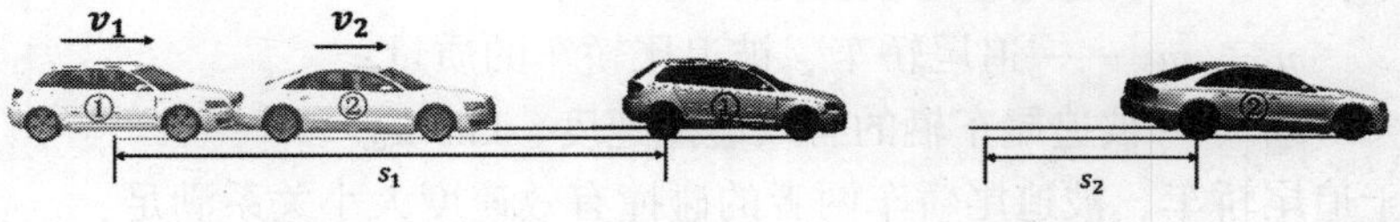

（B）

图 5-3-4　汽车追尾碰撞过程示意图

动量守恒定律表达式

$$m_1 v_1 + m_2 v_2 = m_1 v_1' + m_2 v_2' \qquad (5\text{-}3\text{-}1)$$

碰撞车分离瞬间速度为：

$$v_1' = \sqrt{2\varphi_1 g s_1 k_1}$$

被碰撞车分离瞬间速度表达式分两种情况：

(1) 图 5-3-4 (A) 分离速度表达式：$v_2' = \sqrt{2 f_2 g s_2}$

式中：f_2 为被碰撞车的滚动摩擦系数。

(2) 图 5-3-4 (B) 分离速度表达式：$v_2' = \sqrt{2 \varphi_2 g s_2 k_2}$

根据动量守恒定律，可以求出两车的共同速度：

$$v_c = \frac{m_1 v_1' + m_2 v_2'}{m_1 + m_2} \qquad (5-3-2)$$

在道路交通事故现场，被碰撞车的制动痕迹及滑移距离确定相对比较困难，根据追尾碰撞交通事故中两者速度变化规律，当两车达到共同速度后就立即分离，因此可近似认为两车的分离速度为共同速度，即：

$$v_c = v_2' = v_1' = \sqrt{2 \varphi_1 g s_1 k_1}$$

追尾碰撞过程中两车的有效速度大小：

$$v_{e1} = v_1 - v_c = \frac{m_2(v_1 - v_2)}{m_1 + m_2} \qquad (5-3-3)$$

$$v_{e2} = v_2 - v_c = \frac{m_1(v_1 - v_2)}{m_1 + m_2} \qquad (5-3-4)$$

以上式子中的速度均为矢量关系式，如果取追尾车碰撞前的速度方向为正方向，考虑到追尾前两者速度大小关系满足 $v_1 > v_2$，所以在计算时追尾车的有效碰撞速度取正，被追尾车的有效碰撞速度取负。

在追尾交通事故中，可以通过测量被追尾轿车尾部的塑性变形量，计算被追尾轿车的有效碰撞速度。《道路交通事故车辆速度鉴定》（GB/T 33195—2016）提供了被追尾轿车塑性变形量与有效碰撞速度之间的关系式：

$$v_{e2} = \frac{35.8 m_1 x_2}{m_1 + m_2} + 4.6 \qquad (5-3-5)$$

式中：x_2 ——被追尾轿的塑性变形量，m；

m_1、m_2 ——追尾轿车、被追尾轿车的质量；

v_{e2} ——被追尾车辆的有效碰撞速度，km/h。

由于追尾轿车、被追尾轿车两者的碰撞有效速度大小关系满足：

$$v_{e1} = -\frac{m_2}{m_1} v_{e2} \qquad (5-3-6)$$

由以上式子可推导出图（5-3-4）（A）情形的两车碰撞瞬间速度表达式：

$$v_1 = \frac{m_1 \sqrt{2 \varphi_1 g s_1 k_1} + m_2 \sqrt{2 f_2 g s_2} \times 3.6}{m_1 + m_2} + m_2\left(\frac{35.8 x_2}{m_1 + m_2} + \frac{4.6}{m_1}\right) \qquad (5-3-7)$$

$$v_2 = \frac{m_1\sqrt{2\varphi_1 g s_1 k_1} + m_2\sqrt{2 f_2 g s_2}}{m_1 + m_2} \times 3.6 - \left(\frac{35.8\, m_1 x_2}{m_1 + m_2} + 4.6\right) \tag{5-3-8}$$

图（5-3-4）（B）情形的两车碰撞瞬间速度表达式：

$$v_1 = \frac{m_1\sqrt{2\varphi_1 g s_1 k_1} + m_2\sqrt{2\varphi_2 g s_2 k_2}}{m_1 + m_2} \times 3.6 + m_2\left(\frac{35.8\, x_2}{m_1 + m_2} + \frac{4.6}{m_1}\right) \tag{5-3-9}$$

$$v_2 = \frac{m_1\sqrt{2\varphi_1 g s_1 k_1} + m_2\sqrt{2\varphi_2 g s_2 k_2}}{m_1 + m_2} \times 3.6 - \left(\frac{35.8\, m_1 x_2}{m_1 + m_2} + 4.6\right) \tag{5-3-10}$$

在道路交通事故现场勘查中，由于被碰撞车采取的措施较为复杂，往往测量被碰撞车的制动痕迹及滑移距离确定相对比较困难，可以根据追尾碰撞交通事故中两者速度变化规律，当两车达到共同速度后两车就立即分离，因此可近似认为两车的分离速度为共同速度，即：

$$v_c = v_2' = v_1' = \sqrt{2\varphi_1 g s_1 k_1} \tag{5-3-11}$$

因此，可以对轿车追尾碰撞速度公式进行合理简化，表达式为：

$$v_1 = 3.6 \times \sqrt{2\varphi_1 g s_1 k_1} + m_2\left(\frac{35.8\, x_2}{m_1 + m_2} + \frac{4.6}{m_1}\right) \tag{5-3-12}$$

$$v_2 = 3.6 \times \sqrt{2\varphi_1 g s_1 k_1} - \left(\frac{35.8\, m_1 x_2}{m_1 + m_2} + 4.6\right) \tag{5-3-13}$$

如果碰撞车在碰撞之前，驾驶员已采取了制动措施，还可以根据地面上的制动痕迹进一步求出采取制动之前的速度大小。对比《道路交通事故车辆速度鉴定》（GB/T 33195—2016）提供的轿车与轿车追尾碰撞瞬间车辆速度公式，与本书推导得到公式形式有所不同，原因在于《道路交通事故车辆速度鉴定》（GB/T 33195—2016）中把车辆间碰撞看成刚体间的完全弹性碰撞，忽略了碰撞过程中的能量损失。根据前面的分析，大多数的追尾事故弹性恢复系数较小，不宜看成是弹性碰撞。

三、案例分析

某日，驾驶员徐某驾驶现代桑塔纳轿车在某市区道路自西向东行驶时，发现前方路口恰遇到红灯，故放慢车速通行。在其之后有驾驶员孙某驾驶大众帕萨特轿车，孙某驾驶时因未提前发现前车速度变化，等发现危险后紧急制动，但由于前后车间距过小，最终还是导致两车发生追尾，造成两车不同程度损坏和驾乘人员受伤的交通事故。图 5-3-5 为这起事故现场示意图。图中甲车为大众牌轿车、乙车为现代牌轿车。A 点为碰撞点，L_1、L_2分别是甲车在碰撞前的制动痕迹，较长的一条是右轮痕迹，为 10.5m；L_3、L_4是甲车在碰撞后留下的路面制动痕迹，长度为 13.8m；L_5、L_6是乙车左前轮和右后轮在路面上的制动痕迹，较长的 L_5 长度为 16.3m。甲车的质量为 1460kg、乙车的质量为 1700kg；车辆经鉴定，制动系统均为正常，道路附着系数约为 0.6。请根据以上条件计算甲乙两车在碰撞瞬间的速度以及甲车在采取制动之前的行驶速度大小。

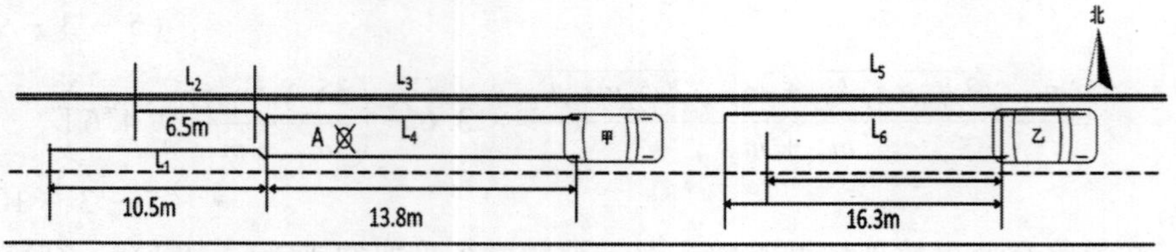

图 5-3-5　交通事故案例现场示意图

解：(1) 计算碰撞分离瞬间两车的速度大小：

$$v'_{甲} = \sqrt{2\varphi_{甲} g sL_3 k_{甲}} = \sqrt{2\times0.6\times9.8\times13.8\times1} \approx 12.7(m/s) \approx 45.7\ (km/h)$$

$$v'_{乙} = \sqrt{2\varphi_{乙} g L_5 k_{乙}} = \sqrt{2\times0.6\times9.8\times16.3\times1} \approx 13.8\ (m/s) \approx 49.7\ (km/h)$$

(2) 根据动量守恒定律，碰撞过程两车达到的共同速度大小为：

$$v_c = \frac{m_1 v'_1 + m_2 v'_2}{m_1 + m_2} = \frac{1460\times12.7 + 1700\times13.8}{1460+1700} \approx 13.3\ (m/s) \approx 47.9\ (km/h)$$

(3) 根据经验公式，计算乙车的有效碰撞速度大小：

$$v_{e乙} = \frac{35.8\, m_{甲}\, x_{乙}}{m_{甲} + m_{乙}} + 4.6 = \frac{35.8\times1460\times0.93}{1460+1700} + 4.6 = 19.8\ (km/h)$$

(4) 根据碰撞瞬间速度、共同速度、有效碰撞速度三者之间的关系，可以计算两车碰撞瞬间的速度大小：

$$v_{甲} = v_c + v_{e甲} = v_c + \frac{m_{乙}}{m_{甲}}\times v_{e乙} = 47.9 + \frac{1700}{1460}\times19.8 \approx 71.0\ (km/h)$$

$$v_{乙} = v_c - v_{e乙} = v_c + v_{e乙} = 47.9 - 19.8 \approx 28.1\ (km/h)$$

(5) 根据甲车在碰撞前的制动痕迹和第三章介绍的动能定理，可以进一步求出甲车在发生事故前的速度大小：

$$v_{0甲} = \sqrt{v_{0甲}^2 + 3.6\times2\varphi_{甲} g L_1 k_{甲}} = \sqrt{5041 + 3.6\times2\times0.6\times9.8\times10.5}$$
$$\approx 74.6\ (km/h)$$

除了利用汽车制动痕迹计算两车分离时速度以外，还可以根据两车在碰撞过程中塑性变形量求出碰撞时的相对碰撞速度。特别是当被碰撞车质量、刚度远大于碰撞车质量和刚度时，应用美国国家道路安全管理局推荐的相对碰撞速度与碰撞变形的线性计算法公式是行之有效的办法。当碰撞车追尾静止的被碰撞车时，根据被碰撞车的轮胎拖印痕迹，求出碰撞后的速度，再由动量守恒定律求出碰撞前碰撞车的速度。

第四节 汽车二维碰撞交通事故

汽车二维碰撞事故包括垂直碰撞、斜碰和刮擦碰撞三种类型。垂直碰撞，是指一辆车（碰撞车）正面与另一车（被碰撞车）侧面发生碰撞的交通事故。此类碰撞事故大多发生在两交叉路口，因为路口的视线不好、一方违反让行规则或者不按交通信号通行，车头与另一辆车侧面垂直方向发生碰撞；还有一种情况是前车因为突然掉头、拐弯或因为发生侧滑甩尾等，后车来不及避让发生碰撞。斜碰交通事故是两车碰撞常见的一种事故形态（如图 5-4-1 所示），由于碰撞角度、碰撞部位不同，碰撞过程和碰撞后的两车各自运动状态也各不相同，这种碰撞比较复杂。车辆刮擦碰撞在交通事故中占有相当高的比例，日常“轻微物损”交通事故中大部分属于刮擦碰撞事故。就两车刮擦而未引起二次事故，当事人纠纷不会严重，但有时刮擦事故发生后，车辆因避让等原因与其他车辆或行人发生二次事故，造成的事故损害程度更大，易引起多方的纠纷。

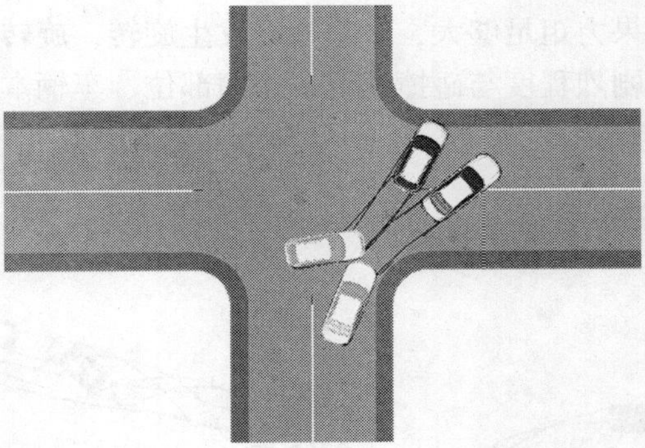

图 5-4-1 汽车斜碰示意图

一、二维碰撞事故特征

（一）垂直碰撞交通事故特征

1. 两车受力特征。发生垂直碰撞两车的初速度方向相互垂直（如图 5-4-2 所示），②车（被碰撞车）以速度 v_2 碰撞行驶速度为 v_1 的①车（碰撞车）侧面。两车之间作用力有沿着碰撞面法线方向的弹力 N_1 和 N_2，还有沿碰撞面切向方向的摩擦力 f_1 和 f_2，②车受到的摩擦力 f_2 的方向与①车的碰撞瞬间速度方向相反。相对于车身来说，①车受到合力 $F_{1合}$ 斜左后方、②车受到合力 $F_{2合}$ 方向指向斜右后方。如果①车的初速度方向与图 5-4-2 相反，则两车受到合力方向均为图上方向顺时针转 90°。

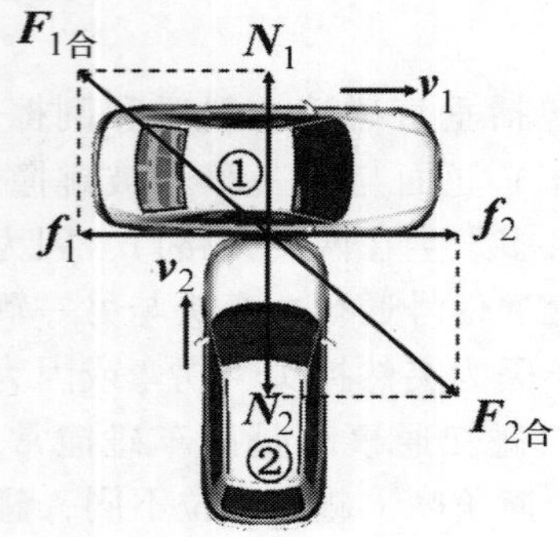

图 5-4-2 垂直碰撞相互作用受力图

2. 两车的运动形态。如图 5-4-3 所示，①车只要碰撞时所受到合力作用线不经过其重心，合力将会产生一个力矩，车子在这个力矩的作用下，会发生旋转，旋转方向与合力的力矩方向相同。如果合力力矩较大，车子会高速旋转，与②车发生多次碰撞。②车所受到合力也会产生一个力矩，使②车行驶方向偏离原方向，如果力矩足够大，②车也会发生旋转，旋转方向与①车初速度方向有关。旋转的剧烈程度与碰撞速度、碰撞部位、车辆本身的转运惯量及路面附着系数等因素有关。

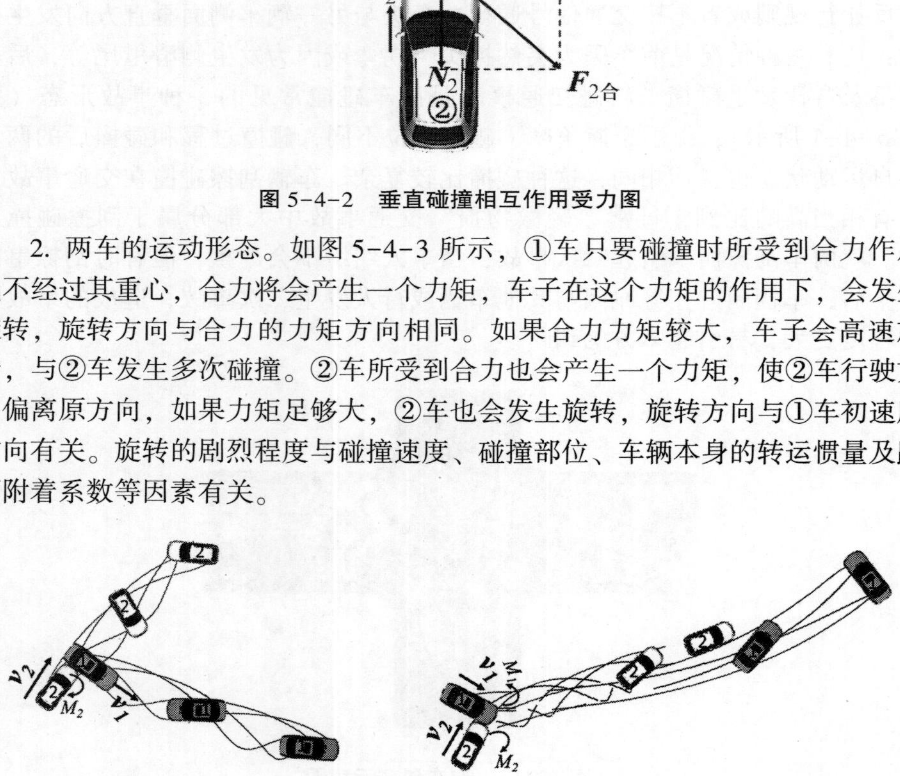

图 5-4-3 垂直碰撞车辆运动形态示意图

3. 车辆损坏特征。碰撞车和被碰撞车之间的作用力除了垂直于碰撞面的碰撞力 F 以外，还存在沿碰撞面的切向摩擦力（如图 5-4-1 所示）。

在这两组力的作用下，被碰撞车车体变形主要表现在被撞压一面凹陷，车门、围板弯曲，车顶板隆起，车门变形后扭斜、弯曲。碰撞车前部被挤压，类似于正面碰撞后变形特征，其区别是由于碰撞面切向摩擦力的作用，使碰撞车车前部产生侧向歪斜的“歪鼻子”变形（如图 5-4-4 所示）。

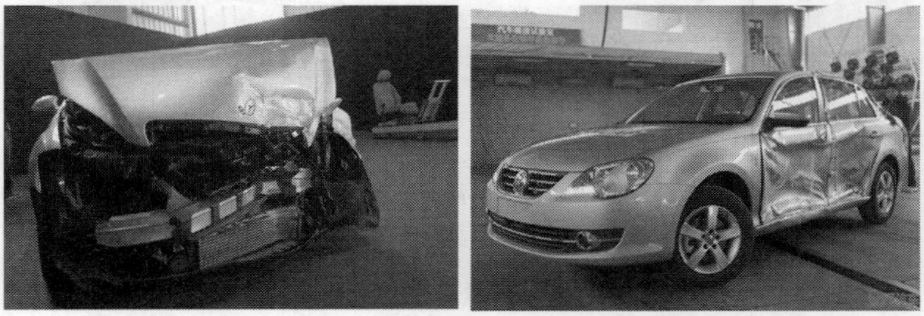

图 5-4-4　车辆损坏特征示意图

4. 人员伤害特征。被碰撞车侧面结构刚度要比碰撞车前部结构刚度小，而且侧向乘坐空间较碰撞车前部乘坐空间小得多，车体侧向一旦受撞击，乘客很容易被挤压，导致乘客伤亡比较重。

（二）斜碰交通事故特征

1. 受力特点。发生斜碰的两车初速度方向夹角不垂直（如图 5-4-5 所示）时，一般在碰撞时撞击力偏离汽车重心，并且在两车接触面上产生摩擦力，汽车受到两个力矩作用，会在碰撞过程中和碰撞后同时作并进和旋转运动。

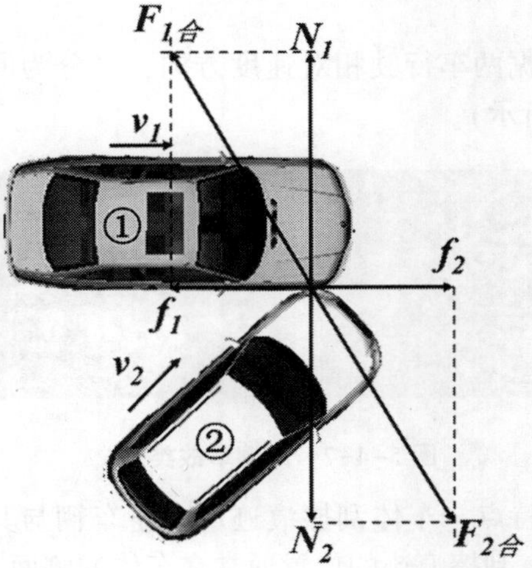

图 5-4-5　斜碰时两车受力分析

2. 运动状态。由于汽车在碰撞中会生旋转并可能导致二次、三次碰撞，车体和人员伤亡比较重，撞击力的值和作用方向随着车体破坏而时刻在变化

（如图 5-4-6所示）。

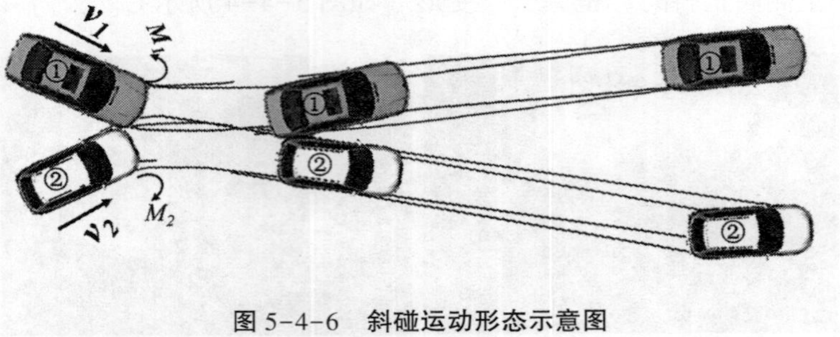

图 5-4-6　斜碰运动形态示意图

3. 形成原因。斜碰撞道理的原因也极为复杂，包括正碰、追尾和侧面垂直碰撞等各种原因。

4. 痕迹特点。斜碰撞过程中两车损坏、变形的特征也明显地表现在撞压面上，车体受力部位的变形不规则，变形部位在空间表面与车体纵向成某个角度。在碰撞时，其最大撞击力集中部位为“撞击中心”。最大撞击力作用方向撞击中心附近的法向方向，撞击中心及撞击力方向决定了车体损坏变形的最大部位和变形面的变形特征。

（三）刮擦交通事故特征

1. 常见场景。刮擦事故往往发生在车辆超车、变道、拐弯、掉头、靠路边停车或从路边起步等占用其他车道行驶时，与被占用车道同向或对向行驶的车辆发生刮擦碰撞。

2. 事故类型。根据两车行驶相对速度方向，可分为同向刮擦和对向刮擦两大类（如图5-4-7所示）。

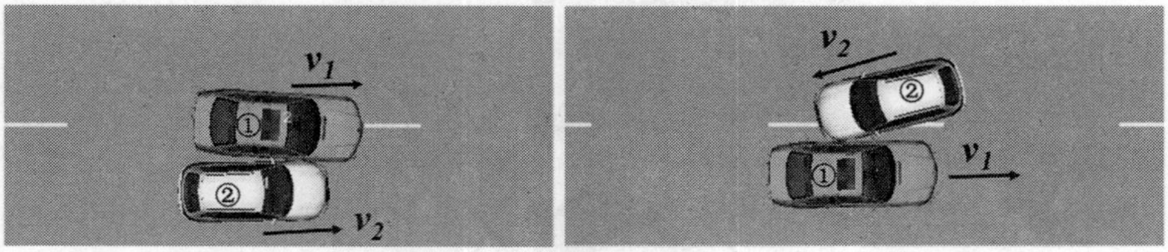

图 5-4-7　刮擦事故类型

3. 车体刮擦痕迹特点。车体刮擦痕迹反映了车辆与其他车辆或物体既接触又相对运动的现象。刮擦痕迹的位置通常在车体的侧面，多为长条状，有时还具有凹陷和洞裂的特征。刮擦痕迹有明显的方向性，即从车身泥土被擦掉或漆皮被刮落的形态能明显辨别出刮擦痕的走向。与碰撞痕迹不同，在刮擦痕迹上很容易留下对方车辆的漆皮、木质纤维或其他物质的残余。刮擦痕起点一般光滑且无颗粒残渣堆积物，往往比较整齐，由浅入深呈斜坡状，痕迹被擦起的毛刺尖端始于起点。终点若有停顿，一般留有物体表面擦掉的颗粒残渣堆积物，并出现明显的停顿或按压现象（如图 5-4-8 所示）。

图 5-4-8　刮擦痕迹照片

4. 同向刮擦相对速度大小判断。若同向刮擦的两车，其中一车体上刮擦痕迹起点靠近车头，终点靠近车尾，则该车速度快于另一车辆；反之若某车体上刮擦痕迹起点靠近车尾，终点靠近车头，则该车速度慢于另一车辆。

二、二维碰撞车辆速度

二维碰撞的受力情况相对于一维碰撞更为复杂，碰撞后车辆的运动形态往往伴有转动现象，因此相对于一维运动计算难度较大。二维碰撞运动现场路面痕迹较复杂，勘查也比较困难，因此二维碰撞速度计算往往需要借助交通仿真、视频图像等其他方法获取。本节只对二维碰撞求解从力学理论上做探讨，并就汽车与汽车直角侧面碰撞这种特殊的二维碰撞进行分析。

（一）一般的二维碰撞方程

在碰撞处地面建立直角坐标系，坐标原点和碰撞点重合（如图 5-4-9 所示）。设①车的质量为 m_1、转动惯量为 I_1、碰撞后发生横摆的角速度为 ω_1，①车的质心坐标点为（x_1，y_1）；②车的质量为 m_2、转动惯量为 I_2、碰撞后发生横摆的角速度为 ω_2，②车的质心坐标点为（x_2，y_2）。

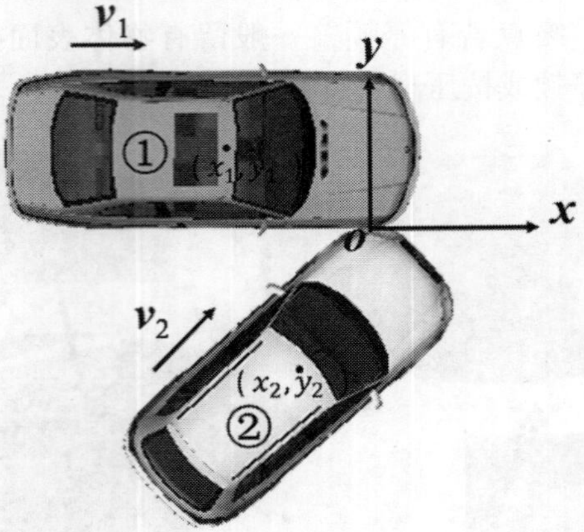

图 5-4-9　斜碰运动示意图

动力学方程：

1. 动量守恒。

$$m_1 v_{1x} + m_2 v_{2x} = m_1 v_{1x}' + m_2 v_{2x}' \quad (5\text{-}4\text{-}1)$$

$$m_1 v_{1y} + m_2 v_{2y} = m_1 v_{1y}' + m_2 v_{2y}' \quad (5\text{-}4\text{-}2)$$

2. 动量矩守恒。

$$I_1(\omega_1' - \omega_1) = (m_1 v_{1x}' - m_1 v_{1x}) x_1 + (m_1 v_{1y}' - m_1 v_{1y}) y_1 \quad (5\text{-}4\text{-}3)$$

$$I_2(\omega_2' - \omega_2) = (m_2 v_{2x}' - m_2 v_{2x}) x_2 + (m_2 v_{2y}' - m_2 v_{2y}) y_2 \quad (5\text{-}4\text{-}4)$$

3. 能量守恒定律。大多数汽车与汽车的碰撞都伴随有能量的损失，碰撞过程中损失的动能绝大部分转化为塑性变形能，塑性变形能与变形量关系本章第三节已作了介绍。根据能量守恒方程得出：

$$\frac{1}{2}(m_1 v_{1x}^2 + m_1 v_{1y}^2 + I_1 \omega_1^2 + m_2 v_{2x}^2 + m_2 v_{2y}^2 + I_2 \omega_2^2)$$

$$= \frac{1}{2}(m_1 v_{1x}'^2 + m_1 v_{1y}'^2 + I_1 \omega_1'^2 + m_2 v_{2x}'^2 + m_1 v_{2y}'^2 + I_2 \omega_2'^2) + E$$

$$(5-4-5)$$

4. 碰撞恢复系数。在两车碰撞过程中，沿碰撞表面的法向碰撞力使碰撞面发生变形，但碰撞力消失后，部分变形将得到了恢复，所以还可由恢复系数建立方程：

$$e = \frac{v_{2y}' - y_2 \omega_2) - (v_{1y}' - x_1 \omega_1)}{(v_{1y} - x_1 \omega_1) - (v_{2y} - y_2 \omega_2)} \quad (5-4-6)$$

上式中为法向恢复系数，对于侧面碰撞，e 的值大部分集中在 0.1～0.5 之间。

式中：v_{1x}，v_{1y} ——①车碰撞接触瞬间速度沿各坐标轴的分量；

v_{1x}'，v_{1y}' ——①车碰撞分离瞬间速度沿各坐标轴的分量；

v_{2x}，v_{2y} ——②车碰撞接触瞬间速度沿各坐标轴的分量；

v_{2x}'，v_{2y}' ——②车碰撞分离瞬间速度沿各坐标轴的分量；

ω_1，ω_2 ——两车碰撞接触瞬间的角速度；

ω_1'，ω_2' ——两车分离接触瞬间的角速度；

x_1，y_1 ——①车质心坐标；

x_2，y_2 ——②车质心坐标；

I_1、I_2 ——两车绕纵轴的转动惯量；

E ——塑性变形吸收能。

在二维碰撞事故速度分析过程中，两车的分离速度一般是通过事故现场地面轮胎痕迹求出，塑性变形吸收能是根据塑性变形量计算求出，如果知道恢复系数，通过求解上述非线性方程组，即可求解出汽车碰撞前瞬间的速度。

（二）直角侧面碰撞速度计算

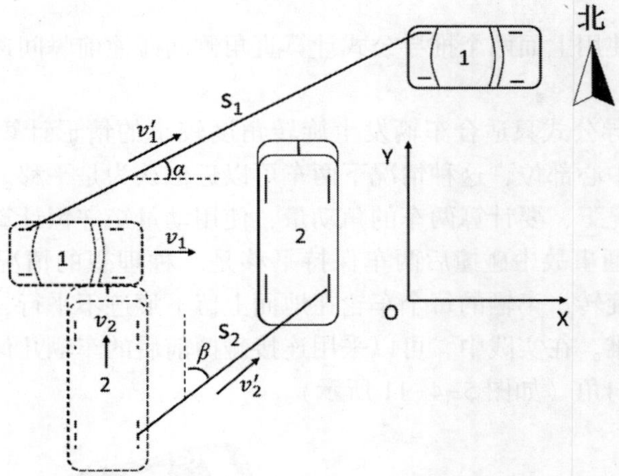

图 5-4-10　汽车与汽车直角侧面碰撞示意图

直角侧面碰撞即前面所说的直角碰撞形态（如图 5-4-10 所示），小型轿车（1 车）自西向东直行，公交车（2 车）自南向北直行，两车在图中虚线位置发生碰撞，且碰撞以后两车基本旋转角度非常小，可以近似认为是一种平动。设 1 车和 2 车质量分别为 m_1 和 m_2，交通事故碰撞瞬间的车辆速度分别为 v_1 和 v_2，碰撞分离瞬间速度分别为 v_1' 和 v_2'。碰撞车和被碰撞车的滑移偏向角（碰撞瞬间和分离瞬间速度夹角）分别为 α、β，α、β 分别是与图中坐标系 X 轴、Y 轴的夹角大小。两车滑移的距离分别为 s_1 和 s_2，两车与路面间的道路附着系

数分别为 φ_1 和 φ_2。根据以上信息可以推导出两车在碰撞瞬间的速度大小。

（1）根据两车碰撞后的滑移距离，分别可以求出两车的碰撞分离瞬间的速度：

$$v_1' = \sqrt{2\varphi_1 g s_1 k_1}$$

$$v_2' = \sqrt{2\varphi_2 g s_2 k_2}$$

（2）在碰撞过程中，X、Y 方向动量保持守恒，因为在碰撞前 1 车在 Y 方向动量为 0，2 车在 X 方向动量为 0，在 X、Y 方向动量守恒表达式：

$$m_1 v_1 = m_1 v_1' \cos\alpha + m_2 v_2' \sin\beta \qquad (5-4-7)$$

$$m_2 v_2 = m_1 v_1' \sin\alpha + m_2 v_2' \cos\beta \qquad (5-4-8)$$

（3）根据上面两个式子，代入相关参数可以得到两车碰撞瞬间的速度表达式：

$$v_1 = \left(\sqrt{2\varphi_1 g s_1 k_1}\cos\alpha + \frac{m_2}{m_1}\sqrt{2\varphi_2 g s_2 k_2}\sin\beta\right)\times 3.6 \qquad (5-4-9)$$

$$v_2 = \left(\frac{m_1}{m_2}\sqrt{2\varphi_1 g s_1 k_1}\sin\alpha + \sqrt{2\varphi_2 g s_2 k_2}\cos\beta\right)\times 3.6 \qquad (5-4-10)$$

在实践中使用上面两个推导公式计算直角侧面碰撞前瞬间速度时要注意以下几点：

（1）该推导公式只适合车辆发生旋转角度较小的情形计算，如大型车辆碰撞轿车侧面中心部位，这种情况下两车可以近似认为是平移。在两车发生大角度旋转的情况下，要计算两车的角动量，使用动量矩守恒计算。

（2）在交通事故中碰撞后两车保持平移是一种理想的情况，实际中基本上多少会发生旋转，车辆的每个车轮在地面上留下痕迹不平行，对滑移偏向角的确定带来困难。在实践中，可以采用连接碰撞前后的车辆几何中心点，用连线确定滑移偏向角（如图 5-4-11 所示）。

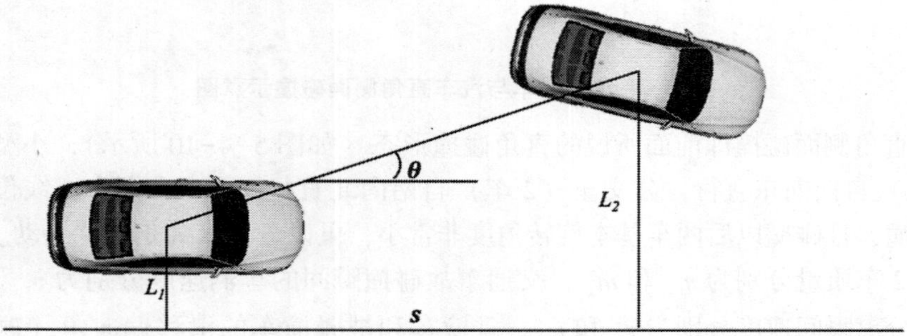

图 5-4-11　滑移偏向角测量

滑移偏向角度大小可以直接在事故现场中测量，也可以通过交通事故现场图进行计算，利用勾股定理求出边长，并根据三角函数计算滑移角的正弦值和余弦值。

$$\sin\theta = \frac{(L_1 - L_2)}{\sqrt{s^2 + (L_1 - L_2)^2}};\ \cos\theta = \frac{s}{\sqrt{s^2 + (L_1 - L_2)^2}}$$

（3）如果碰撞车辆和被碰撞车碰撞瞬间速度 v_1 和 v_2 方向不垂直（如图 5-4-12 所示），只要车辆不发生明显旋转，从理论上说，也可采用分解速度的方法，X、Y 方向动量守恒表达式：

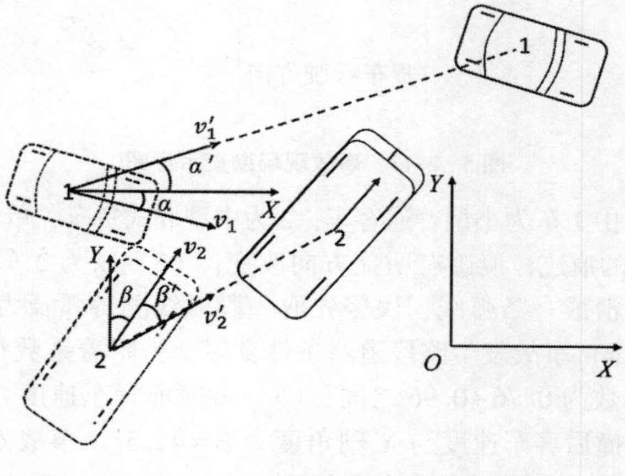

图 5-4-12　非直角侧面碰撞示意图

$$m_1 v_1 \cos\alpha + m_2 v_2 \sin\beta = m_1 v_1' \cos\alpha' + m_2 v_2' \sin\beta' \qquad (5-4-11)$$

$$m_1 v_1 \sin\alpha + m_2 v_2 \cos\beta = m_1 v_1' \sin\alpha' + m_2 v_2' \cos\beta' \qquad (5-4-12)$$

v_1'、v_2' 分别是 1 车、2 车碰撞分离瞬间速度，此速度可根据两车碰撞后的滑移距离求得，α'、β' 分别是 1 车、2 车滑移偏向角。具体方程求解读者自行推导。

三、案例分析

某日，一小型普通客车自西往东行驶至一路口时，与自南往北行驶的中型厢式货车发生侧面碰撞事故，造成两车不同程度损坏、小型普通客车上多名乘员伤亡的较大交通事故，图 5-4-13 为事故现场勘查示意图。

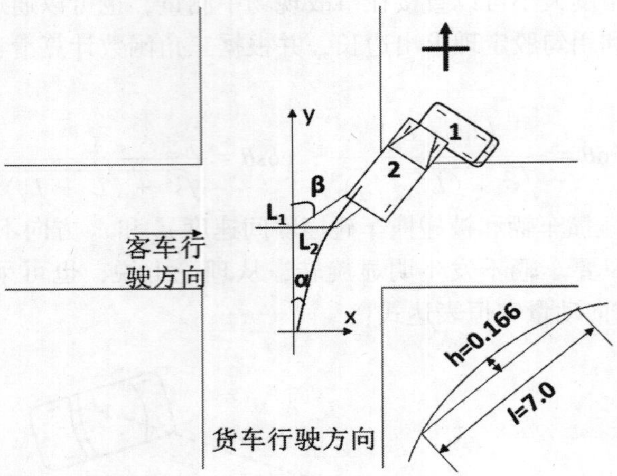

图 5-4-13　事故现场勘查示意图

注：(1) 图中 1 车为小型普通客车，2 为中型厢式货车，单位为 m；(2) L_1 为 1 车在地面上的痕迹，痕迹有明显方向改变；(3) L_2 为 2 车左后轮侧滑印，侧滑印整段较圆滑成一条弧线，民警先取一段弧线测得弧长为 7.0m，对就弧高为 0.166m；(4) 事故发生路段道路条件良好，为附着系数很高的沥青混凝土路面，摩擦系数为 0.76~0.96 之间；(5) 碰撞前货车速度方向与 Y 轴夹角为$\alpha=27.8°$、碰撞后客车速度与 Y 轴角度为$\beta=45.5°$。事故发生时小型客车总重约为 1775kg、中型厢式货车总重约为 8040kg。

经现场勘查及当事人、证人的描述，两车碰撞过程如下：碰撞后客车斜向滑移（伴随顺时针方向旋转），货车前部压在客车上，约 15.7m 后客车翻车；客车翻倒，左侧着地，货车前端压在客车右后部位，在地面上滑移（主要是客车的左后轮等左后部位与地面接触）；左侧倒地的客车左顶部位与路肩碰撞（客车左侧顶部留下了明显的与路肩碰撞的痕迹），受到路肩的阻力，使客车翻上路肩客车翻上路肩后又翻倒，成为右侧面倒地、左侧面向上的最终位置货车前轮与路肩碰撞；货车前轮“飞腾”冲上路肩货车冲上路肩后左侧与电线杆刮擦、左侧货箱前端将电线杆撞断，右前轮“飞越”客车左侧面，压在客车左侧面上。交通事故事现场勘查照片如图 5-4-14 所示。

图 5-4-14　交通事故事现场勘查照片

请根据以上信息，推算小型普通客车和中型厢式货车的行驶速度为多少?

设小型客车碰撞前的速度为 V_{10}，碰撞后的速度为 V_1；中型厢式货车碰撞前的速度为 V_{20}，碰撞后的速度为 V_2。L_1的轨迹方向有转折，是因为小型普通客车受到中型厢式货车侧面撞击后行驶方向发生了改变。货车的运动轨迹圆滑没有明显改变主要由于两方面原因：一是货车质量比客车的质量大得多，约为 4.5 倍；二是货车主要是受到与运动方向同一直线且相反的碰撞力。货车行驶速度碰撞前后变化不大，可以运用侧滑印算出临界侧滑速度，计算过程如下：

侧滑印轨迹半径：

$$R = \frac{4h^2 + a^2}{8h} = \frac{4 \times 0.166^2 + 7^2}{8 \times 0.166} = 36.9\ (\text{m})$$

货车侧滑时速度：

$$v_2 = \sqrt{\mu g R} = \sqrt{(0.76 \sim 0.96) \times 9.8 \times 36.9} = 16.6 \sim 20.9\ (\text{m/s})$$

所以，货车碰撞前在 16.6~20.9（m/s）之间，即 59.8~75.2（km/h）。

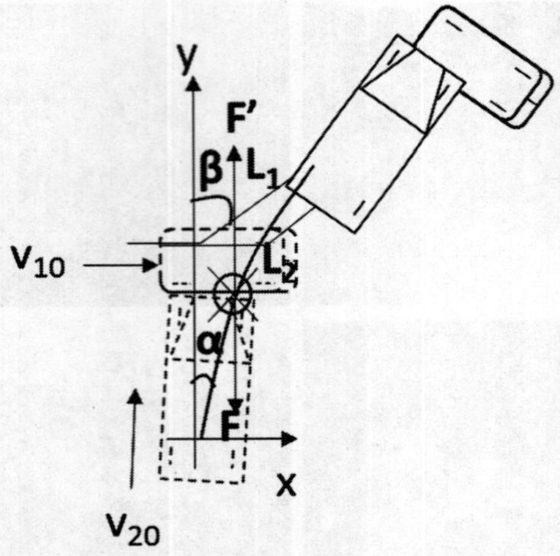

图 5-4-15　碰撞过程受力分析图

图 5-4-15 是两车碰撞过程受力分析图，碰撞以后两车以共同的速度前进，设共同的前进速度为 V_{CY} 轴方向动量守恒方向为：

$$m_2 \cdot V_{20}\cos\alpha = (m_1 + m_2)V_{CY}$$

将数值代入公式得：

$$V_{CY} = 12.0 \sim 15.1 \text{ (m/s)}$$

小型普通客车碰撞前速度方向与 Y 轴垂直，碰撞后速度 V_1 是 V_{CY} 和 V_{10} 的合速度，与 Y 轴夹角为 β。由平行四边形法则可知，$tan\beta$ 满足：

$$tan\beta = \frac{V_{10}}{V_{CY}}$$

所以，小型客车碰撞前的速度为：

$$V_{10} = V_{CY} \times tan\beta = (12.0 \sim 15.1 \text{m/s})\ tan45.5° = 12.2 \sim 15.4 \text{ (m/s)}$$

所以，客车碰撞前在 12.2~15.2（m/s）之间，即 43.9~55.4（km/h）。

从本案例分析可知，对于汽车碰撞交通事故现场勘查非常重要，事故现场轮胎痕迹较复杂，要注意甄别。

第六章　汽车—二轮车碰撞交通事故再现

本章中所指的二轮车包括摩托车、电动自行车和自行车。目前道路上行驶的二轮车中电动自行车占了很大一部分，且近几年保有量有上升的趋势。随着电动自行车的大量使用，涉及电动自行车相关的交通事故比例也逐年上升，近年来涉及电动自行车交通事故伤亡人数也有环比增加。二轮车交通事故方式有二轮的单方交通事故、二轮车之间相互碰撞、汽车与二轮车之间的碰撞事故、二轮车与行人碰撞事故，本章主要介绍汽车与二轮车碰撞事故的基本特征及车速的计算方法。

第一节　汽车—二轮车碰撞交通事故的特征

在不同的交通环境下，汽车与二轮车的碰撞形态也不同，根据汽车与二轮车碰撞瞬间的接触部位不同，常见的碰撞形态可以分为四种情形，每种情形中二轮车及其驾驶人碰撞后运动姿态都有一定规律。

一、二轮车碰撞汽车侧面

此类事故一般发生在交叉路口，其中一方违反交通信号或让行规则，二轮车迎头碰撞前方行驶的汽车侧门（如图 6-1-1 所示）。

图 6-1-1　二轮车碰撞汽车侧面

汽车侧面受到二轮车撞击时，侧门等部位明显变形凹陷，二轮车的前后轮轴距减小。碰撞后汽车和二轮车的运动形态主要取决于双方的初速度和质量。当二轮车速度比较小时，驾驶人和二轮车在汽车被撞击侧面倒地；当二轮车速度较大时，二轮车驾驶员由于惯性作用，会从汽车车顶翻到另一侧。汽车速度方向一般不会因碰撞力的作用而发生明显改变，除非摩托车的动量较大时才会可能发生侧向滑移。

二、汽车与二轮车侧面碰撞

发生此类形态交通事故常见于两种情形，一是发生在交叉路口，其中一方违反交通信号或让行规则，汽车迎头碰撞前方的二轮车；二是汽车与二轮车同向行驶过程中，二轮车突然转弯或掉头，后方汽车避让不及，直接撞向汽车侧面（如图 6-1-2 所示）。

图 6-1-2　汽车与二轮车质心侧面碰撞

汽车与二轮车侧面碰撞交通事故现场，二轮车及驾驶人的运动形态与汽车的碰撞速度、二轮车的行驶速度、接触点、二轮车质心的位置、双方车辆采取的避让措施有关，二轮车在汽车碰撞下会发生翻车及旋转现象，因此此类形态碰撞事故较为复杂，事故现场勘查的要求较高。

三、汽车侧面与二轮车的侧面碰撞

发生此类形态交通事故常见于汽车与二轮车同向或反向行驶时，有一方车辆因有超车、变道的行为，在超车或变道过程中，双方车车辆发生了刮擦碰撞（如图 6-1-3 所示）。

图 6-1-3 汽车侧面与二轮车的侧面碰撞

汽车侧面与二轮车的侧面碰撞交通事故中，碰撞力往往较小，汽车侧面及后围会留下刮擦痕迹、双方车辆在接触部位可能存在物质交换，形成减层或加层痕迹。二轮车在碰撞过程中会出现翻车现象，翻倒的方向与碰撞接触点有关系，如向汽车一侧翻车，在翻车过程中与汽车发生多次接触，形成更多的痕迹，二轮车倒地后向斜前方滑移，在地面上形成挫滑印。汽车驾驶员发现危险后，一般会采取紧急制动并向另一侧转向。

四、汽车与二轮车追尾碰撞

发生此类形态交通事故，一是因为前方二轮车突然制动，后方汽车跟车距离过近，来不及制动而发生追尾碰撞；二是后方汽车驾驶员注意力不集中，未发现前方有二轮车直接发生碰撞（如图 6-1-4 所示）。

图 6-1-4 汽车与二轮车追尾碰撞

在汽车与二轮车碰撞事故中，二轮车驾驶员由于缺少保护设备，他们在交通事故中容易受到伤害，严重时会造成脑颅出血及内脏器官损伤，甚至危及生命。

第二节　汽车与二轮车碰撞车速计算

由于二轮车与汽车质量相差悬殊，一般情况不用动量守恒，只有当摩托车高速行驶且与质量较轻的汽车发生碰撞时，才需要运用碰撞时动量守恒求解，所以此类事故主要是根据汽车的制动痕迹、二轮车倒地后地面刮槽、人体抛距及塑性变形量计算车速大小。本章上一节的四类形态事故，碰撞时车速的理论计算方法分析如下。

一、二轮车碰撞汽车侧面的车速计算

运用理论计算二轮车碰撞汽车侧面车辆的行驶速度有两种方法，一是运用动力学知识，通过动量守恒及动能定理；二是如果二轮车是摩托车，可以通过经验公式计算摩托车的速度。根据碰撞后汽车的运动状态情况，动力学知识计算可以分为两种情况。

（一）二轮车碰撞汽车侧面且汽车碰撞后侧向运动状态发生改变

当二轮车碰撞前动量较大，碰撞质量相对较轻的小型或微型汽车时，汽车会发生明显的侧向滑移运动，且汽车侧向滑移基本是保持平动状态（如图 6-2-1所示）。

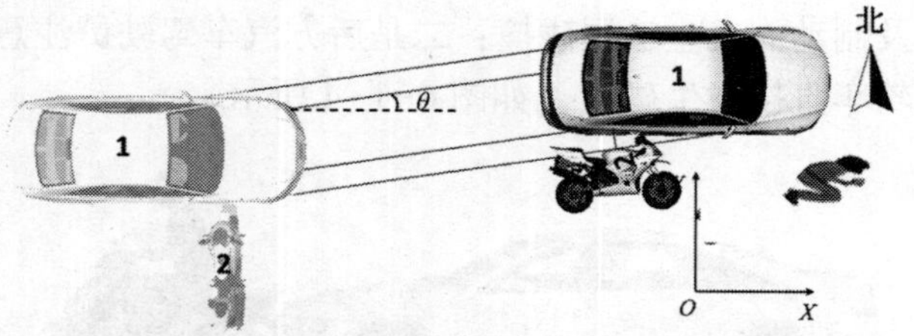

图 6-2-1　二轮车碰撞轿车侧面情形 1

设汽车为 1 车、摩托车为 2 车，汽车的质量为 m_1，摩托车的质量为 m_2，摩托车驾驶人的质量为 m_P，汽车碰撞后的滑移距离为 s，汽车与路面间附着系数为 φ，附着系数修正值为 k，汽车和摩托车碰撞瞬间速度分别为 v_1 和 v_2、碰撞分离瞬间速度分别为 v_1' 和 v_2'。

（1）根据汽车的滑移距离，可求出汽车分离瞬间速度：

$$v_1' = \sqrt{2\varphi gks} \times 3.6$$

（2）碰撞前后在 X 和 Y 方向动量守恒，分别列出动量守恒方程：

$$m_1 v_1 = m_1 v_{1x}' = m_1 \sqrt{2\varphi gks} \cos\theta \times 3.6$$

$$(m_2 + m_P)v_2 = (m_1 + m_2 + m_P)\,v_{1y}'\sin\theta \times 3.6$$

因此，汽车碰撞瞬间的速度为：

$$v_1 = m_1\sqrt{2\varphi gks}\cos\theta \times 3.6 \qquad (6\text{-}2\text{-}1)$$

二轮车碰撞瞬间的速度为：

$$v_2 = \left(1 + \frac{m_1}{m_2 + m_P}\right)\sqrt{2\varphi gks}\sin\theta \times 3.6 \qquad (6\text{-}2\text{-}2)$$

运用以上两个推导公式计算碰撞瞬间的速度要注意以下两点：

（1）在碰撞过程中汽车的侧滑是由于二轮车碰撞引起的，地面上的车轮有明显转折现象，而汽车驾驶员采取打方向引起的侧滑往往是一个光滑的弧形痕迹。

（2）发生碰撞后两车及二轮车的驾驶人最终停留在比较近的位置，且二轮车及其驾驶人都在汽车的碰撞一侧，如果三者之间停留的距离较大，上述Y方向的动量守恒表达式不成立，在有该形态的事故中，当二轮车车身相对于轿车较高，而且摩托车行驶速度过快，碰撞后二轮车驾驶人会越过被碰撞抛过车顶，摔在汽车的另一侧（如图6-2-2所示）。

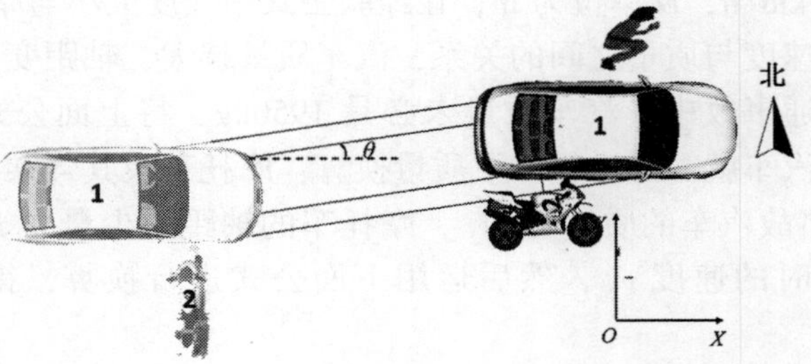

图6-2-2　二轮车碰撞轿车侧面情形2

情形2中，二轮车驾驶人的动量对汽车、二轮车组成系统碰撞前后动量没有影响。虽然对汽车碰撞前速度影响不大，但在计算二轮车碰撞瞬间速度时，式（6-2-2）要减去人体质量，得到下面的推导公式：

$$v_2 = \left(1 + \frac{m_1}{m_2}\right)\sqrt{2\varphi gks}\sin\theta \times 3.6 \qquad (6\text{-}2\text{-}3)$$

（二）二轮车碰撞汽车侧面且汽车碰撞后侧向运动状态未发生改变

当汽车的质量比较大，或者摩托车的速度不太大时，虽然汽车的侧面受到摩托车正面的撞击，但汽车的行驶方向不会有明显的变化，也就是偏斜角θ很小很难准确测得（如图6-2-3所示）。

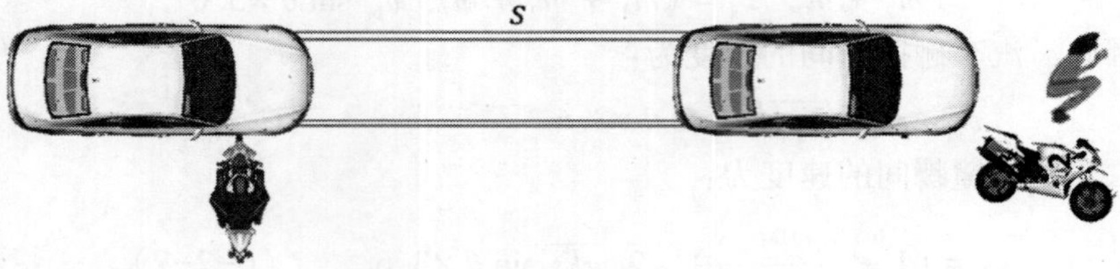

图 6-2-3　二轮车碰撞轿车侧面情形 3

这种碰撞情形汽车的速度可以通过其地面碰撞后的滑移距离求得：

$$v_1 = \sqrt{2\varphi gks} \times 3.6$$

二轮车碰撞前的速度无法应用动量守恒定律方程进行求解。为了解决这类问题，国外的研究者做了大量的模拟实验，选取质量为 90~218kg 不等的本田摩托车，拿它与质量 $m_d = 1950\text{kg}$ 小轿车做碰撞实验。从实验中发现，当速度不是很大时，碰撞造成摩托车前叉向后弯曲变形，而发动机没有受损伤。前叉向后弯曲的前后轴距的减小量与摩托车碰撞速度有如下关系式：

$$v_2 = 150D + 12$$

v_2 单位为 km/h，D 单位为 m，在经验公式中速度大小与摩托车质量无关，根据有效碰撞速度与质量之间的关系，汽车质量越大，轴距变量相应会越大。

在实际交通事故中，汽车质量未必是 1950kg，将上面公式进行推广，用于其他质量的汽车就需要进行如下质量换算：摩托车及其驾乘人员的共同质量为 m_1，假设事故汽车的质量为 m_2，摩托车的轴距减少量为 D，先按公式计算碰撞标准车时的速度 v_2，然后运用下面公式进行换算，得出实际的碰撞速度：

$$v_2 = \left(\frac{1 + \dfrac{m_1}{m_2}}{1 + \dfrac{m_1}{1950}} \right) \times (150D + 12) \qquad (6-2-4)$$

上面的换算公式推导过程中主要用了动量守恒定律、塑性变形量与有效碰撞速度关系。证明过程如下：

假设质量为 m_1 实验摩托车分别以速度 v_{2d} 和 v_2、先后碰撞 $m_d = 1950\text{kg}$ 小轿车和质量为 m_2 的普通汽车，碰撞过程中，摩托车的先后两次有效速度 v_{ed} 和 v_{e2} 分别为：

$$v_{ed} = v_{2d} - \frac{m_1 \times v_{2d}}{m_1 + 1950}$$

$$v_{e2} = v_2 - \frac{m_1 \times v_2}{m_1 + m_2}$$

如果摩托车先后两次碰撞时轴距减小量均为 D，则两次的有效碰撞速度相同，即：

$$v_2 - \frac{m_1 \times v_2}{m_1 + m_2} = v_{2d} - \frac{m_1 \times v_{2d}}{m_1 + 1950}$$

将 $v_2 = 150D + 12$ 代入上式，可以得到换算公式（6-2-4）。

（三）汽车与二轮车侧面碰撞

此情形碰撞汽车为碰撞车，碰撞部位为汽车的头部，汽车碰撞二轮车的侧面部位，碰撞力作用点为二轮车的质心附近位置，二轮车及其驾驶员被碰撞后直接被加速到接近碰撞时的汽车速度，然后直接被抛向前方并在路面上滑移，最终停止（如图 6-2-4 所示）。由图可知，当汽车达到较大的速度碰撞二轮车，由于人体质心高于二轮车坐垫，被碰撞人车分离后前半段类似平抛运动，后半段在地面滑移后停止；二轮车发生侧翻在地面上斜前滑移，滑移痕迹起点在碰撞点前方；如果汽车驾驶人采取制动措施，会在地上留下车轮痕迹。可以根据地面上的痕迹求得碰撞前汽车和二轮车的速度，具体步骤如下：

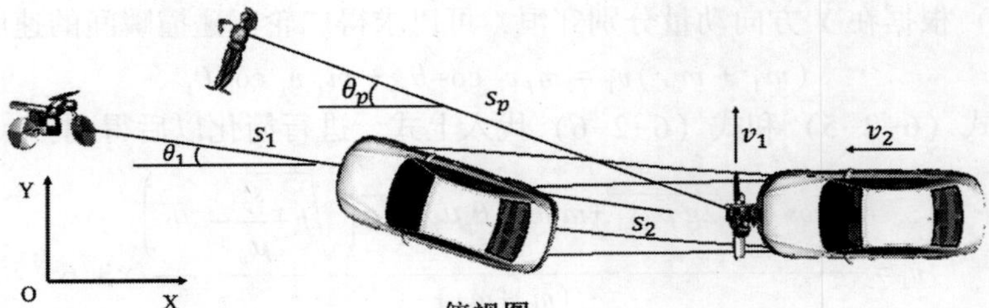

图 6-2-4　汽车与二轮车质心侧面碰撞

（1）根据骑车人的抛距可以求出被抛出瞬间的速度，具体方法读者可以看第四章第二节相关内容，结果如下：

$$v_p' = \mu_p \sqrt{2g}\left(\sqrt{h + \frac{s_p}{\mu_p}} - \sqrt{h}\right) \qquad (6-2-5)$$

式中：v_p' ——骑车被抛出瞬间的速度，单位 m/s；

μ_p ——骑车人与地面的摩擦系数；

g ——重力加速度，单位 m/s^2；

h——碰撞时骑车的质心高度，单位 m；

s_p——骑车人的抛距，即从碰撞点到停止位置的距离，单位 m。

在第四章第二节介绍过，人体质心高度 h 对式（6-2-5）计算结果影响不大，为方便起见，在实践中质心高度可以取二轮车坐垫高度。

（2）根据二轮车碰撞的滑移距离可以求出二轮倒地瞬间的速度大小：

$$v_1' = \sqrt{2g\mu_1 s_1} \qquad (6-2-6)$$

式中：v_1'——二轮车的速度，单位 m/s；

m_1——二轮车的质量，单位 kg；

g——重力加速度，单位 m/s²；

μ_1——二轮车与路面间摩擦系数；

s_1——二轮车碰撞后的滑移距离，单位 m。

（3）根据地面上自碰撞以后的滑移距离可以求出汽车碰撞分离瞬间速度大小：

$$v_2' = \sqrt{2g\varphi_2 k_2 s_2} \qquad (6-2-7)$$

式中：v_2'——汽车碰撞分离瞬间速度，单位 m/s；

g——重力加速度，单位 m/s²；

φ_2——汽车的滑动附着系数；

k_2——汽车的附着系数修正值；

s_2——汽车碰撞后的滑移距离，单位 m。

（4）根据在 Y 方向动量分别守恒，可以求得二轮车碰撞瞬间的速度大小：

$$(m_1 + m_P)v_1 = m_P v_p' \cos\theta_p + m_1 v_1' \cos\theta_1$$

将式（6-2-5）和式（6-2-6）代入上式，进行简化以后得到：

$$v_1 = \frac{m_1 \cos\theta_1 \sqrt{2g\mu_1 s_1} + m_P \cos\theta_p \mu_p \sqrt{2g}\left(\sqrt{h + \frac{s_p}{\mu_p}} - \sqrt{h}\right)}{(m_1 + m_P)} \times 3.6 \qquad (6-2-8)$$

式中：v_1——二轮车的碰撞瞬间的速度，单位 km/h；

θ_1，θ_p——二轮车、骑车人的抛出方向与汽车初速度方向夹角（如图 6-2-4 所示）。

（5）根据在 X 方向动量分别守恒，可以求得汽车的碰撞瞬间的速度大小：

$$m_2 v_2 = m_P v_p' \sin\theta_p + m_1 v_1' \sin\theta_1 + m_2 v_2'$$

将式（6-2-5）、式（6-2-6）、式（6-2-7）代入上式，进行简化以后得到：

$$v_2=\frac{m_1\sin\theta_1\sqrt{2g\,\mu_1 s_1}+m_p\sin\theta_p\mu_p\sqrt{2g}\left(\sqrt{h+\frac{s_p}{\mu_p}}-\sqrt{h}\right)+m_2\sqrt{2g\,\varphi_2 k_2 s_2}}{m_2}\times 3.6 \tag{6-2-9}$$

式中：v_2 ——汽车碰撞瞬间的速度，单位 km/h；

m_2 ——汽车的质量，单位 kg。

在实际交通事故的碰撞瞬间，一般来说二轮车和骑车人总动量远远小于汽车动量，因此（6-2-9）式可以简化为：

$$v_2=\sqrt{2g\,\varphi_2\,k_2\,s_2} \tag{6-2-10}$$

从动力学角度，当汽车动量远大于二轮车动量时，碰撞分离瞬间二轮车和人体在 X 方向速度是较为接近的，即：

$$v_2\approx\sin\theta_1\sqrt{2g\,\mu_1\,s_1}\approx\sin\theta_p\,\mu_p\sqrt{2g}\left(\sqrt{h+\frac{s_p}{\mu_p}}-\sqrt{h}\right)$$

也就是直接由碰撞后汽车滑移距离计算碰撞瞬间的速度大小。利用上述推导公式计算时，如果碰撞点靠近二轮车的车头或车尾部分，碰撞后二轮车发生高速旋转时，计算的精度会下降。要注意因为二轮车的旋转而引起地面滑移痕迹的不确定性，但如果现场有汽车的轮胎痕迹，利用式（6-2-10）汽车行驶速度还是可以计算的。

汽车与二轮车发生刮擦碰撞时，双方动量交换很小，因此通过二轮车或人体的抛距计算碰撞分离瞬间速度，将分离速度沿二轮车碰撞前速度方向分解，即可近似求出碰撞瞬间二轮车的速度。如果现场有汽车的轮胎痕迹，利用式（6-2-10）还是可以计算出汽车行驶速度的。

（四）汽车与二轮车的追尾碰撞事故

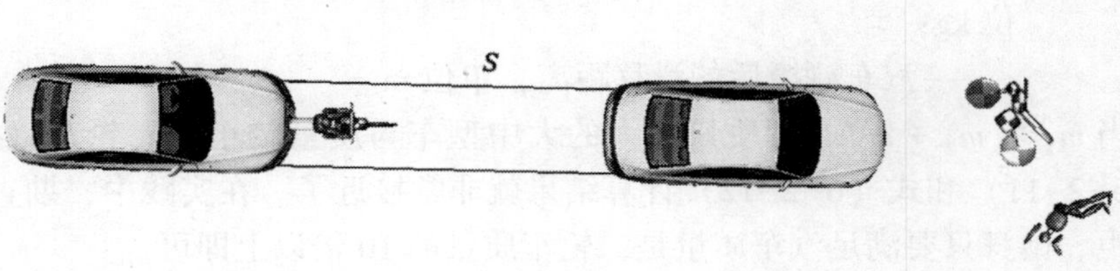

图 6-2-5　汽车与二轮车追尾碰撞

如图 6-2-5 所示，此情形碰撞汽车为碰撞车，碰撞部位为汽车的头部，二轮车为被碰撞车，被碰撞部位在尾部。碰撞过程中汽车驾驶员会提前发现危险而采取制动措施，二轮车骑车人往往不能及时发现后方来车，没有任何防备措施。由于汽车速度大于二轮车速度，如果碰撞的汽车是大中型车辆，而被碰撞车是质量较小的自行车，则汽车行驶状态不会因为碰撞而发生明显的变化，此时计算汽车速度可以直接根据汽车制动后的滑移距离求得，即：

$$v = \sqrt{2g\varphi ks} \times 3.6 \qquad (6-2-11)$$

式中：v——汽车碰撞瞬间速度，单位 km/h；

g——重力加速度，单位 m/s²；

φ——汽车的滑动附着系数；

k——汽车的附着系数修正值；

s——汽车碰撞后的滑移距离，单位 m。

如果是质量较轻的小型或微型轿车碰撞质量较大的二轮摩托车，碰撞时要考虑双方的动量变化。因为汽车速度大于二轮车速度，在碰撞分离之前，汽车一直推着二轮车及骑车人前行，因此整个碰撞过程可以近似为塑性碰撞。根据动量守恒可得：

$$m_1 v_1 = (m_1 + m_2 + m_P) v_1'$$

式中：m_1、m_2、m_P——分别指汽车质量、二轮车质量、骑车人质量，kg；v_1、v_1'——汽车碰撞瞬间速度、汽车碰撞分离瞬间，单位 m/s。

汽车碰撞分离瞬间速度可以通过汽车自碰撞点之后的痕迹长度求出，因此汽车碰撞瞬间速度可将单位转换成 km/h：

$$v_1 = \frac{(m_1 + m_2 + m_P)}{m_1}\sqrt{2g\varphi ks} \times 3.6 \qquad (6-2-12)$$

式中：v_1——汽车碰撞瞬间速度，单位 km/h；

g——重力加速度，单位 m/s²；

φ——汽车的滑动附着系数；

k——汽车的附着系数修正值；

m_1、m_2、m_P——分别指汽车质量、二轮车质量、骑车人质量，单位 kg；

s——汽车碰撞后的滑移距离，单位 m。

当 $m_1 \gg m_2 + m_P$，即质量较大的大中型车与质量较小的二轮车碰撞时，式（6-2-11）和式（6-2-12）计算结果就非常接近了。在实践中，勘查行人的抛距、抛身只要满足汽车质量是二轮车质量的 10 倍以上即可。

因此，在实践中，对于勘查二轮车、骑车人的抛出方向与汽车初速度方向夹角及行人的抛距有较大的难度，而且骑车人被抛出空中及在地面的滑移过程不能与刚体完成对等，受到各种阻力、人的体形及人的主动反应行为有关。一般来说，在涉及汽车与二轮碰撞的交通事故中，更多的是通过汽车在地面上的痕迹进行计算。

二、案例分析

某日，丁某驾驶五菱牌小型客车行驶至某路口处时，与高某驾驶的电动自行车发生碰撞，造成两车不同程度损坏；高某受伤经医院抢救无效死亡的道路交通事故。交通事故现场勘查示意图如图 6-2-6 所示。

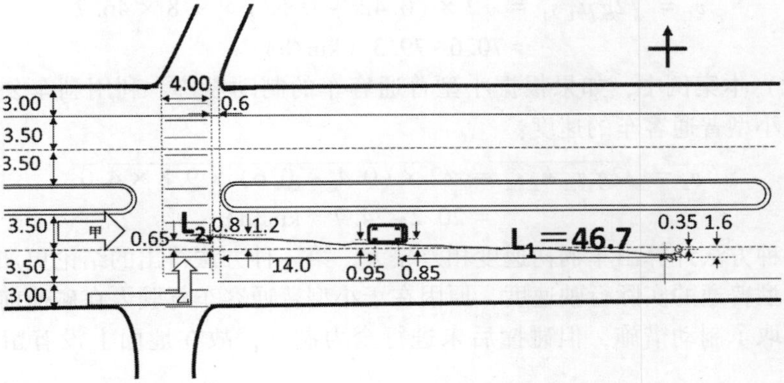

图 6-2-6　交通事故现场示意图

图中单位为 m，L_1为电动自行车的倒地挫划印，长度为 46.7m；L_2为五菱牌小型普通客车轮胎痕迹，长度为 4.0m。事故发生当天正下小雨，该条道路为东西走向沥青路面，小型普通客车轮胎与路面的摩擦系数为 0.4～0.6。对双方车辆撞击痕迹进行勘验，小型普通客车右侧保险杠及大灯破损，前挡风玻璃右下角有碰撞裂纹；电动自行车的踏板左侧破损，电动自行车与路面摩擦系数为 0.42～0.53。两车的撞击痕迹如图 6-2-7 所示。根据以上信息计算碰撞瞬间面包车的速度。

图 6-2-7　事故车辆碰撞痕迹照片

分析：这是一起汽车碰撞二轮车侧面的道路交通事故，由于汽车质量在二轮车质量的10倍以上，可以不用动量守恒计算分析。碰撞瞬间汽车速度可以通过以下两种方法进行计算。

（1）根据此起交通事故现场勘查结果，根据电动自行车在地面上的挫划印来计算小型普客车的速度，利用刹车公式可得：

$$v_1' = \sqrt{2g\mu_1 s_1} = \sqrt{2 \times (0.42 \sim 0.53) \times 9.8 \times 46.7}$$
$$= 70.6 \sim 79.3\ (\mathrm{km/h})$$

（2）本案例中，如果根据小型普通客车的制动痕迹，利用刹车公式也可计算出小型普通客车的速度：

$$v_2' = \sqrt{2g\varphi_2 k_2 s_2} = \sqrt{2 \times (0.4 \sim 0.6) \times 9.8 \times 4.0}$$
$$= 20.2 \sim 24.7\ (\mathrm{km/h})$$

两种方法计算出车辆初速度相差较大，第一种方法得出的结论更加接近事故中小型普通的实际行驶速度，原因在于小型普通客车驾驶人在碰撞前及碰撞瞬间采取了制动措施，但碰撞后未进行全力制动，故在地面上没有留下制动痕迹。

第七章　视频图像车辆行驶速度分析技术

随着城市化推进及科技强警力度加大，各种视频监控设备得到了广泛应用，道路的视频监控覆盖率也逐年上升。视频监控技术在公安交通管理方面越来越发挥着重要作用，视频图像录像能够反映事故发生的整个过程或部分片断，对碰撞点的位置、事故发生时车辆行驶路线一目了然，利用视频监控能够非常直观地再现交通事故发生过程，反映出事故车辆行驶速度大小和变化，已成为当前交通事故中车辆行驶速度鉴定的重要技术手段。本章内容主要介绍利用视频图像分析车辆的行驶速度基本方法、常见误差处理的技术。

第一节　帧间差分法视频图像车辆行驶速度分析技术

视频图像车辆行驶速度技术按原理可分为帧间差分法、背景差分法、光流法。背景差分法主要适用于摄像头处于运动状态下的目标车辆行驶速度的测算，如车载式视频摄录设备记录的视频图像；光流法相当复杂，鉴定者需要具备一定的数字图像处理技术。帧间差分法则既适用于固定式视频摄录设备记录的视频图像，即背景和摄像头保持相对静止、被研究对象处于运动状态下目标车辆行驶速度的测算，也适用于车载式视频摄录设备记录的视频图像目标车辆行驶速度的测算，其原理简单、操作方便，在交通事故车辆行驶速度鉴定中应用最为广泛。

一、车速测算基本原理

帧间差分法主要原理是在视频图像中，通过计算相邻若干帧间目标车辆空间行驶的距离（S）和所经历的时间（T），根据运动速度（V）、时间（T）和距离（S）三者之间的关系测算目标车辆行驶速度。

$$V=\frac{S}{T}$$

（一）目标车辆行驶时间

视频图像中目标车辆行驶时间确定方法如下：

（1）逐帧检测视频图像，观测视频图像的帧率 f，计算相邻两帧图像之间的间隔时间 $t = 1/f$；

（2）记录目标车辆空间行驶距离 S 所用的图像帧数 n；

（3）目标车辆行驶时间 $T = nt = n/f$，所以：

$$v = \frac{S}{T} = \frac{S}{nt} = \frac{fS}{n}$$

以上被测车辆度速度单位为 m/s。不同视频摄录设备记录的视频图像帧率 f 往往不相同，为了与我国 PAL 制式的视频制式相适应，市场大部分视频摄录设备的帧率 f 为 25 帧/秒，即帧时间为 0.04 秒。但也有少部分厂家生产的视频摄录设备的帧率 f 不一定为 25 帧/秒，所以要对视频图像帧率进行检测。对视频帧率分析主要有两种方式，一是通过人工逐帧播放，数出 1 秒之内视频图像所包含的帧数，视频时间可以看画面自带时间，也可以通过其他方式计时；二是通过播放软件的自带视频分析功能，也可以直接得到视频的帧率。在确定频率时往往遇到以下两个问题：

（1）视频图像存在掉帧现象，造成播放过程图像不连续。引起这一现象主要有两方面的原因：一是视频图像质量不好，在拍摄和信号传输过程中画面丢失；二是视频图像本身质量没有问题，掉帧现象是由于播放软件兼容引起的。如果是第一种原因造成的，可以通过观察视频图像中的移动物体位置变化，分析掉帧处前后实际帧差；第二种情况可以使用视频监控自带的专用播放器。

（2）视频图像帧率不稳定。有些视频利用人工方法确定视频帧率时，选取视频图像帧率数不一致，存在或多或少的现象。造成这种现象也主要有两方面原因：一是视频本身出现掉帧或插帧；二是由于视频图像的时间和图像帧时间不同步。对于第一种现象解决方法和上面一样，而对于第二种原因造成的帧率不稳定，可以通过对视频图像的显示时间进行校正，以校正后的时间作为计算时间。

视频编辑软件、视频摄录设备自带的专业播放软件具有逐帧播放和截图功能。当前在鉴定机构和公安实战部门使用较为广泛的有一款为“视侦通”播放软件，功能较强大，可以直接分析视频图像帧率、时长，还带有时间校正、桌面标绘等实用功能。

（二）目标车辆行驶距离

确定视频图像目标车辆行驶距离，需要选择相应的参照物。参照物选取方法主要有道路环境参照物法、目标车辆参照物法、虚拟参照物法、模拟实验法、像素比例法和直接线性变换法（DLT）六种。

1. 道路环境参照物法。观测目标车辆车身上某一具有一定特征且便于观察的点（以下简称特征点），通过监控录像中某两个参照物，测量出两个参照物间隔距离，两个参照物之间的距离就为目标车辆的行驶距离。通常选取路边的树木、灯柱、交通标志牌或路面上的特征点、交通标线等作为道路环境参照物。如图 7-1-1 所示，选取路边相邻两根灯柱为参照物，在 $T=t_1$ 时刻，目标车辆与路边第一根灯柱重合；在 $T=t_2$ 时刻，目标车辆与路边第二根灯柱重合，目标车辆行驶距离为两根灯柱之间的距离。

图 7-1-1　道路环境参照物法

道路环境参照物法还可运用到车载式移动视频图像对目标车辆车速的测算。如图 7-1-2 所示，沿道路方向选取视频中选取相邻的两根灯柱为参照物，测量出灯柱之间的距离；选取车载视频的某一视角方向，确定该视角与车身的交点 A，以该交点作为虚拟参照物；沿同一视角方向观测虚拟参照物通过两个道路环境参照物的时间间隔，计算目标车辆的行驶速度。除可以选路边的参照物，还可以选取道路上的交通标线，如图 7-1-2 所示的视角与车身的交点 B。在实践中，视角与车身交点可以灵活选取，该点可以是前挡风玻璃的任何一点。

图 7-1-2　车载式视频目标车辆行驶距离确定

2. 目标车辆参照物法。当画面中未出现可供选取的连续多个参照物，或未能观测到目标车辆特征点与参照物重合的画面时，可以视情况选用以下方法：观测被鉴定车辆车身上某两个特征点通过空间某个参照物，测量车身上两个特征点之间的距离。通常可选取的车身特征点包括目标车辆前后端点、前后轮轮心、前后灯具端点、车窗玻璃前后端点等作为目标车辆参照物。如图 7-1-3所示，选择路旁灯柱为参照物，选取目标车辆左前轮胎轮心和左后轮胎轮心为两个特征点，在 $T=t_1$ 时刻，左前轮胎轮心与灯柱重合，在 $T=t_2$ 时刻，左后轮胎轮心与灯柱重合，目标车辆行驶的距离为前后轮心之间的距离，即轴距。

图 7-1-3　目标车辆参照物法

3. 虚拟参照物法。道路环境参照物法和目标车辆参照物法，均要求在视频图像关注区域内有合适的道路环境中参照物。但在有些视频画面中，会因道路环境中没有合适的参照物而造成目标车辆行驶距离无法确定。为了解决这一问题，可以通过专门的视频处理技术或者图片处理技术在画面中增加虚拟的点或线，这种参照物选取方法被称为虚拟参照物法。虚拟参照物要求做到同视频图像背景保持相对静止，即不会随着目标车辆的移动而改变位置。图 7-1-4中的标线就是添加的虚拟参照物。

图 7-1-4　虚拟参照图例

设置虚拟参照物方法比较多，可以采用直接在电脑上标绘虚拟参照物，也可将视频帧截取下来用专业图片处理软件绘制虚拟参照物，还可以直接在电脑屏幕上设置实体的参照物。但不管使用哪种方法设置虚拟参照物，必须确保每一帧画面的图像大小、背景内容不能有变动。

4. 模拟实验法。有些交通事故事因为发生在夜间，目标车辆除了车灯能观察到外，其他车身特征点或道路环境上的参照物无法清晰观察到，造成视频图像中没有合适的参照物选取，目标车辆的行驶距离不能确定。这种情形下，在确保视频摄像头拍摄方向角度、焦距等没有改变，视频摄录设备的位置、内外参数与原始位置一致的前提下，可采用在事故发生地的目标车辆行经区域摆放参照物。将模拟实验时摆放参照物的截图和事故发生时原始截图进行对比，在原始截图中描出一一对应的参考点。如图 7-1-5 所示，可以通过图片对比画线的方法直接找到模拟实验特征点在原始视频中的位置。在实际操作中，可将在原始视频中描绘出的所有特征点单独保存成“＊.png”模式文件，将该文件与目标车辆截图文件叠加，这样能更直观地判断目标车辆的行驶距离。

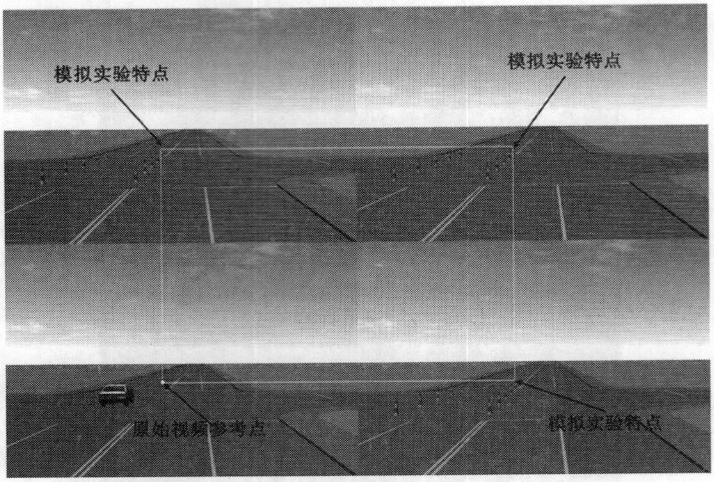

图 7-1-5

夜间行驶的目标车辆只有灯光比较明显，可以将灯光作为特征点，因此模拟实验中摆放的参照物上要有和汽车灯光高度对应的标志点，在描绘一一对应点时应该以参照物上的标志点为准。另外，参照物可以双排平行摆放，这样可以找到两个虚拟参考点特征点，将每一对虚拟参考点进行连线，这样在确定目标车辆具体位置时就更加方便了（如图 7-1-6 所示）。

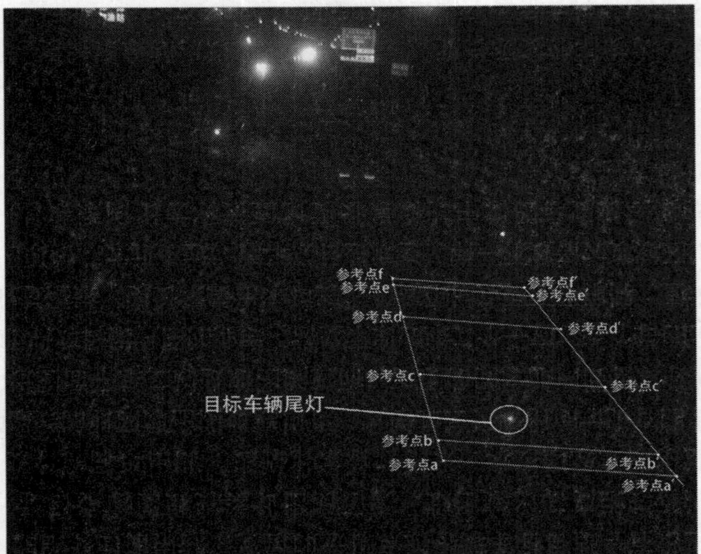

图 7-1-6

5. 像素比例法。有些视频图像中可能会出现既没有合适的道路环境参照物可选，也没有合适目标车辆特征点可选的情况，利用前面介绍的三种方法确定目标车辆行驶距离都比较困难。为了测出此类视频图像中目标车辆行驶距离，可以运用图片处理技术，采用“像素比例法”测出车辆的行驶距离。

普通地图有统计的比例尺二维图片，可以在地图上取两地的线路长度，通过比例尺直接计算得到两地之间的距离。而视频图像是以二维平面图形表达三维空间，图像上的每个点对应一个二维的像素坐标。专业的图片编辑软件可确定每一点的像素坐标值，利用平面两点间距离公式就可求出像素长度。根据透镜成像原理，远近不同的区域放大倍数不一样，这就是目标车辆“远小近大”的原因。

物体的实际长度与图像中的像素长度比值被称为比例系数，用字母 α 表示，具体计算方法如下：

$$\alpha = \frac{L}{l}$$

式中，L 为物体的实际长度，l 表示物体成像以后的像素长度，在视频图像中小区域范围内，放大系数还是非常接近的。如图 7-1-7 所示，以人行横道为参照物，设人行横道线 AB 点间的实物长度为 L_{AB}，A 点和 B 点像素长度为 l_{ab}，则可以计算出人行横道处图像比例系数：

$$\alpha = \frac{L_{AB}}{l_{ab}}$$

图 7-1-7　像素比例法示意图

如图 7-1-8 所示，在视频图像分别截取第 n_1、n_2帧，以目标车辆右前轮与地面间的接触点 N_1、N_2为两个参考点，分别标出两个点的像素坐标值，求出两点的像素长度 l。测目标车辆行驶距离：

$$s = \alpha l$$

图 7-1-8　像素比例法测算目标车辆行驶距离

有些时间测量道路环境参照物法不方便，以目标车辆特征点间距为参照物，计算比例系数也是可行的。如图 7-1-7 所示，以图中汽车轴距为参照物，L_{CD}为汽车轴距，l_{cd}为 C 点和 D 点间的像素长度。同样可计算出人行横道范围内的比例系数：

$$\alpha' = \frac{L_{CD}}{l_{cd}}$$

式中：由于图中的人行横道线和目标车辆基本处于同一小区域内，通过两种方法求出的比例系数非常接近。因此，在实际的操作中，既可以通过道路环境参照物求比例系数，也可以通过目标车辆自身特征点间距求比例系数。

6. 直接线性变换法。除了以上介绍的五种方法可以给视频图像目标车辆行驶定位外，目前在视频图像车辆行驶速度技术中还有一种被称为直接线性变换法（Direct Linear Transformation，简称 DLT 法）的方法，此方法适用场合多，被广泛采用。

（1）直接线性变换法原理。直接线性变换法原理是将物方坐标（D-XYZ）和像方坐标（s-xyz）建立一种关系的算法。如图 7-1-9 所示，假设空间有一点 P（X，Y，Z）与对应像坐标 $p'(x', y', z')$ 满足以下关系式：

$$\begin{cases} x' = \dfrac{l_1 X + l_2 Y + l_3 Z + l_4}{l_9 X + l_{10} Y + l_{11} Z + 1} \\ y' = \dfrac{l_5 X + l_6 Y + l_7 Z + l_8}{l_9 X + l_{10} Y + l_{11} Z + 1} \end{cases} \qquad (7-1-1)$$

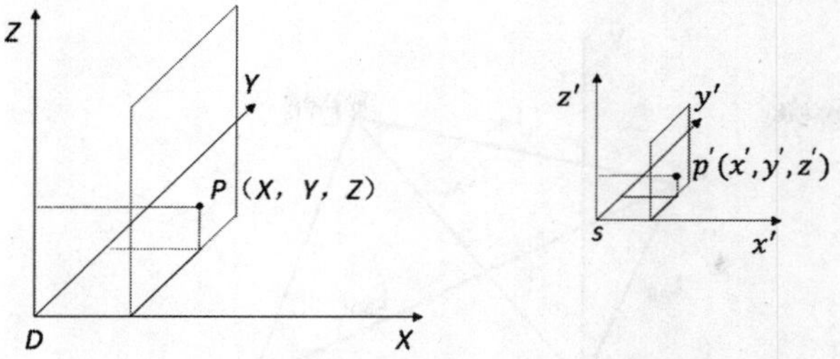

图 7-1-9　物方坐标与像方坐标

式（7-1-1）中 $l_1 \sim l_{11}$ 为 11 个待定参数，这 11 个参数是客观存在且相互独立的，参数大小取决于监控摄像头特性。该式为三维空间的线性变换公式。对于交通事故现场，车辆以二维平面运动为主，Z 为一常数，式（1）可以简化成二维空间 DLT 法关系式：

$$\begin{cases} x' = \dfrac{l_1X + l_2Y + l_3}{l_7X + l_8Y + 1} \\ y' = \dfrac{l_4X + l_5Y + l_6}{l_7X + l_8Y + 1} \end{cases} \qquad (7-1-2)$$

由式（7-1-2）可知，共有 $l_1 \sim l_8$ 8 个待定参数，只要知道 4 个及以上标定点的物坐标和像坐标，通过求解二维直接线性变换矩阵，就可得到 8 个参数值，人工直接求解 l_i 8 个参数比较烦琐，目前主要是利用计算机编程直接线性变换矩阵，从而建立物坐标和像坐标的关系。直接线性变换法是基于理想的透视变换，计算方便，求解容易，主要有两大特点，一是可以将像方坐标直接变换到物方坐标，不需要内外方位元素的初始值；二是该方法非常适合 CCD（Charge Coupled Device）摄像头的物像方坐标变换，就目前而言交通监控以 CCD 摄像机头居多。

（2）直接线性变换法的视频图像车速测算步骤。视频图像车速测算中，采用直接线变换法的主要目的是测算目标车辆的行驶距离，最后车速的计算使用仍然是帧间差分法，测算目标车辆的行驶距离可以分以下三步：

第一步，监控摄像头 $l_1 \sim l_8$ 八个标定系数。为了求解 l_i 8 个参数，需要在视频中抽取一张图片，并在图片中路面上选取 4 个或 4 个以上的标定点，且到道路现场测量出标定点之间的距离及方位关系。选择其中某一个标定点作为像方坐标和物方坐标的原点，该点与另一点的连线为直角坐标的其中一坐标轴（如图 7-1-10 所示）。根据几何关系计算出其余各点的物方坐标值。标出标定点对应的像坐标值，将得到的标定点的物坐标值和像坐标值分别代入式（7-1-2），可以求出 l_i 8 个参数值。

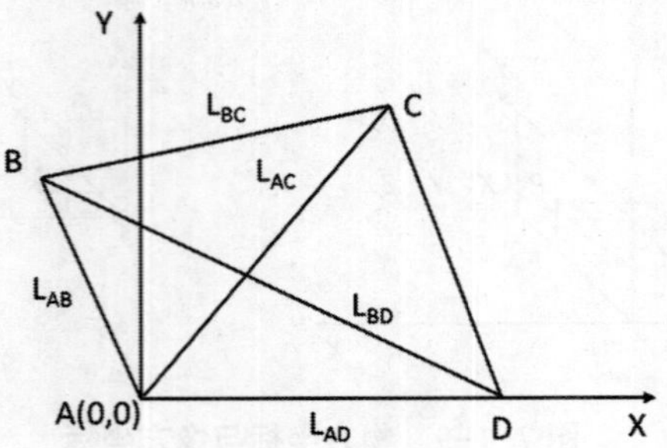

图 7-1-10

第二步，目标车辆关键帧的选取。逐帧检测视频图像，截取含有目标车辆的若干帧画面，并在目标车辆上选择比较明显的特征点，包括目标车轮与地面接触点、目标车辆前后端点、前后轮轮心、前后灯具端点、车窗玻璃前后端点等，夜间的视频可以选择车辆前面大灯或尾灯。分别标出目标车辆特征点在不同帧画面中像方坐标值，并利用前面得到 l_i 8 个参数值和像方坐标值，再次代入式（7-1-2），计算出目标车辆特征点的物方坐标值。

第三步，目标车辆行驶速度的计算。目标车辆行驶距离就是特征点在物方坐标之间的距离，即是平面几何内点与点之间的距离计算。待目标车辆行驶距离结果得出后，运用用帧间差分法原理精确测算目标车辆的若干帧之间的平均速度大小、速度的变化情况及车辆的行驶路线，进而实现对交通事故再现分析。

二、案例分析

2016 年某日夜间，在一交叉路口发生两车碰撞道路交通事故，碰撞前甲车直行，乙车左转弯。甲乙两车碰撞前及碰撞瞬间被路口一固定视频监控记录下来，此起事故关注焦点是甲车是否超速及驾驶员采取避让措施是否得当。查看该固定监控白天视频图像，非常方便选取 A、B、C、D 四个标定点并测量出相互之间距离（如图 7-1-11 所示）。根据四个标定点，将图导入专业图片处理软件，以 A 点为物方坐标和像方坐标原点，各标定点物方坐标和像方坐标如表 7-1-1 所示。

图 7-1-11　交通事故现场标定点

表 7-1-1　标定点坐标值

	标定点			
	A	B	C	D
物方坐标（X，Y）	（0.0，0.0）	（-3.1，23.5）	（5.7，13.1）	（6.1，-2.9）
像方坐标（x'，y'）	（789，738）	（1122，440）	（1631，571）	（1411，832）

将表 7-1-1 数据代入式（7-1-2），计算得出 l_i 8 个参数值，结果如表 7-1-2 所示。

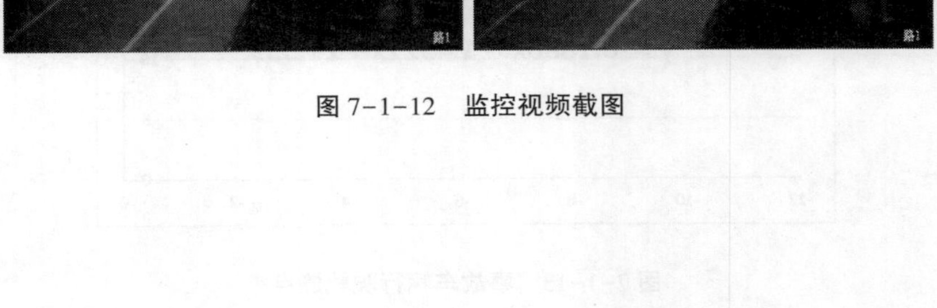

图 7-1-12　监控视频截图

表 7-1-2　l_i 参数值

参　数	l_1	l_2	l_3	l_4
	0.04088304827	0.01115180657	0.00033975235	0.07893261795
参　数	l_5	l_6	l_7	l_8
	−0.23765609666	0.005804229708	−90.5089971384	166.5914238007

分别选取监控视频第 2275 帧、第 2280 帧及第 2285 帧测算甲车的速度变化及行驶轨迹。如图 7-1-11 所示，椭圆框内为甲车，以甲车右侧后示廓灯光前端为特征点，通过先后三帧图像特征点的像坐标及表 7-1-2 计算结果，运用式（7-1-2），可计算出参考点物方坐标值，结果如表 7-1-3 所示。

表 7-1-3　车辆特征点坐标值

帧数	2275	2280	2285
像方坐标（x'，y'）	（522，456）	（802.433）	（1154，435）
物方坐标（X，Y）	（−9.6，18.5）	（−7.3，22.4）	（−2.9，24.3）

根据特征点的物方坐标值，求出目标车辆的行驶距离。已知路口监控视频的帧率为 30 帧/秒，分别求出前后两帧之间的平均速度为 97.8km/h、103.5km/h。

利用 DLT 法，还可以进一步得出目标车辆每帧特征点的坐标，进一步描绘出目标车辆的行驶轨迹（如图 7-1-13 所示）。至此可以对事故发生前后甲车行驶情况进行再现，驾驶员发现路口有乙车后，没有采取任何制动措施，只是向左侧打方向避让，车子从中间车道向左侧车道变更。

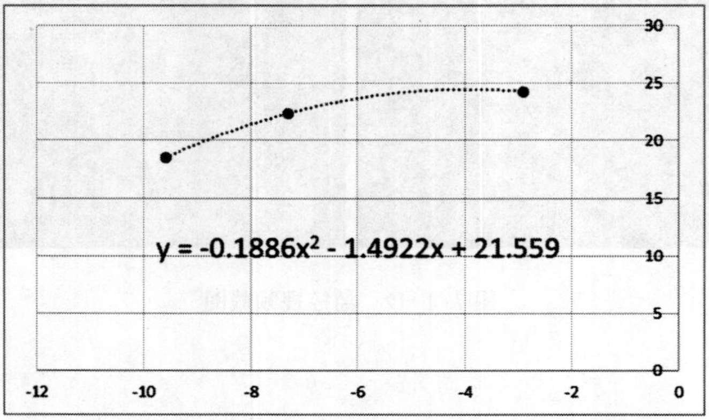

图 7-1-13　事故车辆行驶轨迹点

第二节　视频图像车辆行驶速度误差处理

基于视频图像的车辆行驶速度测算方法，相对于其方法直观且有较高精度，但测算值和实际值也存在一定的误差。引起误差的原因主要有以下几个方面，一是摄像头成像质量不高，造成画面产生畸变；二是视频图像在存储和传输过程中存在丢帧现象，测出的车辆行驶时间不准确；三是人为操作不当，造成目标车辆行驶距离、行驶时间与实际值不符。对于前两种误差属于系统误差，一般比较难修正；最后一种误差可以改进操作方法，优化参考物、特征点选取，引入误差修正值等方法、通过多次求平均值等方法减少或消除误差。本节主要介绍各类人为误差的形成原因及处理方法。

一、人为误差形成的原因

人为误差主要是操作不当引起的，主要包括以下类型的误差：

（一）道路环境参照物选取不当引起的误差

（a）

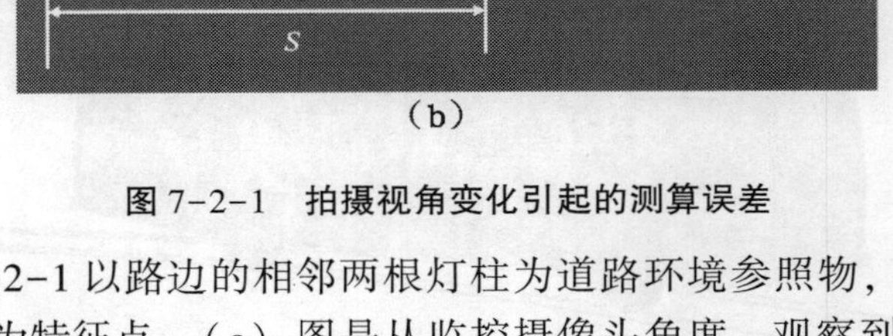

（b）

图 7-2-1　拍摄视角变化引起的测算误差

假设图 7-2-1 以路边的相邻两根灯柱为道路环境参照物，选择目标车辆的前保险杠作为特征点。（a）图是从监控摄像头角度，观察到目标车辆特征点与灯柱重合，目标车辆行驶距离为 S_1。（b）图是从俯拍角度观到的情况，此时目标车辆的行驶距离为 S_2，从图上显示，目标车辆以两灯柱间隔距离作为行驶距离，比实际行驶的距离偏大，这样会带来车速测算误差。图 8-2-1 是目标车辆处于监控与参照物之间的情形，如果当选取的道路环境参照物是在监控与目标车辆之间时，则会出现测算速度小于实际行驶速度。

（二）目标车辆特征点与参照物不重合引起的误差

在实际的操作过程中，不管是道路环境参照物法还是目标车辆参照物法在确定车辆行驶距离时，往往难以保证监控摄像头、车辆特征点和参照物三者完全重合的帧画面。目标车辆特征点接近或驶离参照物，确定目标车辆行驶时间不能满足整数帧的要求（如图 7-2-2 所示），计算时帧数则取 $n=(n_1,\ n_2)$，因此速度计算结果为一个取值范围。

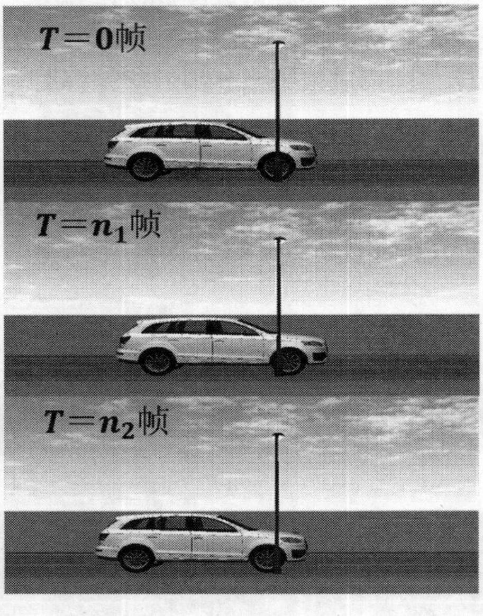

图 7-2-2

（三）目标车辆转弯或沿曲线行驶时引起的误差

图 7-2-3　车辆转弯时车轮轨迹

当目标车辆转弯行驶，由于车子每个点是绕着某个点作圆周运动，各个点的线速度大小不一定相同，利用视频图像的车辆行驶速度分析过程中，选取目标车辆车身不同点，也会引起车速测算结果的差异。如图 8-2-3 所示，图中车辆在沿曲线运动时，每个车轮的行驶轨迹不重合，对应的曲线半径也不同，在相同时间内，车轮与地面接触点的移动距离也不相同。因此，汽车转弯或沿曲线行驶时，如果以其中某一个车轮作为参照物测算速度作为车辆质心（或中心）的速度，是存在一定误差的。

利用车载式视频图像测算车速时，如果目标车辆沿曲线路径行驶过程，同样会因为视角变化，存在参照物间距与目标车辆实际行驶距离不相符的情形。

（四）目标车辆特征点连线与行驶速度方向不平行引起的误差

在确定目标车辆行驶距离时采用目标车辆参数物法或虚拟参照物法时，如果选取的两个车辆特征点连线和目标车辆的行驶速度方向不同，即特征点连线与车辆身纵轴方向有夹角，会带来实际行驶距离和两特征点的间距有差异，可能会造成目标车辆行驶速度测算结果有误差，这种误差偏大和偏小的可能都有，主要取决于摄像头的拍摄角度、速度和连线的夹角。如图 7-2-4 所示，目标车辆是水平向右运动，如果以图中参考线为参照物，选取 A、C 两个点为特征点，AC 点连线方向与行驶速度方向不同。当目标车辆从 t_1 时刻行驶至 t_2 时刻，特征点先后与参考线重合，目标车辆实际行驶距离为 AB 长度，而计算时则采用的是 AC 长度，两者长度明显不同。

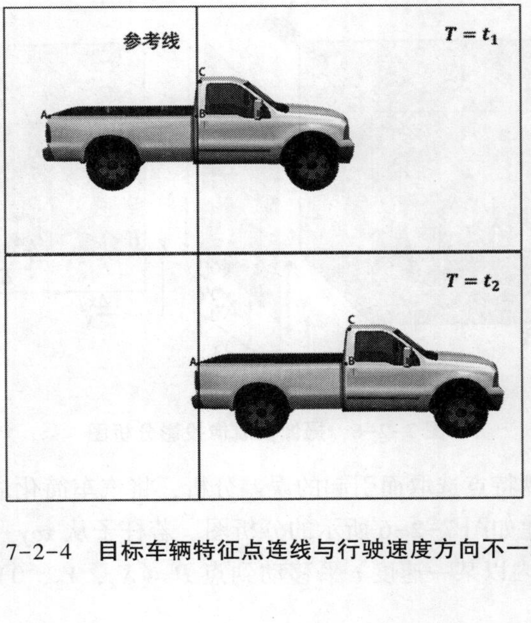

图 7-2-4　目标车辆特征点连线与行驶速度方向不一致

同样的道理，如果特征点连线与道路所在平面有夹角，也会产生速度测算的误差，如标的车辆是三轮车，采用前后轮心作为特征点也会引起这种类型的误差（如图 7-2-5 所示）。

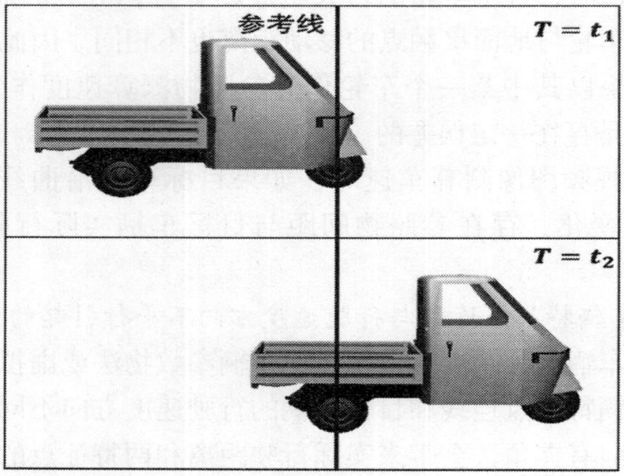

图 7-2-5　三轮车前后轮心连线与车身纵向轴线夹角

（五）DLT 法测算误差目标车辆行驶距离误差

摄像机成像实质是根据透镜成像原理，把三维空间投影到二维像平面的过程，人们可以借助二维像素坐标点（x，y）获取三维空间坐标点（X，Y，Z）的相关信息。

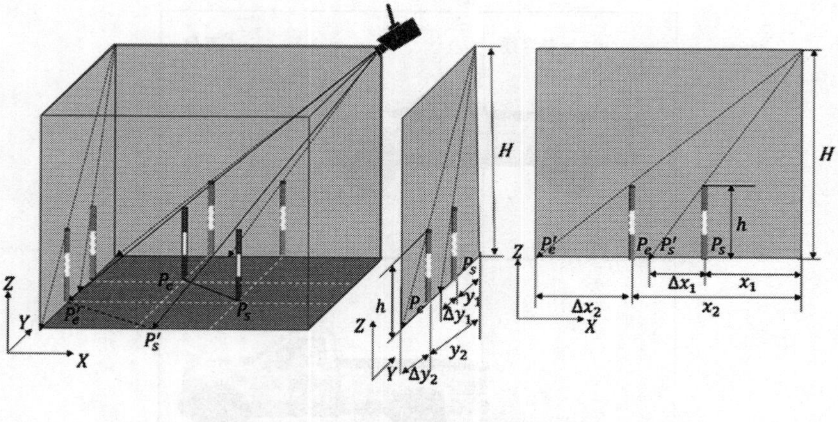

图 7-2-6　摄像机成像投影分析图

为了方便车辆特点选取而引起的误差分析，将汽车简化成与 xoy 平面垂直的杆子模型，构建如图 7-2-6 所示的分析图。若杆子从 xoy 平面上点 P_e（X_1，Y_1，0）在时间 t 内以某一速度 v 平移动到点 P_s（X_2，Y_2，0）。在摄像机成像

的二维图像中，杆子下端移动距离为 $s = |p_s p_e|$，同杆子实际移动距离相同；而杆子上端点移动从视觉效果看是该点在 xoy 平面投射点的移动，即移动距离 $s' = |p_s' p_e'|$，很明显 $s \neq s'$。如图 7-2-7 所示，如果车身特征分别选取点 A、B、C 点，利用 DLT 法确定目标车辆的行驶距离会有所不同，造成行驶车辆行驶速度的误差。

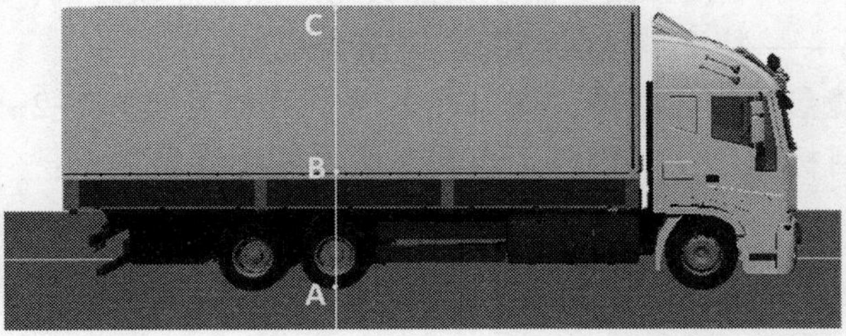

图 7-2-7

二、基本视频图像车辆行驶速度误差的处理方法

由视频图像测速技术误差产生原因可知，为了提高目标车辆测算结果的精度，主要是提高行驶距离测量的精度，在实践中还可以找出误差形成的原因，引入修正系数，对测算结果进行误差修正。

（一）道路环境参照物法误差修正

如图 7-2-8 所示，采用道路环境参照物法，以目标车辆的车身左前侧端点为特征点，以路边的两个物体为参照物，当特征点先后与参照物重合时，目标车辆、参照物、监控摄像头三者之间的俯视图。

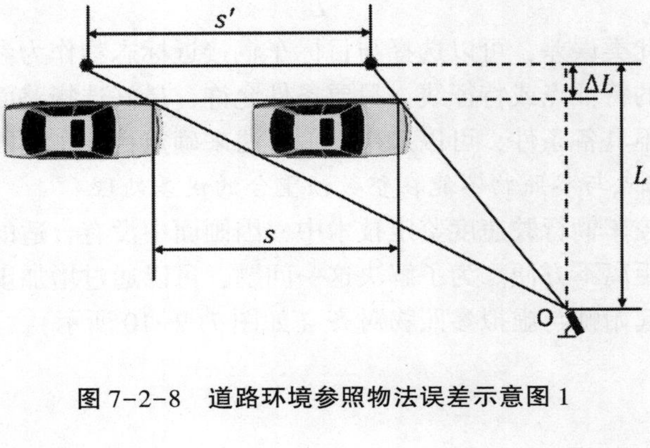

图 7-2-8　道路环境参照物法误差示意图 1

从几何关系可知，目标车辆实际行驶距离和参照物间距满足关系：

$$s = \frac{L - \triangle L}{L} s'$$

式中：S ——目标车辆实际行驶距离；

S' ——道路环境参照物间距；

L——水平投影面上监控摄像头与参照物连线距离；

$\triangle L$ ——特征点连线与参照物连线距离。

当道路环境参照物在摄像头与目标车辆中间时（如图 7-2-9 所示），从几何关系可知，目标车辆实际行驶距离和参照物间距满足关系：

$$s = \frac{L + \triangle L}{L} s'$$

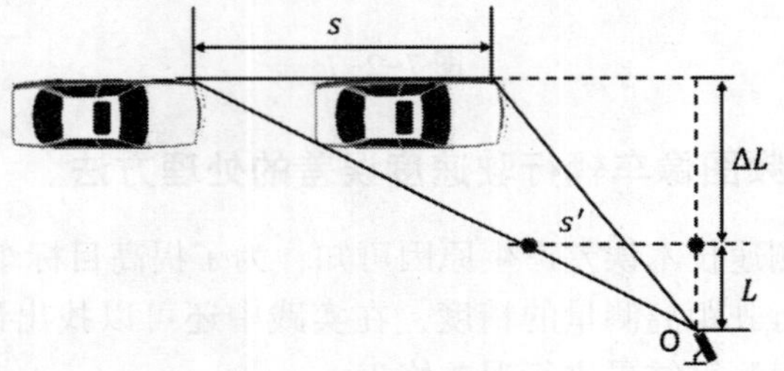

图 7-2-9　道路环境参照物法误差示意图 2

因此，采用道路环境参照物，当 $\triangle L \neq 0$ 时，即道路环境参照物与目标车辆不重合时，车辆实际行驶速度 v 与测算行驶速度 v' 之间的关系为：

$$v = \frac{L \pm \triangle L}{L} v'$$

为了减少此类误差，可以选择与目标车辆接近标志物作为参照物，如车轮所驶过路面上的特征点或特征线，只要条件允许，最好选择路面交通标线作为参照物，如果不具备条件，可以采用其他方法来确定目标车辆的行驶距离。

（二）特征点与参照物不能在整数帧重合的误差处理

在视频监控车辆行驶速度鉴定技术中，因画面中没有合适的参照物而造成测量车辆行驶距离不方便。为了解决这一问题，可以通过增加虚拟参照物来确保车辆特征点起始帧与虚拟参照物对齐（如图 7-2-10 所示）。

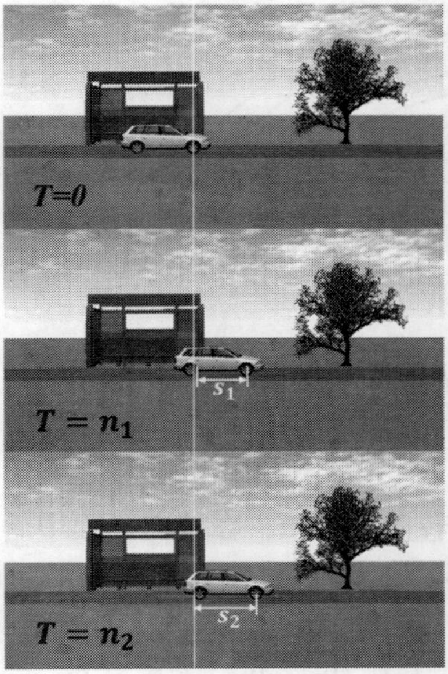

图 7-2-10　特征点与参照物不能在整数帧重合的误差处理

这时需要观察者进行估算造成目标车辆行驶速度测算结果存在的误差，估算主要有两方法。一是帧数估算，采用帧数 $n=(n_1, n_2)$，其中 $n_1 < n_2$，在实践中 n_1、n_2 以相差一帧为佳，有些时候甚至可以采用非整数帧估算。二是行驶距离估算，即在目标车辆上选取三个以上的特征点，在某一确定的间隔帧内估算目标车辆行驶距离，即 $s=(s_1, s_2)$。

（三）目标车辆转弯或沿曲线行驶时的车速误差的处理

目标车辆转弯或沿曲线行驶时，视频图像不管是来自固定式还是车载式视频摄录设备，都需要对目标车辆的速度进行修正，修正原理基本相同。

1. 固定式视频图像车速误差处理。如图 7-2-11 所示，假设某两轴汽车沿某曲线行驶，从 t_1 时刻行驶至 t_2 时刻，左前轮胎与地面接触点移动的距离为 S_1，左后轮胎与地面接触点的移动距离为 S_2，右前轮胎的与地面接触点移动的距离为 S_3，右后轮胎与地面接触点的移动距离为 S_4，汽车质心点 C 移动距离为 S。上述五个点对应的转弯半径分别为 R_1、R_2、R_3、R_4、R，对应的线速度为 v_1、v_2、v_3、v_4、v。目标车辆的轴距为 L、轮距为 B、质心沿车身纵轴方向距左后轮轮心的距离为 P、质心垂直于车身纵轴方向距左后轮心的距离为 Q。

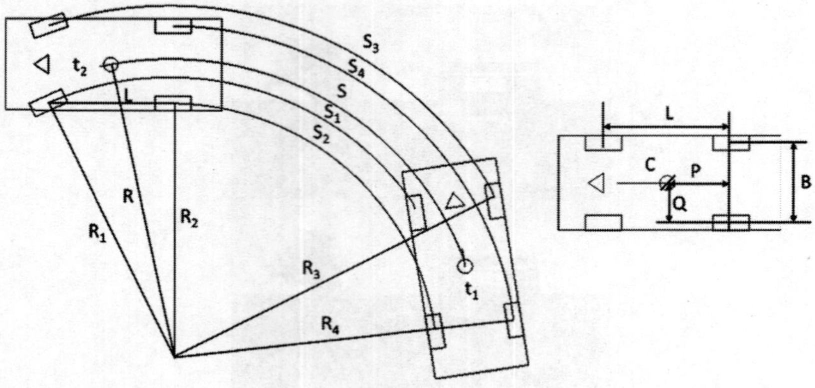

图 7-2-11

二轴汽车以前轮的转向轮为主，在转向过程中后轮相对于车体方向不变。前后轮胎的连线可以近似看成后轮轨迹的切线，轴距 L 和转弯半径有以下关系：

$$L = \sqrt{R_1^2 - R_2^2} = \sqrt{R_3^2 - R_4^2}$$

$$R = \sqrt{(R_2 + Q)^2 + P^2} = \sqrt{(R_3 - B + Q)^2 + P^2}$$

各个点的角速度 ω 为：

$$\omega = \frac{S_1}{R_1(t_2 - t_1)} = \frac{S_2}{R_2(t_2 - t_1)} = \frac{S_3}{R_3(t_2 - t_1)} = \frac{S_4}{R_4(t_2 - t_1)}$$

目标车辆从 t_1 时刻到 t_2 时刻所转过的角度为：

$$\theta = \omega(t_2 - t_1) = \frac{S_1}{R_1} = \frac{S_2}{R_2} = \frac{S_3}{R_3} = \frac{S_4}{R_4}$$

因此：

$$\omega = \frac{\sqrt{S_1^2 - S_2^2}}{L(t_2 - t_1)} = \frac{\sqrt{S_3^2 - S_4^2}}{L(t_2 - t_1)}$$

左前轮和左后轮的转弯半径为：

$$R_2 = \frac{S_2 \times L}{\sqrt{S_1^2 - S_2^2}};\ R_4 = \frac{S_4 \times L}{\sqrt{S_4^2 - S_3^2}}$$

质心的转弯半径为：

$$R = \sqrt{\left(\frac{S_2 \times L}{\sqrt{S_1^2 - S_2^2}} + Q\right)^2 + P^2} = \sqrt{\left(\frac{S_4 \times L}{\sqrt{S_4^2 - S_3^2}} - B + Q\right)^2 + P^2}$$

因此，视频从目标车辆左侧拍照，可以用左侧前后轮胎与地面的接触点移动距离，表示车辆质心 C 的行驶速度：

$$v = \omega R = \frac{\sqrt{S_1^2 - S_2^2}}{L(t_2 - t_1)} \sqrt{\left(\frac{S_2 \times L}{\sqrt{S_1^2 - S_2^2}} + Q\right)^2 + P^2}$$

视频从目标车辆右侧拍照，可以用左侧前后轮胎与地面的接触点移动距离，表示车辆质心 C 的行驶速度：

$$v = \omega R = \frac{\sqrt{S_3^2 - S_4^2}}{L(t_2 - t_1)} \sqrt{\left(\frac{S_4 \times L}{\sqrt{S_4^2 - S_3^2}} - B + Q\right)^2 + P^2}$$

根据线速度、角速度和转弯半径三者关系，在 v_1、v_2、v_3、v_4 四个速度大小，左后轮的速度 v_1 最小（下限值），右前轮的速度 v_3 最大（上限值）。

上述是以目标车辆向右转弯时，以轮胎与地面接触点移动距离来反映目标车辆速度方法。用同样方法推导出目标车辆在左转弯时，质心的速度表达式。对于两轴以上的汽车，可以将汽车等效为两轴汽车。

2. 车载式视频图像车速处理。

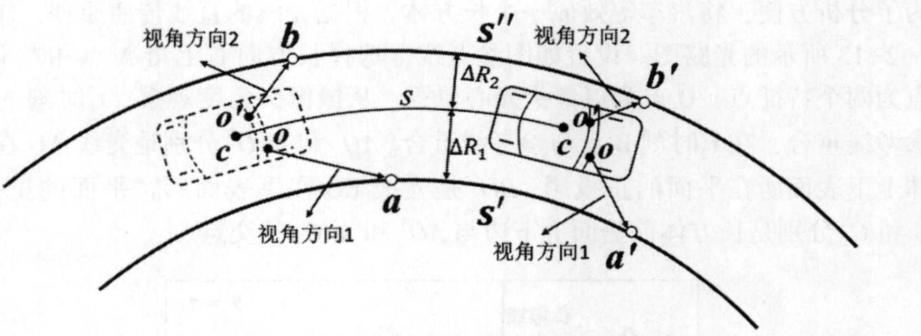

图 7-2-12　目标车辆沿曲线运动示意图

如图 7-2-12 所示，假设目标车辆在曲线行驶时，从视角方向 1 观察，选择道路内径上的两个参考点 a 和 a' 作为两参照物，两点之间的间距为 s'，道路内径所对应的半径为 R_1。c 为目标车辆的质心（或几何中心），目标车辆 O 点先后与 a 点、a' 点重合，质心 C 行驶的距离为 S，所用的时间为 T，质心路面投影点与道路内侧垂直距离为 ΔR_1。根据几何关系及圆周运动规律，可以求出目标车辆沿曲线行驶时的角速度：

$$\omega = \frac{S}{(R_1 + \Delta R_1)T} = \frac{S'}{R_1 T}$$

根据上式可得：

$$S = S'\left(1 + \frac{\Delta R_1}{R_1}\right)$$

因此，目标车辆质心的行驶速度：

$$v = \frac{S}{T} = (1 + \frac{\Delta R_1}{R_1})\ S'/T$$

在实际视频鉴定中，道路半径 R_1 及质心投影点与道路边缘间距 ΔR_1，相对比较容易测量取得，因此可以利用两个参数对目标车辆速度进行修正。以上是以道路内侧参照物为例（如图 7-2-9 所示），以道路外边缘的特征点为例，同样方法可以推导出目标车辆质心的行驶速度：

$$v = \frac{S}{T} = \left(1 - \frac{\Delta R_2}{R_2}\right) S''/T$$

式中：S''——道路外径参照物 b 和 b' 之间距离；

R_2——道路外侧半径；

ΔR_2——质心路面投影点与道路外侧垂直距离。

（四）目标车辆特征点连线与行驶速度方向不平行误差的处理

因目标车辆特征点连线与行驶速度方向不平行引起的误差是比较常见的，为了分析方便，将汽车等效成一个长方体，根据光线的直线传播原理，作如图 7-2-13 所示的光路图。设置如图参考线，选择长方向右上角 A 点和左下角 B 点为两个特征点，O 点为摄像头光心位置。从摄像头角度观察，t_1 时刻 A 点与参考线重合，在 t_2 时刻 B 点与参考线重合。AO' 和 $A'O''$ 分别是光线 AO 在正方体上下表面所在平面的正投影，BO' 是光线 BO 在下表面所在平面的正投影。C 和 C' 分别是长方体前侧面上下边与 AO' 和 $A'O''$ 的交点。

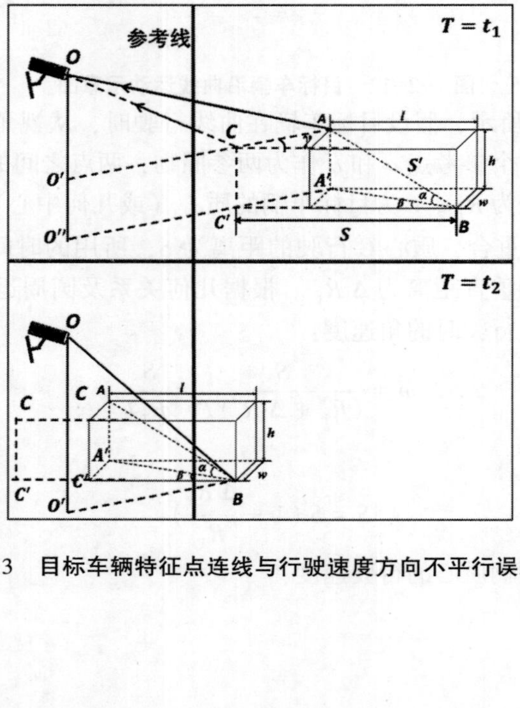

图 7-2-13　目标车辆特征点连线与行驶速度方向不平行误差示意图

从 t_1 时刻到 t_2 时刻，相当于长方体向左行驶距离为 S，但在计算过程中是以 A、B 两个特征点的长度 S' 进行计算。由几何关系可知：

$$S = S' \times \cos\alpha(\cos\beta + \sin\beta \times \cot\gamma)$$

α 是 AB 连线与下底面的夹角，相当于车身两特征点连线与路面的夹角；β 是 AB 连线与前侧面的夹角，相当于车身两特征点连线与车辆侧面的夹角；γ 是摄像头拍摄角与长方体行驶速度方向的夹角，相当于摄像头拍摄角与汽车行驶速度方向的夹角。上式中目标车辆行驶方向是朝向摄像头推导出修正公式，如果目标车辆是驶离摄像头的公式则为：

$$S = S' \times \cos\alpha(\cos\beta - \sin\beta \times \cot\gamma)$$

在实践中，如果选取的特征点连线与速度方向有一定的夹角，在测算出目标车辆行驶距离时，根据具体情况，按上面两个式子进行修正。

（五）DLT 法目标车辆行行驶距离的测算误差修正方法

如图 7-2-6 所示，假设点 p_s、p_e、p_s'、p_e' 在 xoy 坐标系中的对应坐标分别为（x_1，y_1）、(x_2，y_2)、(x_1'，y_1')、(x_2'，y_2')。为了方便分析将三维图像分别投影到 xoz 和 yoz 平面上，根据几何关系可知：

$$s = |p_s p_e| = \sqrt{(x_1 - x_2)^2 + (y_1 - y_2)^2} \qquad (7-2-1)$$

$$s' = |p_s' p_e'| = \sqrt{[(x_1 + \Delta x_1) - (x_2 + \Delta x_2)]^2 + (y_1 + \Delta y_1) - (y_2 + \Delta y_2)]^2} \qquad (7-2-2)$$

假设摄像头光心距离地面的高度为 H，杆子的高度为 h，则：

$$\Delta x_1 = \frac{h x_1}{H - h};\ \Delta x_2 = \frac{h x_2}{H - h};\ \Delta y_1 = \frac{h y_1}{H - h};\ \Delta y_2 = \frac{h y_2}{H - h}$$

结合式（7-2-1）、式（7-2-2）可知：

$$s' = \frac{H}{H - h} s \qquad (7-2-3)$$

令修正系数：

$$k = \frac{H}{H - h}$$

由式（7-2-3）可知，选取杆子上下两个不同端点为特征点时，车辆实际行驶速度 v 与 DLT 测算车速 v' 满足关系：

$$v = \frac{v'}{k} \qquad (7-2-4)$$

当摄像头是固定，系数 k 大小取决于特征点离地面的高度 h 大小。

由于在摄像机标定时坐标测量误差、摄像机畸变、计算时数值近似等因素引起的误差，用相对误差 ε 表示，这种误差会对所有测算车速造成单向的影响，可以视为系统误差。在实验数据处理时可以使用该相对误差值对测算车速进行补偿，提高精度。综合以上公式，得到下式的误差修正模型表达式：

$$v_{修} = \frac{v}{1+\varepsilon} = \frac{H}{H-h} \cdot \frac{v'}{1+\varepsilon} \qquad (7-2-5)$$

除了以上减少误差的方法外，在实践中尽量选取车辆行驶过的区域在监控视频摄像头附近的画面，即视频图像明视范围，这时画面中的目标在车辆行驶过程中，单位时间间隔内位置变化明显，便于观察分析和提高测算的精度。

第八章　交通事故仿真再现

随着汽车行业的快速发展，以及计算机技术的不断进步，自20世纪80年代开始，越来越多的国家将计算机技术应用于汽车交通事故中，并相应地开发了交通事故再现软件，用于汽车碰撞交通事故再现和辅助汽车交通安全研究。当前比较成熟的交通事故再现软件有：美国道路交通安全局NHTSA（National Highway TrafficSafety Administration）资助研究出的SMAC、CRASH、HVOSM交通事故再现软件；美国Livermore软件技术公司LSTC开发的LS-DYNA3D以及法国ESI公司的PAM-CRASH交通事故再现软件；荷兰TNO开发的基于多刚体系统动力学理论建模交通事故再现软件——MADYMO，奥地利刑事研究所开发的PC- Crash车辆碰撞模拟软件。其中PC-Crash的功能很强大，在奥地利、德国、法国等西欧国家以及美国、日本、新加坡等国已被广泛接受并迅速推广，成为上述国家交通管理机关的必备交通事故分析软件。

第一节　PC-Crash 功能概述

一、PC-Crash 简介

图8-1-1　PC-Crash Version11.0

PC-Crash 仿真再现软件开发的核心算法是运动学理论、动力学理论、碰撞动量守恒定律和动力矩守恒定律等模型，可以实现汽车间碰撞、汽车与行人碰撞、汽车与摩托车碰撞、汽车与自行车碰撞、翻车事故、碰撞固定物、坠车等常见形态的仿真再现，并用三维透视图实现对事故发生的整个过程动态演示效果，同时以数值或图表的形式输出交通事故发生过程的车辆和行人的运动学参数、碰撞力学参数以及人体各部位（头、躯干、臀等）在事故中碰撞冲击等参数。该软件包含两大部分：PC-Rect 和 PC-Crash，前者可将现场拍摄所得图片转换成分析系统所需的 DXF 文件，后者为事故再现模拟动态分析，图 8-1-1是 PC-Crash11.0 版本启动界面。

PC-Crash 再现交通事故的基本原理是根据交通现场勘查及事故调查，构建交通事故现场场景，导入车辆和人体等模型，并设定模型的参数和初始运动状态，对交通事故发生过程进行模拟演示，将演示结果与实际交通事故进行比较，分析是否存在差异并判断存在差异可能的原因，从而进一步调整模型的参数和初始运动状态，直至演示结果与实际事故高度吻合。此时导入模型的参数和初始运动状态，可认为是事故发生的模型的参数和初始运动状态，PC-Crash 交通事故仿真流程如图 8-1-2 所示。

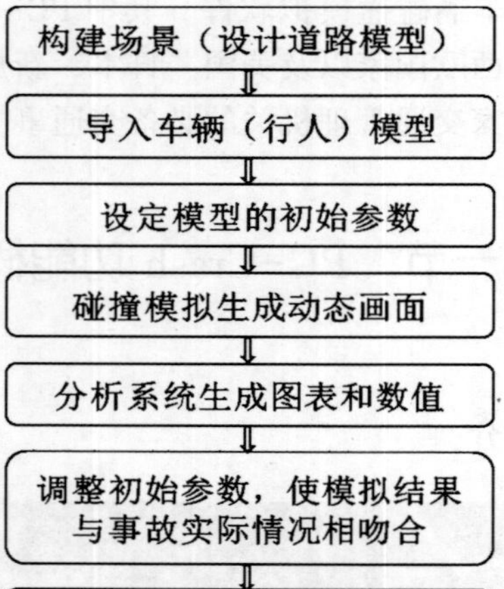

图 8-1-2　交通事故仿真流程

本书以 PC-Crash11.0 版本（中文）为例，对软件的界面组成、常用菜单命令的使用并以具体交通事故形态仿真再现方法，对常见类型交通事故仿真再现的操作流程、软件的基本功能进行介绍。

二、PC-Crash11.0 工作界面认识

如图 8-1-3 所示，PC-Crash11.0 工作界面和当前主流的 Windows 应用程序非常相似，在界面上部有标题栏、快速访问工具栏、菜单栏、功能区，还可根据操作需要添加浮动工具栏，如常用浏览器工具栏和运动工具栏。中间区域是软件的仿真再现工作区域，在该区域可寻构建道路环境、车辆和多刚体模型，实现对各种形态交通事故仿真再现。界面下方是状态栏，主要显示当前鼠标的坐标值、当前的画面比例和工作区的附着系数值等，还可以对整个工作区域进行放大或缩小。

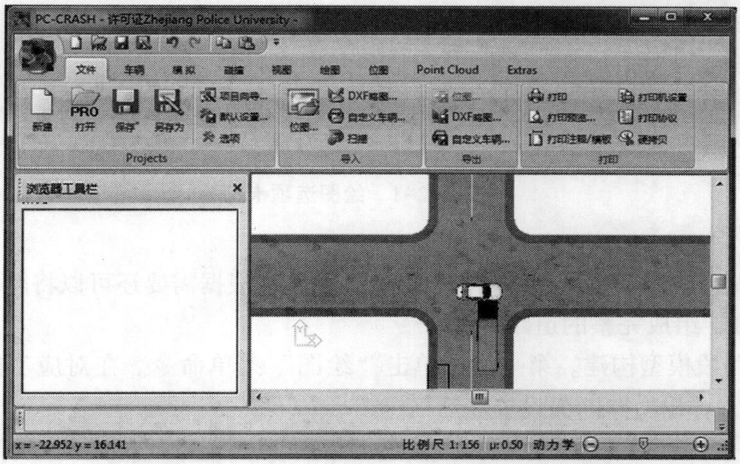

图 8-1-3　PC-Crash 工作界面

关于工作界面的具体命令组成及操作方法，本书因篇幅关系不展开介绍。

第二节　PC-Crash 基本操作

道路和车辆是交通事故中的两个最基本的元素，是创建道路模型和车辆模型仿真交通事故的基础。PC-Crash 能灵活方便地构建各种道路模型，并对道路的长度、宽度、车道数、摩擦系数、线形、道路上的交通标线类型及颜色等属性进行设置。系统车型库中提供了常见国外品牌的车辆模型，还可以根据交通事故中车辆特点，对车的长度、宽度、高度、轴数、轴距、轮距、载重及重心等技术参数进行设置。通过对车辆驾驶动态设置，改变车辆模型初始位置、初速度，控制车辆的运动状态，如直线运动、曲线运动、制动、加减速等不同的

运动状态，设置制动时的反应时间等。PC-Crash 能将运动学参数、动力学参数及能量转换参数以文本或图像形式输出，方便用户对仿真结果进行分析和评价。

一、道路模型的构建

在 PC-Crash11.0 中，关于道路模型构建的命令汇集在绘图选项卡内（如图 8-2-1 所示）。在绘图选项卡有路段、路口生成命令，点、线、面、文本框等基本图形绘图命令，以及对图形的编辑命令。绘图命令、图形编辑命令使用方法与一般的应用软件方法相似，本节重点介绍道路模型的构建方法。

图 8-2-1　绘图选项卡

（一）基本道路模型构建

基本的道路模型包括路段和路口两种模型，根据需要还可以将路段与路口进行连接，组成完整的道路模型。

1. 路段模型构建。第一步，单击“绘图”菜单命令。在对应功能区单击按钮，弹出道路断面设置对话框。

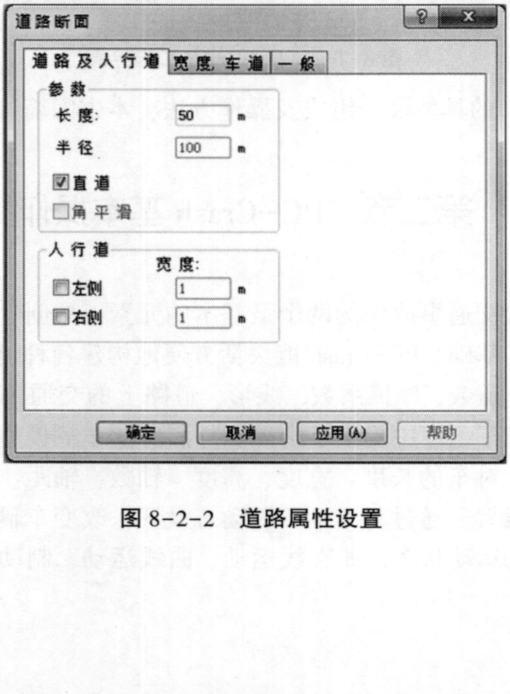

图 8-2-2　道路属性设置

通过该对话框可以对道路的线形、长度、半径、人行道、车道数、颜色、交通标线特征等道路参数进行设定。在图 8-2-2 对话框选择直道复选框，点击确定以后在工作区生成一条图 8-2-3 直道模型。

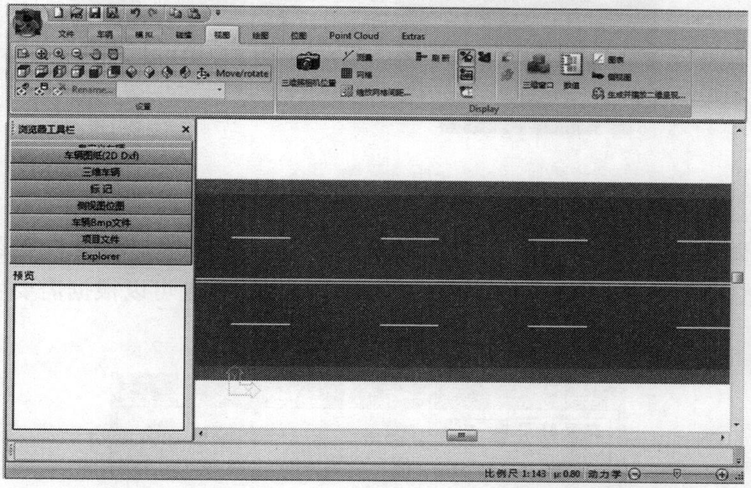

图 8-2-3　道路模型

如果没有选中“直道”复选框，生成的则是一条弯道（平曲线道路），弯道半径可以在弹出对话中设置。

第二步，修改道路模型参数。要对道路模型参数进行修改，可以直接双击需要修改的对象，也可在选中需要修改对象后双击，则弹出 8-2-2 对话框，根据需要对道路属性进行修改。选中道路有三种方法：一是直接点取方式，通过鼠标单击被选对象；二是采用框选法，通过按住鼠标左键拖动鼠标框选图形，注意从左往右选的话必须使这个区域从头到尾包含才能选中，从右往左选只要碰到就可以了。

第三步，道路模型编辑。在选中道路模型的前提下，可以对道路模型进行移动、旋转、复制、删除等操作，还可以根据实际道路环境需要，施画交通标线、标记点及图形符号等。如人行横道的绘制方法：单击“矩形”命令，在已有的道路模型上绘成长方形，通过修改长方形的颜色、宽度和高度，可以形成一条人行横道线，然后单击“矩形阵列”命令，在状态栏通过键盘输入阵列的“行数、列数和列间距”，生成如图 7-2-4 所示人行横道。

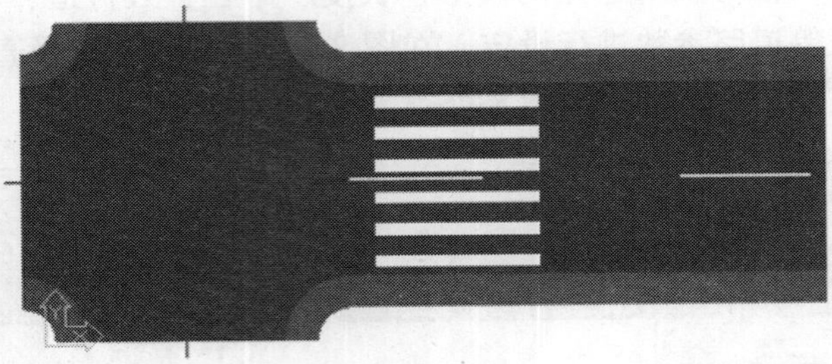

图 8-2-4　人道横道绘制示例

2. 交叉路口模型。点击工具栏命令，弹出交叉路口属性设置窗口对话框（如图 8-2-5 所示）。如果选中环形路口复选框，则可以根据需要生成环形路口。

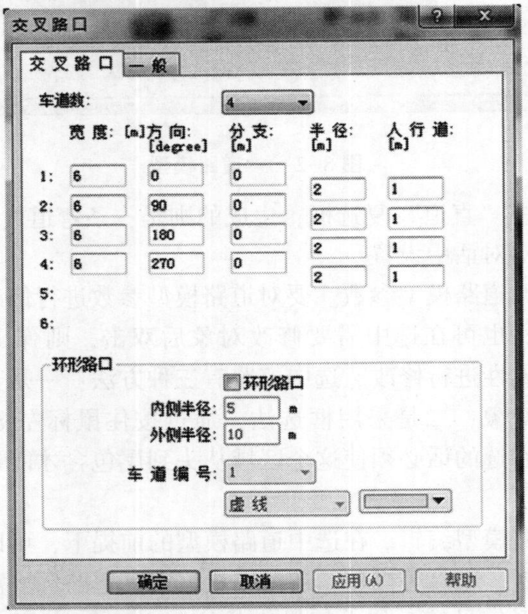

图 8-2-5　交叉路口属性设置

在对话框内可以对路口叉道数、转角半径、相邻叉道角度、人行道、车道数、道路颜色等属性参数设置。图 8-2-6 为生成的一个东西双向四车道、南北双向两车道的十字交叉路口。

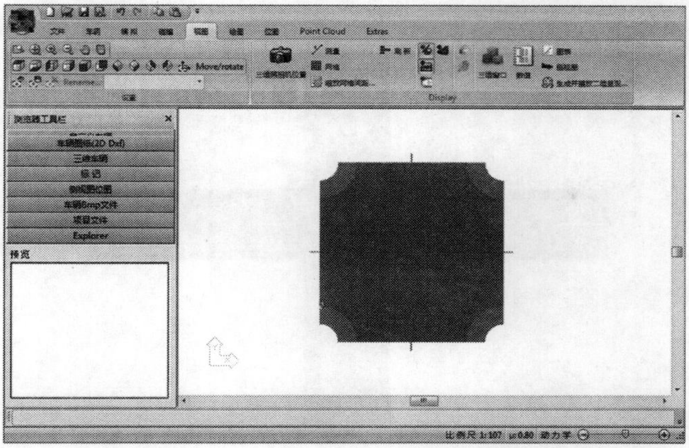

图 8-2-6　十字交叉路口

对交叉路口模型同样也可以进行编辑，操作方法和路段一致。

3. 直道与交叉路口的连接。为了建立一个十字交叉路口模型，第一步先导入交叉路口模型到工作区，第二步导入一条普通公路模型。选中刚导入的道路模型进行移动操作，让交叉路口模型与普通道路模型中心线靠近，此时松开鼠标左键，两个模型就会自动组合在一起，且能够按一定的角度进行自动旋转对接（如图 8-2-7 所示）。

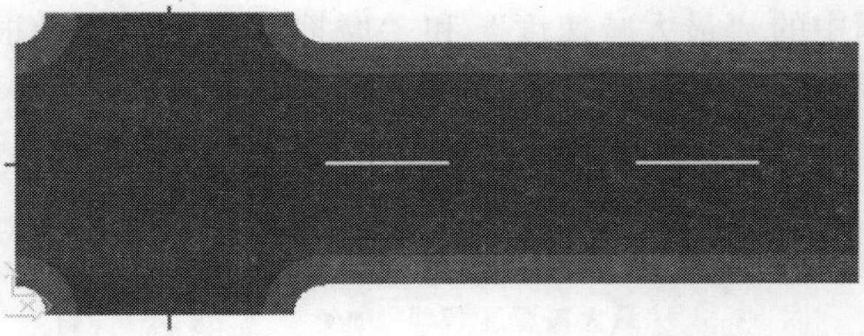

图 8-2-7　路口与路段连接

重复第二步，就可以导入更多的道路模型，形成一个标准的十字路口模型（如图 8-2-8 所示）。

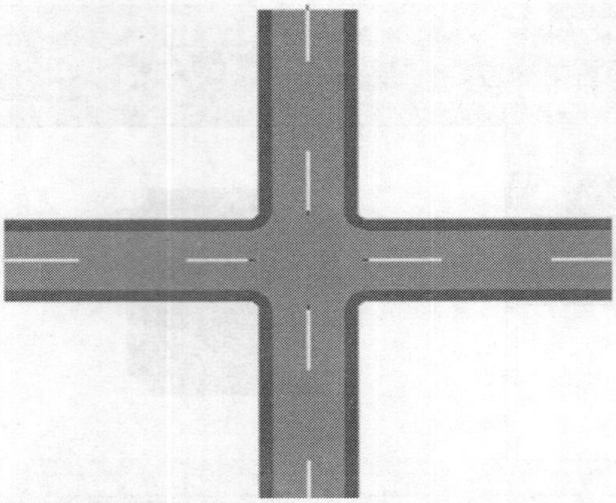

图 8-2-8　十字路口模型

（二）道路场景修饰

道路模型除了可以进行简单编辑操作以外，还可修改道路的附着系数、坡度，增加各种道路交通安全设施、交通标志、绿化带等操作。

1. 附着系数设定。道路附着系数设定有两种操作方法，一是工作区整体附着系数的设定，二是道路局部区域附着系数设定。

（1）工作区整体附着系数设定。双击工作界面下方附着系数显示框，弹出如图 8-2-9 所示的对话框，在对话框内“摩擦系数”框中输入道路的附着系数值。对话框中的“最大减速度”和“摩擦系数”系统会根据“$a = \mu g$”关系自动换算调整。

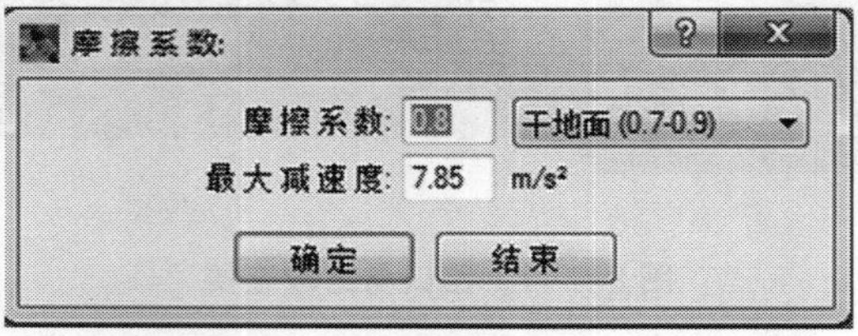

图 8-2-9　摩擦系数设置

（2）道路局部区域附着系数设定。选择“模拟”菜单命令功能区的“摩擦”功能选项卡（如图 8-2-10 所示）。

第一步，设定区域。点击工具定义摩擦系数工具栏中图标，在工作区内画出一块区域（与画任意多边形方法相同）。

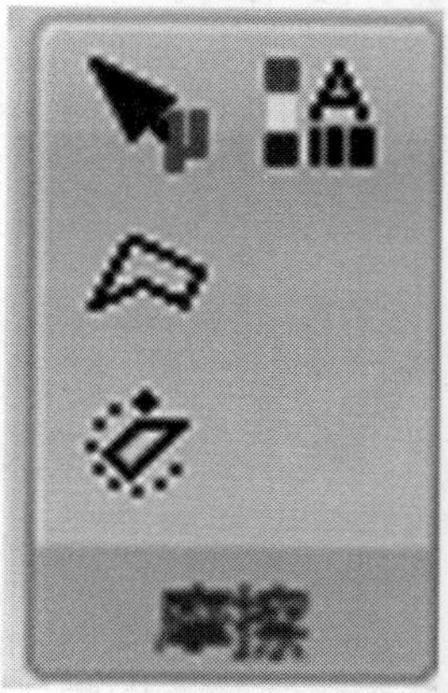

图 8-2-10　道路附着系数设定命令

第二步，选择和移动区域。点击图标后，将指针停留在区域的边线上单击鼠标左键，此时就可以选择要设定的区域（每个角呈现方形小黑点），按住鼠标左键不放，可以将区域拖动到指定的位置。

第三步，旋转区域。选择区域后，点击图标，此时在区域内出现一个黑点，此黑点是旋转轴心所在位置，也可用鼠标进行拖移黑点到工作区的任何位置。此时只要按住鼠标左键，在工作区内移动，区域也跟随着转动。

第四步，设定区域数值。将鼠标移到区域内，双击鼠标左键后，出现摩擦系数设置窗口对话框（如图 8-2-9 所示）。

第五步，设置区域外观。选择区域后，点击图标，弹出如图 8-2-11 窗口对话框，通过此对话框可以对区域边框和内部填充项进行相应的设置。

图 8-2-11　设置区域外观

2. 设定区域坡度。设定命令集中在图 8-2-12 所示的“倾斜多边形”功能选项卡上。该操作与摩擦系数设定方法类似，读者可以自行操作，但建议对道路纵向坡度和横向坡度（超高）设置，采用系统提供 3D 道路模型功能。关于 3D 道路模型的操作将在后面介绍。

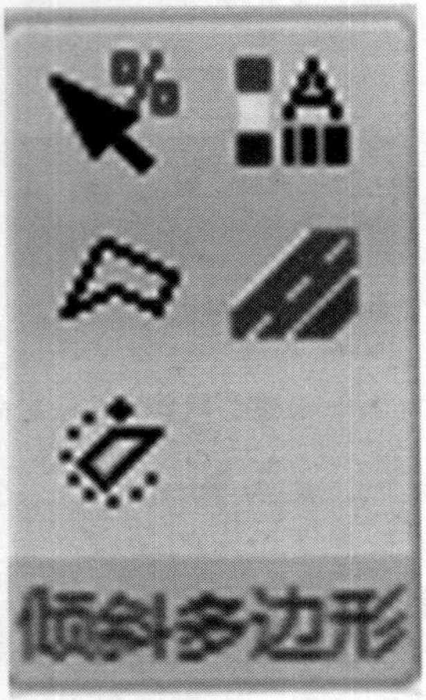

图 8-2-12　道路坡度设定命令

3. 道路交通安全设置。PC-Crash 提供了交通标志、交通信号灯、护栏、树林、绿化带、照明等交通安全设施模型，还可增加房屋、动物和其他相关实物。增加交通安全设施有以下两种方式（以护栏设施为例）。

(1) 直接导入法。

第一步，在浏览器工具栏中，选择“三维车辆”下拉菜单命令。

第二步，选择下拉菜单中的“DirectX/Mics/guardrail”目录，在目录中选择需要的护栏模型，如选择“center/leitsch_ 6mr. enc”，在预览窗口中可以看到相应的护栏效果图（如图 8-2-13 所示）。

图 8-2-13　浏览器

第三步，将“leitsch_6mr.enc”图标直拖移到工作栏，这时在二维窗口和三维窗口下可以看到护栏模型（如图 8-2-14 所示）。

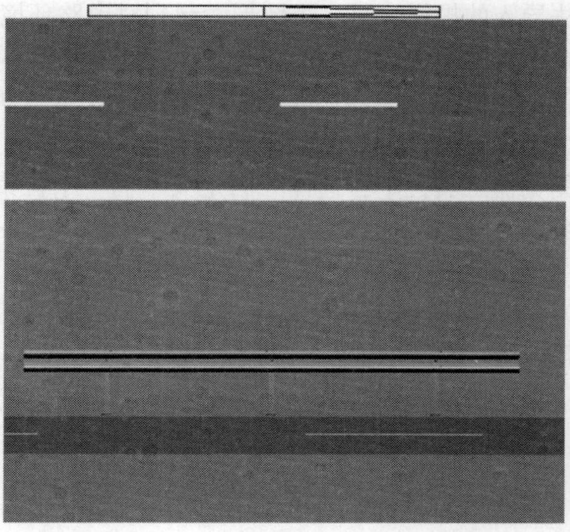

图 8-2-14　道路护栏模型

第四步，修改护栏参数，在二维窗口中选中并双击护栏图标，弹出图 8-2-15所示对象属性对话框。可以对护栏的颜色、位置、及外观尺寸进行修改。如需要修改护栏高度，可以通过调整“放大系数 Y”的值。

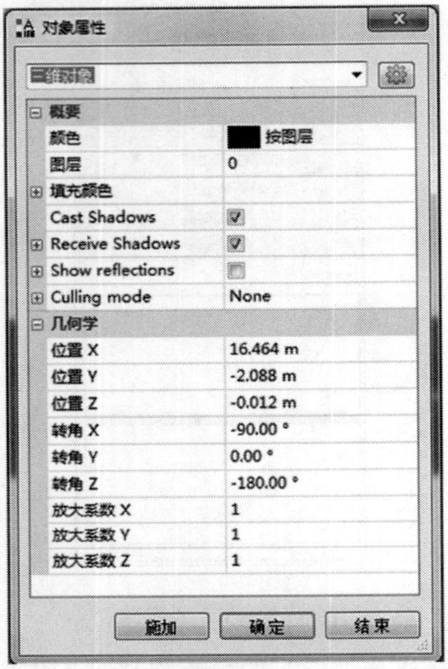

图 8-2-15　对象属性对话框

通过以上方法导入的护栏只是一个图形，起到对道路环境美化的效果，但是这种模型在模拟仿真时不参与实际的碰撞过程，即不是实体。

（2）间接导入法。间接导入法，是指首先在界面上导入护栏的刚体模型，然后对模型进行渲染，提高视觉效果。

第一步，在浏览器工具栏中，选择“自定义车辆”下拉菜单命令。

第二步，选择下拉菜单中的“Multibody/Objects/Roadside Barrier”目录，在目录中选择需要的一种护栏模型，如选择“db65s _ 6m. dat”，将 db65S_6m.dat图标直接拖移到工作区，在二维窗口和三维窗口中生成三维护栏刚体模型（如图 8-2-16 所示）。

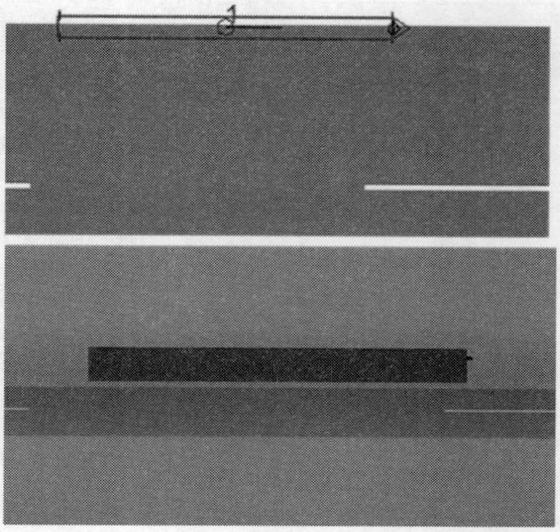

图 8-2-16　护栏刚体模型

第三步，护栏模型的移动和旋转。选择“车辆”菜单栏（如图 8-2-17 所示），在功能区单击“移动/旋转车辆”命令，将鼠标移向模型，此时鼠标由箭头形状变成吊车形状。当鼠标在模型以内范围，可以移动模型；当鼠标在模型周边，可以对刚体进行旋转。

图 8-2-17

第四步，刚体模型参数修改。在车辆功能区选择“车辆设置…”命令，或者在工作区单击鼠标右键，在弹出图 8-2-18 的快捷菜单后，选择“车辆设置…”命令后弹出“车辆数据”对话框。

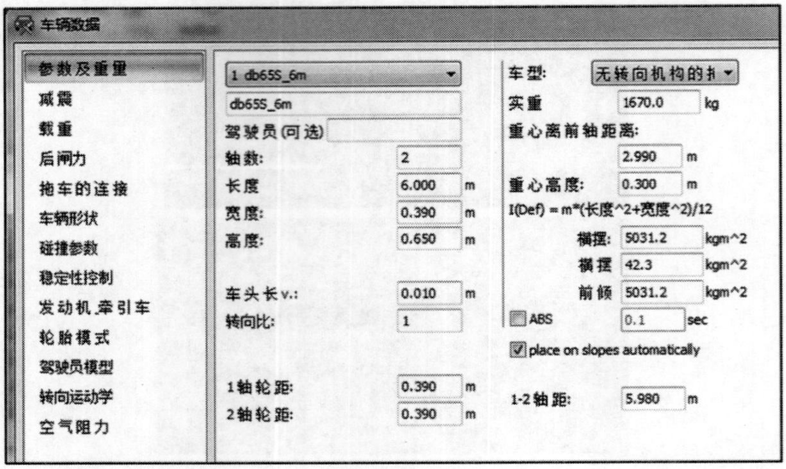

图 8-2-18　车辆数据设置对话框

PC-Crash 将大部分刚体模型参数修改和汽车模型参数修改内容一样，但在操作过程中可以根据需要修改部分参数，如护栏主要由外观尺寸长、宽、高参数、质量及碰撞参数的修改。

第五步，护栏的连接。重复上述操作，可以向工作区继续添加护栏模型(不能直接复制)，此时护栏模型是一个独立整体，在受到车辆碰撞后相互之间没有力的作用。实际的道路护栏在受到碰撞时相互之间有力的作用，从而来抵挡碰撞，因此需要将护栏进行连接。在图 8-2-18 车辆数据设置对话框中选择“拖车的连接”选项，出现图 8-2-19 的对话框，系统将需要连接的两段护栏分别看成引车和拖车，可以在“汽车”和“拖车”下拉框中选择需要转接的护栏代码，完成两段护栏的连接。这种方法也同样适用后面所说汽车刚体模型的牵引车与挂车之间的连接。

第六步，护栏外观模型渲染。通过以上操作，在工作区内的护栏形状是一个长方体，而且颜色不同，此时可以实体模型参与碰撞，但外观效果较差。可以通过 3D 模型渲染，增强视觉效果。方法是将直接导入法第三步中的图标拖到护栏模型内，然后松开鼠标，系统地完成对护栏模型的渲染工作，此时道路护栏模型与图 8-2-14 道路护栏模型相同。

上文以护栏模型为例，介绍了添加道路交通设施的基本方法，这些方法同样适用于其他道路交通设施模型的添加。

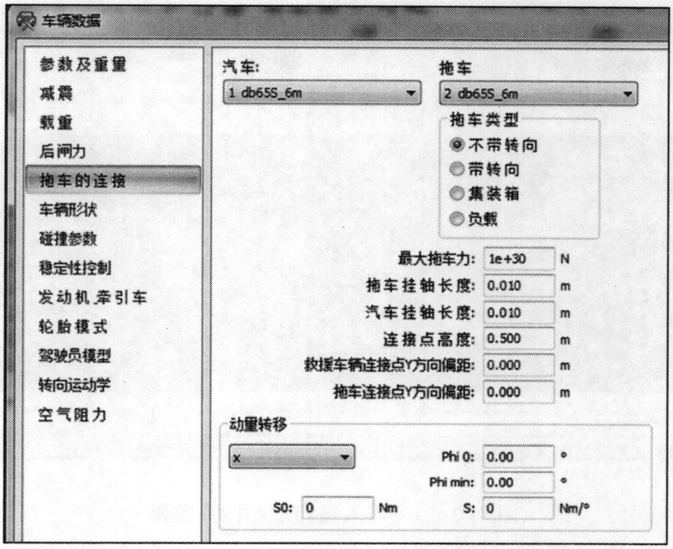

图 8-2-19　拖车连接对话框

（三）道路模型直接导入法

通过绘图工具可以导入模型，但需要对道路参数及道路环境进行人工设置，而且效果与真实的事故现场很难做到一致，影响仿真再现的效果。也可直接导入无人机航拍图片，这样可以既简单方便，又能和真实事故现场一致。

第一步，图片导入。选择菜单“位图”功能区（如图 8-2-20 所示），选择“位图”命令，在弹出对话框中选择需要的道路图片。

图 8-2-20　位图功能区

图片导入还可以直接拖移的形式，直接将需要的图片导入工作区内，形成图 8-2-21 所示的效果图。

图 8-2-21　导入道路航拍图片效果

第二步，设定道路比例尺。导入道路图片后需要对工作区的比例尺重新设定，在图 8-2-18“位图”功能区选择缩放位图命令，此时鼠标形状由箭头变成“十”形状。选择图片中已知间距的两个特征点，将鼠标从一个特征点拖移到另一个特征点，松开鼠标后，弹出图 8-2-22 所示“缩放位图”对话框，在文本框中输入两点的实际间距，点击确定后系统自动设定放大比例，此时其他模型和道路模型大小比例就一致了。

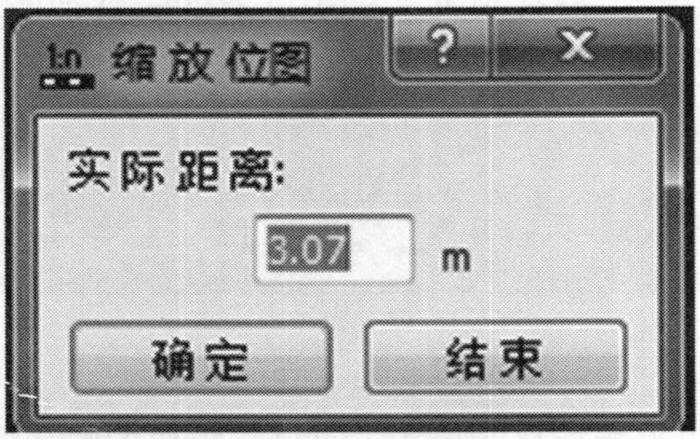

图 8-2-22　缩放位图对话框

在 PC-Crash 软件中，直接导入道路图片在场景中也是起到修饰和美化作用，对系统交通事故再现不产生直接影响。在实践中也可以将标准的事故现场图导入到工作区中，以现场图作为道路模型。如果没有建立道路模型，整个工作区就相当于道路，在工作内设定区域可以直接设定附着系数或坡度。只要车辆行经设定区域，设定的值就可以产生作用。

（四）三维道路模型的构建

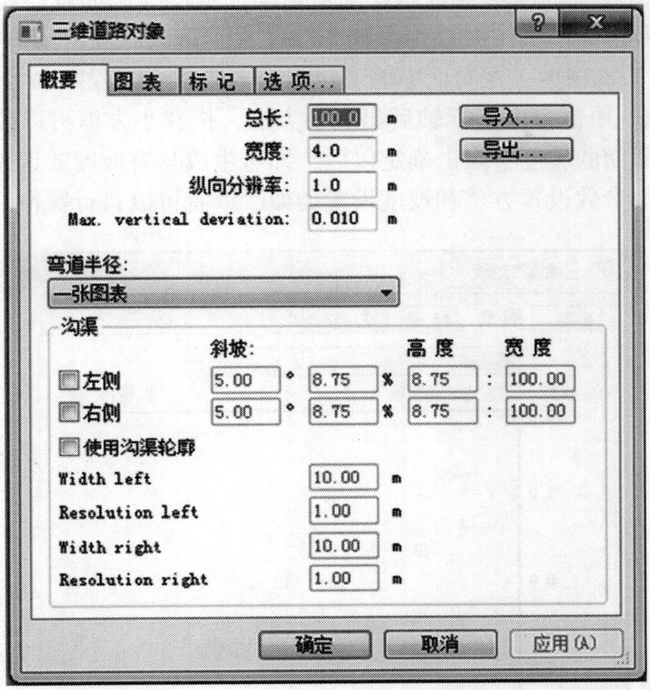

图 8-2-23　三维道路对象对话框

以上建立的道路模型是一种平面的道路模型，虽然可以设置坡度，但仿真视觉效果较差。为了提高在坡面的交通事故或坠车、翻车交通事故的仿真再现效果，可以使用三维道路模型。

第一步，选择“模拟菜单”功能区的“倾斜多边形”的生成三维道路对象图标“”，弹出图 8-2-23 所示“三维道路对象”对话框。该对话框中提供了“概要”，即主要提供了道路的长度、宽度、道路两侧沟渠参数设置，道路分辨率等设置功能。“图表”功能可以三维道路的平曲线和竖曲线进行设置。“标记”、“选项”两个选项卡使用方法和普通道路绘图功能相同，使用比较简单，读者可以自行操作学习。

第二步，三维道路的线形设计。在第一步导入的三维道路是一条水平直道，通过“图表”选项功能可以设置道路纵向坡度、平曲线、超高值、道路横截面形状及道路两侧沟渠外观参数。以设置道路纵向坡度为例，选择图 8-2-23“图表”选项卡，在对话中的下拉列表中选择“高程”命令，弹出图 8-2-24 对话框。单击横向坐标轴后出现小方框，拖移小方框可以改变对应位置的道路纵向截面的坡度，点击确定以后，即可生成具有坡度的道路模型。关于三维道路其他参数设置方法和坡度设置类似，读者可以自行操作。

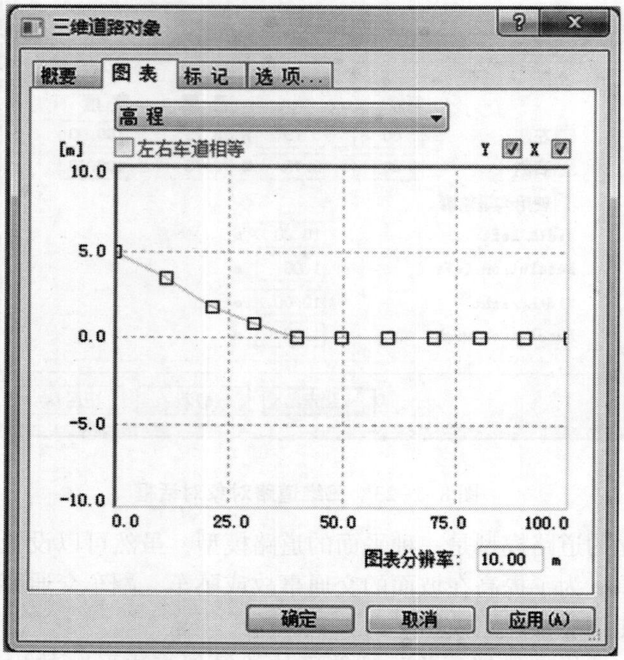

图 8-2-24　坡度设计道路模型

二、汽车模型创建及参数设置

车辆模型是仿真再现中最为重要的模型，导入车辆模型的操作方法与前面道路交通设施刚体模型类似。

（一）车辆模型导入

单击“车辆”菜单功能区，选择图标命令，弹出图 8-2-25“汽车库”对话框，根据需要分别在“数据库”和“类型”下拉列表中选中所需要的汽车模型。在对话框中显示的系统汽车库提供的车辆模型，车辆数据库对话框包含一个下拉框，在列表框显示的汽车制造年份和公司，有常见欧美和日本不同年代的品牌和型号车型。重复前面操作，可以导入更多的车辆模型，也可以通过选择“车辆”菜单功能区的“车辆管理”选项卡，出现图 8-2-26 对话框，从而实现对车辆编号的对调、车辆复制、车辆删除、车辆名称、驾驶员等设置操作。

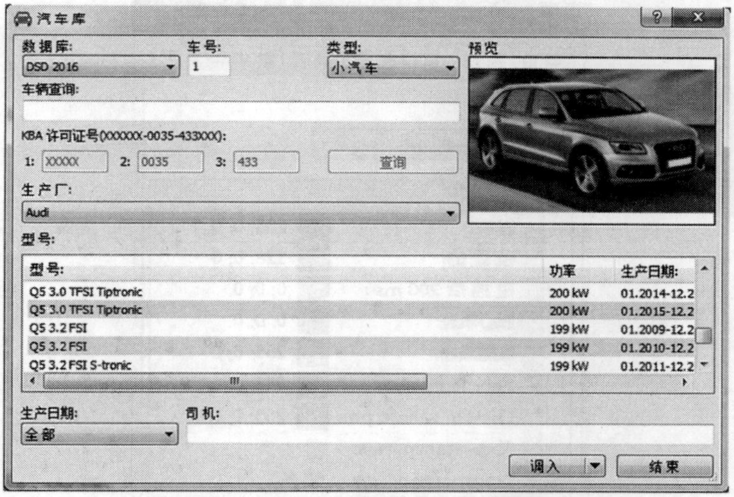

图 8-2-25　汽车库对话框

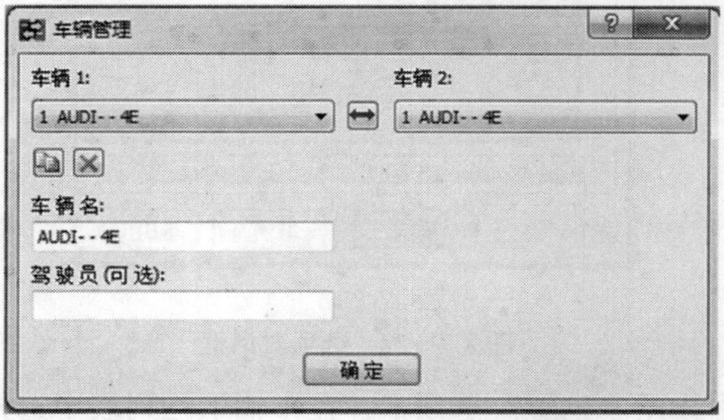

图 8-2-26　车辆管理对话框

车辆的移动和旋转与前面介绍的护栏模型操作一样，此处不再重复。

（二）车辆参数修改

车辆模型外观尺寸、重量、载重、轴距、重心位置等参数可以根据仿真需要实行调整，实现车辆模型灵活设置，解决因事故车辆类型在系统中没有提供的缺陷。关于车辆参数设置，读者参考前面介绍道路设施刚体模型参数设置方法，此处不再重复。

刚导入的车辆颜色是系统默认的，每辆车的颜色都是不同的，在仿真时可以根据需要改变车身颜色。具体操作如下：在“视图”菜单功能区，单击“刷新”命令或在快捷菜单中选择“选项”命令，弹出图 8-2-27 对话框。

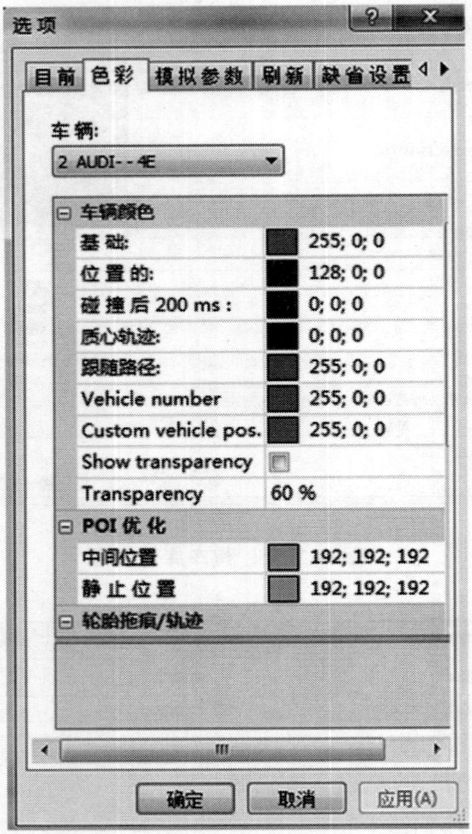

图 8-2-27　选项对话框

在对话框中选择“色彩”选项卡，在车辆下拦列表中选择需要调整颜色的车辆，可以对车辆车身在不同状态下的颜色、轮胎痕迹等进行设置。

（三）车辆状态设置

车辆行驶状态设置包括初始状态和行驶状态设置，初始状态常用的设置项有初始位置、初速度方向、重心位置设置，车辆行驶状态主要包括初速度、加（减）速度、反映响应时间、转向、演示距离及时间等项目。

1. 初始状态设置。选择“模拟”功能区，点击“车辆设置”命令，弹出如图 8-2-28 所示对话框。在弹出的对话框中根据需要设置相应的参数值。

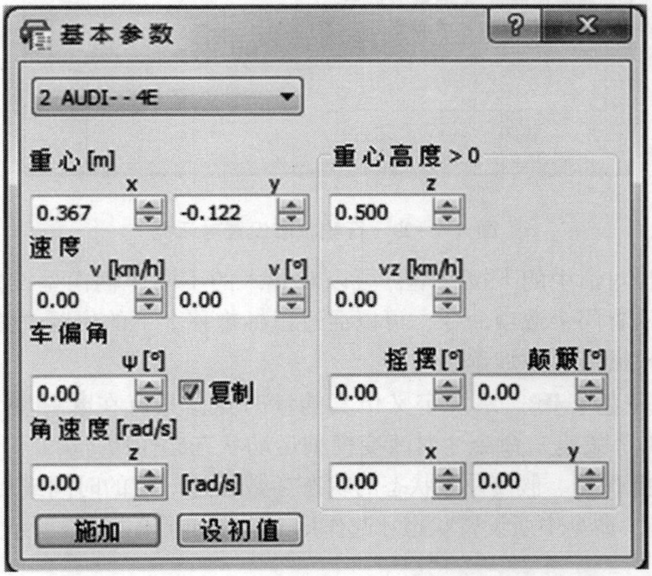

图 8-2-28　基本参数设置对话框

（1）重心——调整“X”、“Y”数值，可以指定模型的初始位置，当设“X=0、Y=0”时，汽车重心位于工作区中心位置。

（2）速度——设置模型的初始速度大小及 Y 轴方向夹角。

（3）车偏角——设置模型速度方向与 X 轴方向夹角，其中选中“拷贝”复选框时，X、Y 方向夹角同步改变，且大小相等。车偏角设置可以让车辆处于一种侧向滑动的效果。

（4）角速度——设置模型转向角速度，绕 Z 轴转动角速度。

当设置车辆离地重心高度大于 0 时，可以实现车辆翻车效果的模拟。

2. 行驶状态设置。选择“模拟”菜单功能区，单击“顺序…”命令或直接按“F6”键，弹出如图 8-2-29 所示对话框。

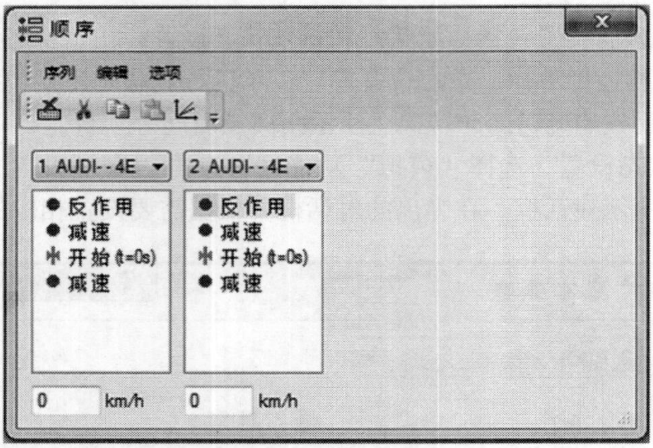

图 8-2-29 行驶状态设置对话框

通过选择对话中的下拉菜单，可以对导入的不同车辆模型设置驾驶状态。对话框内默认有四个选项命令，可以通过鼠标拖移上下的位置改变顺序，在演示中还可以根据需要添加选项命令。

（1）**开始 (t=0s)**。系统定义仿真的计时点，只有在**开始 (t=0s)**下方的“反作用”和“减速”命令才对改变模型运动状态起作用。

（2）**● 反作用**。假使设置状态的状态参数经过一定的时间或行驶一定的距离后，“减速”命令中所设置状态才起作用，弹出如图 8-2-30 所示窗口对话框。

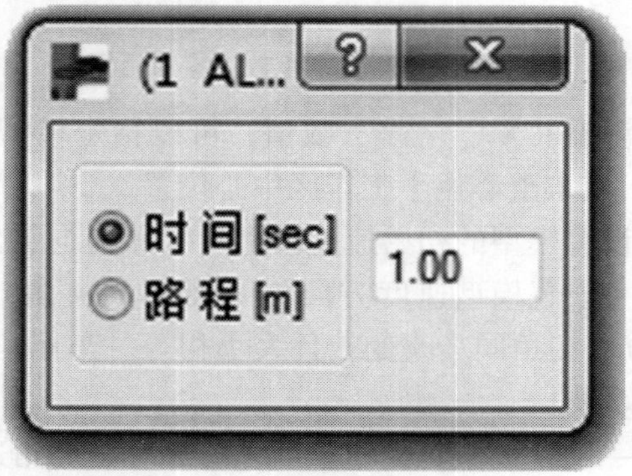

图 8-2-30 反作用设置

（3）**● 减速**。这是设置事故发生前车辆行驶状态的一个重要命令，可以设置车辆的“制动”、“加/减速”、“转向”及“侧滑”运动（如图 8-2-31 所示）。

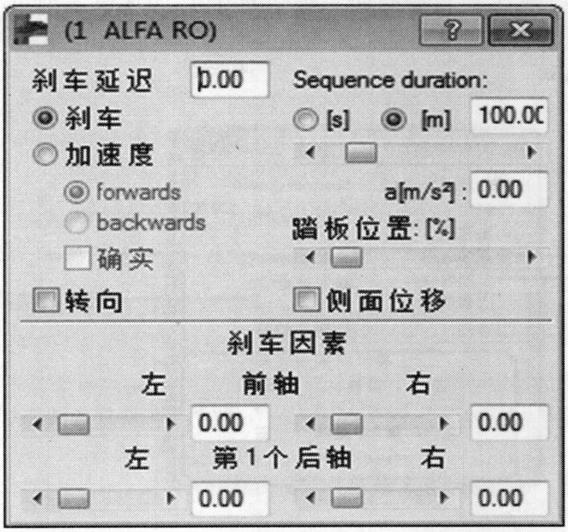

图 8-2-31　减速设置

制动状态：通过设置“刹车”选项相关参数，车辆实现不同制动行驶状态，各参数具体含义如图 8-2-32 所示窗口对话框。

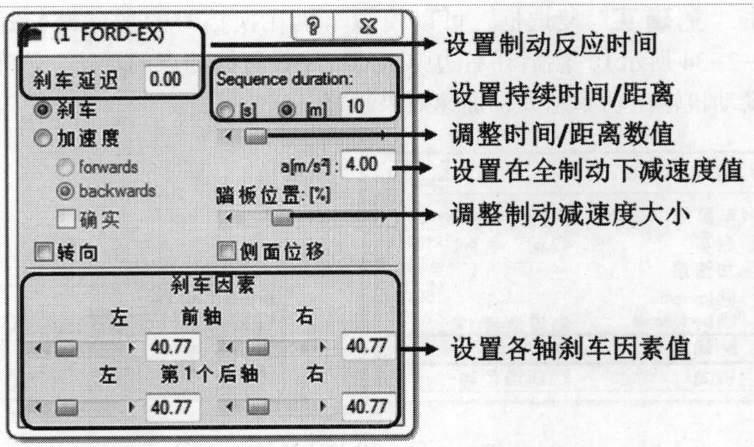

图 8-2-32　制动参数设置

通过对不同参数选项设置，可以对制动反应时间、汽车处于制动状态下的行驶时间或距离、全制动或部分制动时行驶状态。对一般的车辆模型而言，刹车因素值大于 80，刹车效果就可到达最佳状态。车辆处于最佳制动状态时减速度值与路面摩擦系数有关，即 $a=\mu g$ 。

“加速”或“减速”行驶状态：通过选中“加速度”（forward）选项，可以设置车辆的加速和减速行驶状态，各参数具体含义如图 8-2-33 所示窗口对话框。

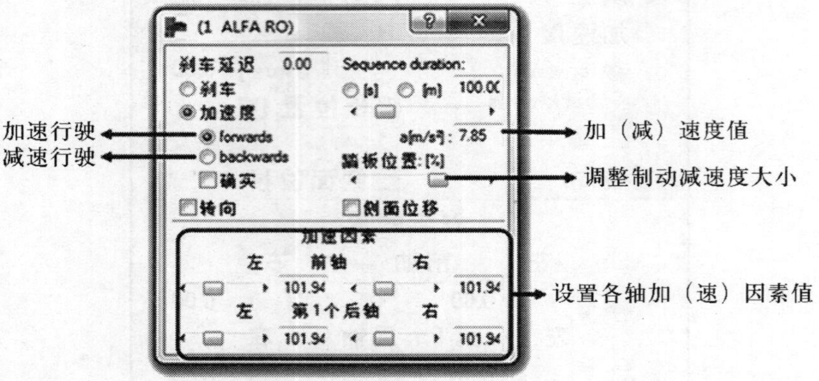

图 8-2-33　加/减速度设置

注意，此时命令面板中“刹车延迟”和“Sequence duration”作用和制动状态中一样。通过选中“减速度”（backward），可以实现车辆减速运动。最大加（减）速度受附着系数决定，大小也是 $a = \mu g$ 。

点击“☑确实”复选框，可以模拟车辆在换挡时的加（减）速度状态（如图 8-2-34 所示），然后在右边弹出的框中设置换挡点的转速，汽车的转速越高，发动机输出功率越大，加速效果越好。

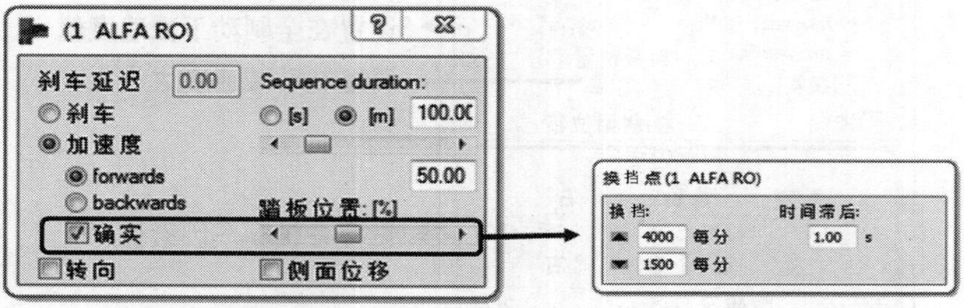

图 8-2-34　换挡点设置

点击“转向”选择框，弹出关于设置车辆转向的驾驶状态窗口对话框（如图 8-2-35 所示）。

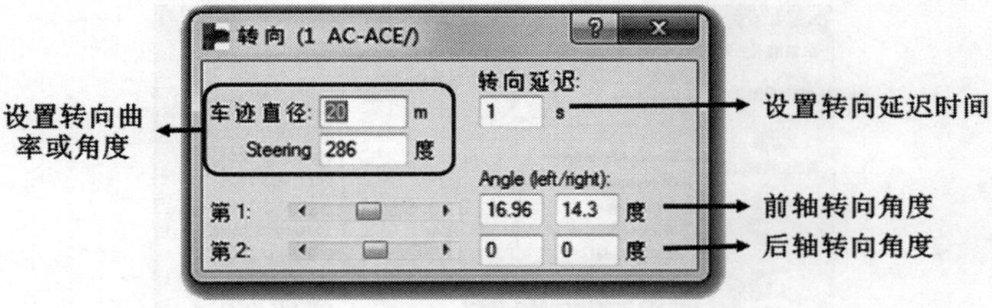

图 8-2-35　转向设置

可以设置车辆转弯直径、角度，也可以前后轴分别设置转向角度，实现车辆的转弯行驶效果、仿真侧滑和侧翻交通事故。

提示：“车迹直径”、“steering” 为 “+” 时，车辆向左转弯；为 “-” 时，车辆向右侧转弯。

选中☑**侧面位移**项，弹出图 8-2-36 所示窗口对话框，进行车辆侧向运动相关状态设置。

图 8-2-36　侧面位移设置

为了模拟车辆在事故发生过程中不同的制动状态，如刚开始驾驶员未全力制动，而后面全力制动，这需要对车辆制动状态进行分阶段的设置，将两个 “● **减速**” 项搬移到 “**开始 (t=0s)**” 下方，并分别设置。

三、其他模型导入和设置

PC-Crash 除了提供的车辆模型以外，还有自行车、摩托车、行人及乘客多刚体模型，满足实际交通事故的建模需要。导入上述模型方法有两种：一是点击 “文件” 菜单功能区，单击 “” 图标，在弹出对话中选择 “Multibody” 文件夹；二是在浏览器工具栏选择 “自定义车辆/Multibody” 命令，弹出如图 8-2-37 所示窗口对话框：

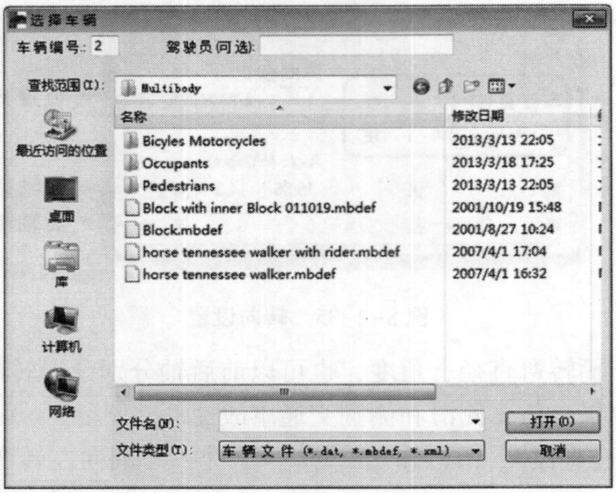

图 8-2-37　选择车辆窗口

文件夹“Bicyles Motorcyles”——提供摩托车和自行车模型；文件夹“Occupants”——提供车内乘客人体模型；文件夹“Pedestrians”——提供行人模型。用鼠标双击模型或选择所需要的模型，点击“打开”选项，模型就被导入工作区内。被导入的模型和汽车模型一样可以进行拖移、旋转及初始运动状态设定等操作，方法和汽车模型操作一样，不再重复说明。对模型参数调整可以按以下步骤进行，单击菜单栏“车辆”→“Multibody”出现图 8-2-38 人体属性设置窗口对话框。

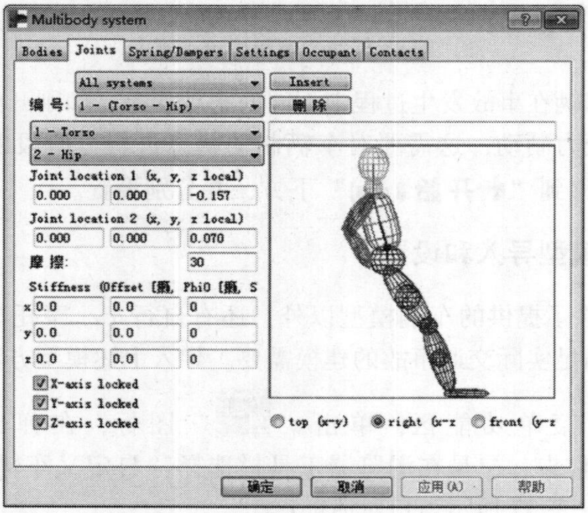

图 8-2-38　人体属性设置窗口

通过相关文本框数值的录入，可以进行调整人体模型、自行车模型和摩托车模型的参数。

注意：上述多刚体模型虽然可以设置初速度，但是在模拟时并不会发生运动，基本是在原地就倒向地面。因此，在模拟仿真时只能是从碰撞时刻开始，碰撞前的状态无法实现。而在仿真再现二轮摩托车时，如果需要演示碰撞前的行驶状态，可以使用前面介绍车辆模型。

四、三维效果和动画演示

三维窗口显示场景 PC-Crash 软件具有三维效果仿真显示功能，能将各种模型及事故发生过程中各种车辆、人体运动整个事故发生过程以三维动画形式显示出来（如图 8-2-39 所示）。

图 8-2-39　三维效果图

（1）三维窗口打开。第一种方法是在工作区点击鼠标右键，在弹出对话框选择三维窗口菜单；第二种方法是在“选择”菜单选“三维呈现命令”；第三种方法是直接按下功能键“F9”弹出三维窗口，通过对三维工具栏 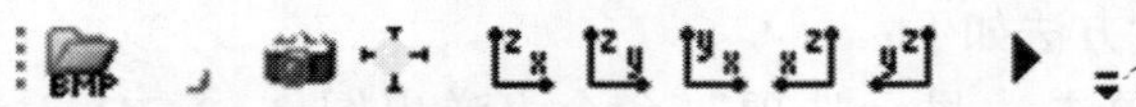 命令操作，可以实现图片导入、场景打印和改变视角的功能。

PC-Crash11.0 中可以在二维窗口中显示类似三维俯视效果图的功能，也可以增强二维窗口中的演示效果。该操作命令集中在“视图”菜单功能区的“显示设置”选项卡内，实现二维窗口下多种显示状态切换。

（2）工作区画面调整。选择“视图”菜单功能区中  图标中的命令，实现对工作区显示变化。

（3）三维窗口缩放和移动。将指针停在工作区，单击鼠标左键，滚动鼠标滚轮也可进行工作区的缩放；按住鼠标左键不放，可以移动导入的模型；按下“Shift+左键”可以移动三维窗口所有元素。

（4）三维窗口视角改变。选择“视图”菜单功能区，单击“照相机位置”命令后，在工作区显示照相机图标，根据需要调整照相机的位置和拍摄的角度。相机属性还可在三维窗口中进行设置，打开三维窗口，选择“动画”菜单，单击“调整相机位置”，弹出图 8-2-40 所示对话框。对相机的位置、焦距和相机倾角等参数进行设置。

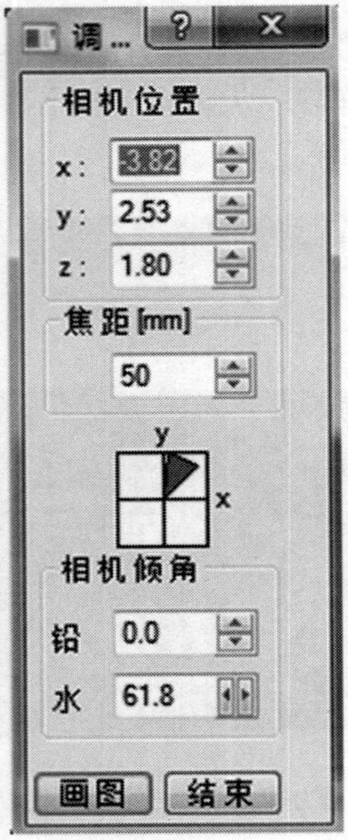

图 8-2-40 相机参数调整对话框

除采用固定式的相机观察整个仿真过程，还可以从驾驶员角度观察，即相当于车载式视频角度观察，设置方法如下：

第一步，选择动画菜单，单击“显示选项”命令，弹出图 8-2-41 对话框。

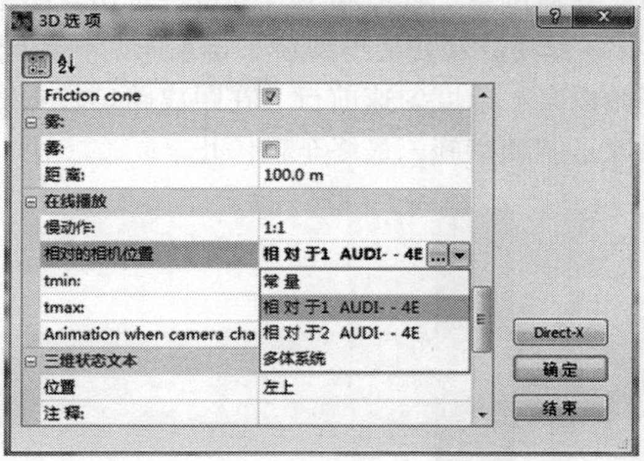

图 8-2-41 3D 选项对话框

第二步，单击对话框中选择在线播放中栏后面的下拉菜单，选择观察的车辆。

(5) 仿真动画的导出。PC-Crash 可以将仿真动画以“. avi”或“. mpg”两种视频格式导出到外部，如图 8-2-42（左）所示，在三维可视化窗口中选择“Animation”菜单，点击“提交…”命令，将导出视频文件保存到指定位置，并弹出图 8-2-42（右）窗口对话框，设置视频尺寸、帧频、长度及播放速度。

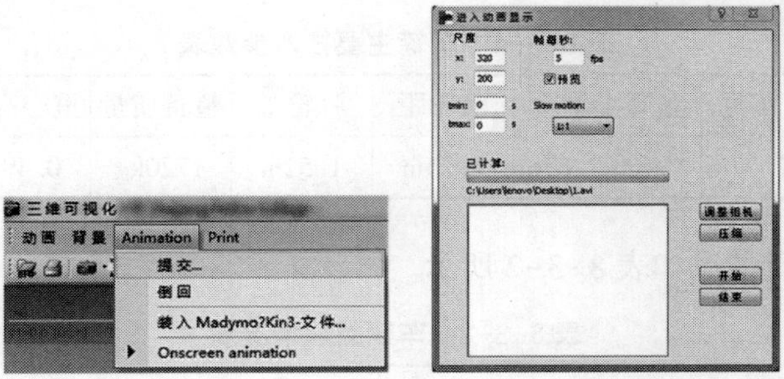

图 8-2-42 三维可视窗口

第三节 汽车制动行驶状态模拟仿真

发生交通事故时，汽车驾驶员发现危险后往往会采取制动措施来避免事故发生或减轻事故危害程度。掌握汽车制动过程的仿真方法，是对各类碰撞交通事故仿真的基础。本节通过一个具体仿真情景，学习如何运用 PC-Crash 仿真汽车制动行驶状态，并通过系统数值和图表分析评价仿真结果。

【仿真情景】有一驾驶员驾驶某小型轿车自东向西朝如图 8-3-1 所示的交叉路口行驶，刚开始以某一速度匀速前行，在距离路口较近时，发现前方道路有危险，驾驶员采取了制动措施，最终车辆停止。

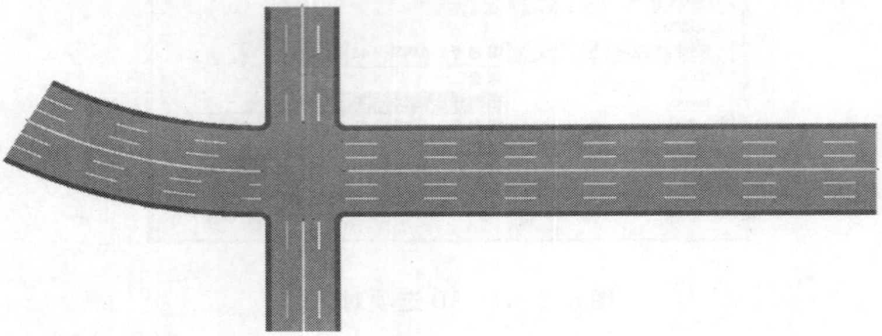

图 8-3-1　道路模型效果图

（1）道路参数：①机动车道的摩擦系数均为 0.7；②路口东侧进出口道为双向六车道、长 100m 的直道，两侧有宽 1m 的人行道；③南北侧进出口道为双向四车道、长为 25m 的直道，两侧有宽 1m 的人行道；④西侧进出口道为双向六车道、长度为 50m、直径为 100m 的弯道，两侧有宽 1m 的人行道；⑤道路中心线为双黄实线，车道分界线为白色虚线。

（2）车辆参数如表 8-3-1 所示。

表 8-3-1　车辆主要技术参数表

参　数	车长	车宽	车高	轴距	前轮距	后轮距	整备质量	重心高度	重心离前轴
参数值	4.74m	1.77m	1.48m	2.67m	1.25m	1.52m	1720kg	0.49m	1.25m

车辆的载重情况如表 8-3-2 所示。

表 8-3-2　车辆载重情况表

分类	前乘员（1 人）	后乘员（2 人）	车厢
重量	65kg	120kg	25kg

（3）设置车辆模型初始参数值，具体要求如下：①车辆模型初始位置位于已创建道路口模型东侧自东向西方向最右侧机动车道内，且尾部与道路东端起点平齐；②车辆的初速度大小为 72km/h。

（4）设置车辆的行驶状态参数值，具体要求如下：①车辆在起初 15m 为自由行驶；②车辆行驶 15m 以后，驾驶员发现危险并进行全力制动，已知车辆制动系统无故障，刹车延迟时间为 1s。

一、新建文件与保存文件

（一）PC-Crash 新建和保存文件方法

（1）新建文件。方法一：打开 PC-Crash，PC-Crash 启动之后会自动建立一个新文件。方法二：在窗口单击菜单工具栏依次选择【文件】→【新建】，就建立了一个新的文件。

（2）保存文件。方法一：在常用工具栏中选择“”命令图标，在弹出的窗口对话框中输入保存路径，PC-Crash 文件以“.pro”扩展名形式保存。方法二：在窗口单击菜单工具栏依次选择【文件】→【保存】，也可保存仿真文件。

（二）操作步骤

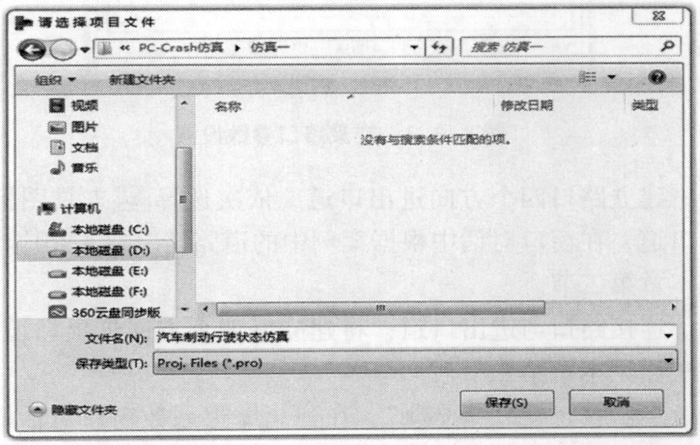

图 8-3-2　文件保存窗口

（1）创建文件夹。为了方便管理，建立“D：\\PC-Crash\\仿真一”文件夹。

（2）新建文件。运行 PC-Crash 系统自动建立了一个新文件，点出保存命令，在弹出对话框中选择保存路径为“D：\\PC-Crash\\仿真一”，文件名为“汽车制动行驶状态仿真”，系统默认文件扩展名为“.pro”，如图 8-3-2 文件保存对话框所示。

二、道路模型和车辆模型导入

（一）道路模型导入

第一步，选择工具图标，在如图 8-3-3 所示窗口对话框中设置相应参数。

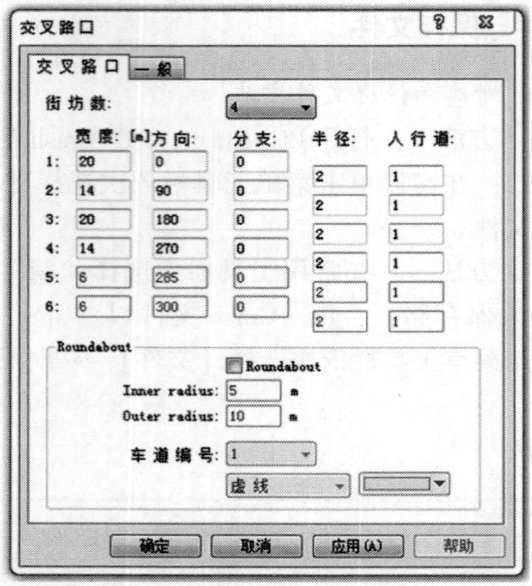

图 8-3-3　交叉路口参数设置

第二步。建立路口四个方向进出口道。依次选择工具图标建立路口四个方向进出口道，在窗口对话中根据案例中的道路情况输入相应参数，具体操作方法详见本章第二节。

第三步。连接路口与进出口道，将建立好四个方向进出口道与路口连接，具体操作方法详见本章第二节。

第四步。点击状态栏“μ: 0.80”，在弹出摩擦系数窗口对话框中，将摩擦系数设置为0.7。

经过以上四步，道路模型如图 8-3-1 所示。

（二）车辆模型导入

由于案例中车辆是国产品牌车辆，系统车型库中不存在，需要对导入车辆相关参数进行设置。

第一步，从系统车型库中选择某技术参数比较接近的车型，导入工作区中。

第二步，在工作区单击鼠标右键，选择“Vehicle settings…”命令，出现模型参数设定窗口对话框，要对车辆技术参数进行设置，具体操作方法详见本章第二节。

第三步，用“”图标命令将车辆模型东侧进口道右侧车道，车头朝正西方向，车尾与进口道的右端平齐（如图 8-3-4 所示）。

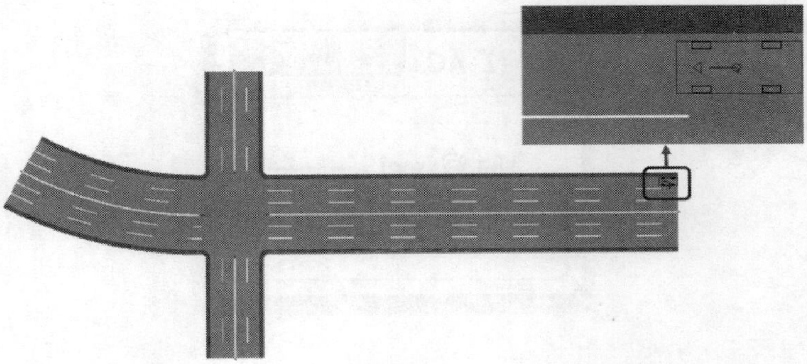

图 8-3-4 道路及车辆模型效果图

三、车辆驾驶动态设置

（一）基本参数设置

单击菜单工具栏依次选择【驾驶动态】→【基本参数】或按 F7 键，在弹出窗口对话框中设置汽车初速度为 36km/h，其他参数值为默认值。

（二）顺序参数设置

单击菜单工具栏依次选择【驾驶动态】→【顺序】或按 F6 键，在弹出对话框中将“● **反作用**”拖移到“**开始 (t=0s)**”的下方（如图 8-3-5 所示）。

图 8-3-5 顺序对话框

第一步，点击“● **反作用**”，弹出图 8-3-6 所示对话框，选择【路程】，在文本框中输入数值“15”。

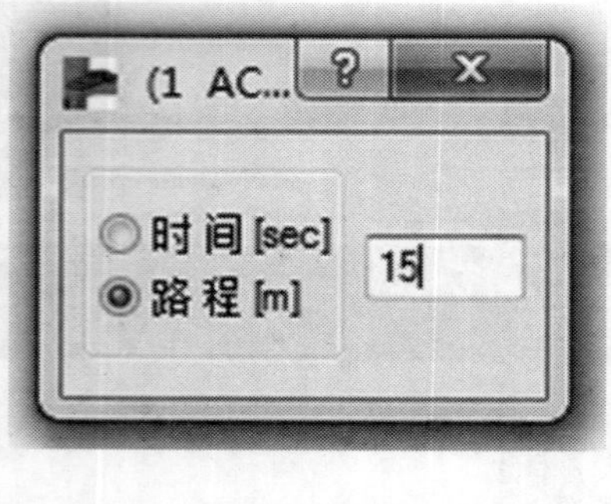

图 8-3-6　反作用输入框

第二步，点击“● 减速”，弹出图 8-3-7 所示对话框，选择【刹车】。

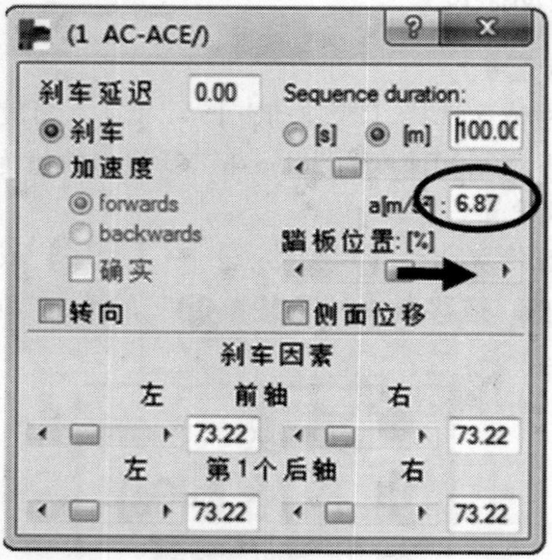

图 8-3-7　减速设置框

在“刹车延迟”文本框中设置“1.00”，在加速度文本框中输入“$a = \mu g = 0.7 \times 9.8 = 6.87$”或将“踏板位置滚动条”拖移至右端，让车辆处于全力制动状态。

四、仿真动画演示和导出

（一）二维窗口演示

点击仿真播放器工具栏 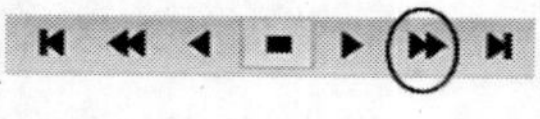 模拟向后直至停止按钮，演示车辆运动结果。

（二）三维窗口演示

选择菜单【选择】→【三维呈现】或按 F9 键，呈现出三维效果图，并选择恰当的坐标，按下播放键，进行三维动画演示。

五、动力学参数导出

系统提供了常用的动力学参数、运动学参数，可以非常直观方便地对车辆的运动状态和受力情况进行分析。

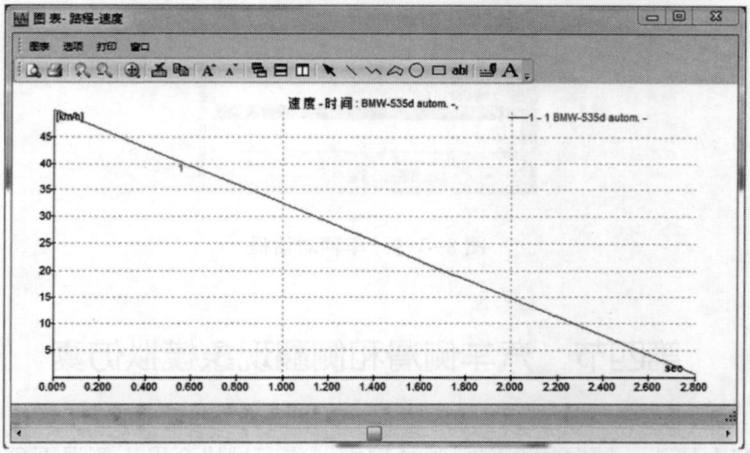

图 8-3-8　速度—时间图像

在二维窗口中，点击鼠标右键，在弹出快捷菜单中选择【图表】，弹出如图 8-3-8 所示的“速度—时间”图像。

图 8-3-8 反映了车辆在速度行驶过程中路程和速度之间的关系，也可依次选择菜单栏【图表】→【Vehicles】得到其他类型的仿真结果参数；或者点击鼠标右键，在弹出快捷菜单中选择【数值】，得到相关数据，可以对仿真结果进行分析和评价。在操作过程中可以对图像横坐标值代表参量进行设置，在图 8-3-8 对话框中选择菜单“选项”、在选项下拉菜单中单击“所有车辆”命令，弹出图 8-3-9 对话框，在对话框中进行坐标设置。利用图表对车辆的行驶情况分析，是道路交通事故中常用的且重要的分析手段。

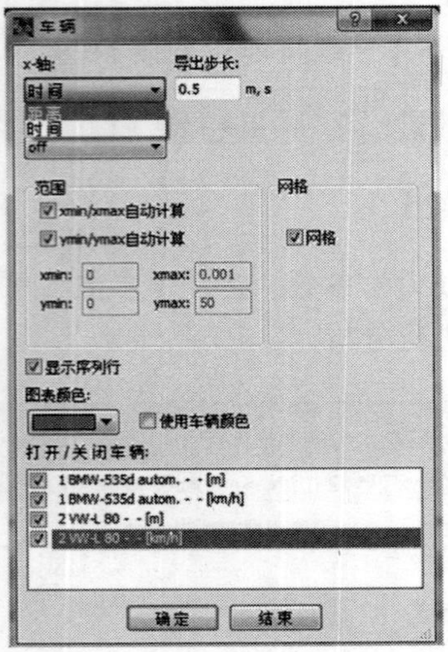

图 8-3-9　车辆对话框

第四节　汽车侧滑和侧翻现象模拟仿真

汽车在掉头、转向或弯道行驶过程中，速度过快会发生侧滑现象或侧翻交通事故（注：本实验所指的是离心侧翻）。引起车辆发生侧滑和侧翻的因素主要有道路的摩擦系数、道路的横向坡度、弯道曲率、行驶轨迹曲率及汽车行驶速度等因素。除此之外，汽车的重心高度、轮距也是导致车辆侧翻的重要因素。通过设置道路的摩擦系数、车辆行驶速度、行驶轨迹曲率、车辆的重心高度等参数，PC-Crash 可以仿真再现车辆发生侧滑现象和侧翻现象。

一、新建文件与构建场景

关于文件新建、保存及场景相关参数设置，在第三节已作详细介绍，具体操作方法读者可以参阅上一节相关内容。

（一）新建文件

新建“汽车侧滑和侧翻现象仿真.pro”的新文件，保存到“D:\\PC-Crash\\仿真二”文件夹内。

（二）构建场景

本节不导入道路模型，以整个工作区作为实验车辆的行驶区域。双击状态栏设场景路面摩擦系数为 0.5（如图 8-4-1 所示）。

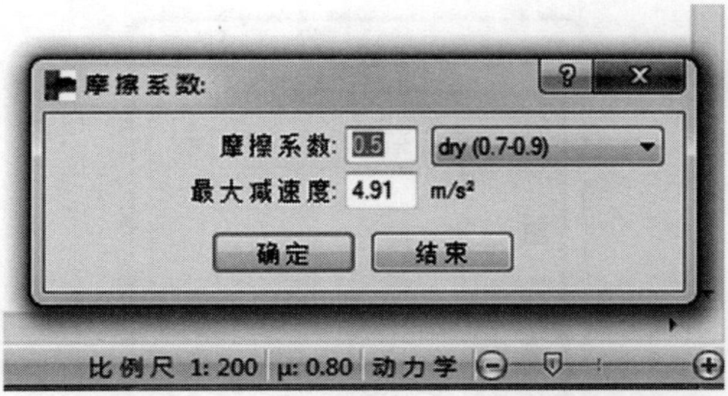

图 8-4-1　摩擦系数设置对话框

提示：PC-Crash 工作区本身可以作为道路场景，只是外观效果有区别。

二、导入车辆模型和设置驾驶动态参数

（一）车辆导入和参数设置

PC-Crash 提供的车辆类型有小汽车、卡车、拖车、客车和摩托车，仿真侧滑和侧翻现象可以选择小汽车、卡车或客车几种车型。本节任选取一款小型车为仿真车型，并对车辆参数按表 8-4-1 进行设置。

表 8-4-1　车辆主要技术参数表

参　数	车长	车宽	车高	轴距	前后轮距	重心高度
参数值	4. 2m	1. 8m	1. 6m	2. 5m	1. 6m	0. 6mm

（二）设置车辆行驶动态参数初始值

车辆行驶动态参数值直接影响侧滑和侧翻现象的仿真结果，在不改变车辆技术参数的前提下，可以通过调整车辆行驶速度或车辆行驶轨迹直径（车迹直径），在操作过程中可以采用控制变量法进行。

（1）依次选择菜单【行驶动态】→【基本参数…】，在弹出窗口对话框中设置速度为 30km/h，其余参数值为默认（如图 8-4-2 所示）。

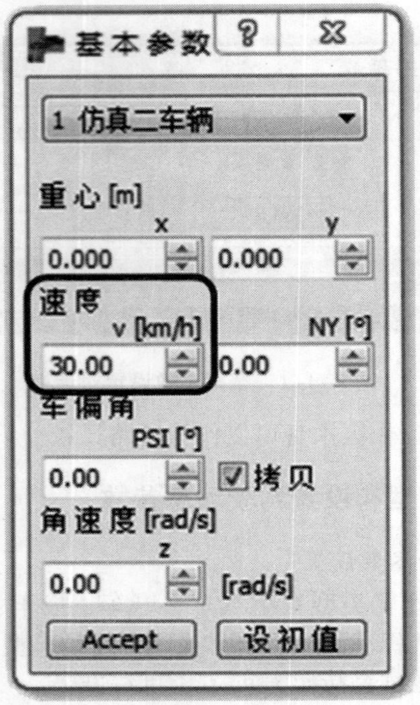

图 8-4-2　设置车辆速度对话框

（2）设置车辆行驶状态参数值。依次选择【驾驶动态】→【顺序】→【减速】，弹出减速设置对话框。设置刹车延迟为 1，选中“☑转向”复选框，弹出转向设置窗口对话框，设置车辆行驶轨迹直径为 160m，其他参数不改变。图 8-4-3 为设置驾驶状态参数时依次弹出的窗口对话框。

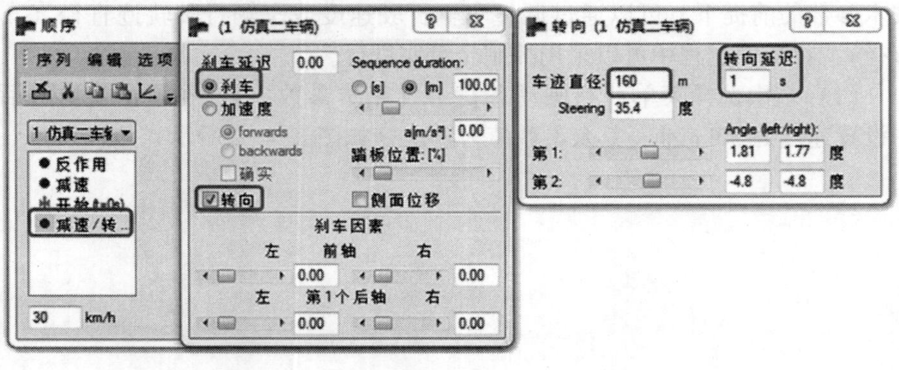

图 8-4-3　行驶状态参数设置对话框

提醒①："转向延迟"是指车子经过所设置转向延迟时间后，开始做转向运动。

提醒②：为了能演示汽车行驶过程中完整的画面，"Sequence duration"时间或路程数值可以设置大一点。

三、侧滑现象模拟仿真

改变车辆的初速度值、行驶轨迹直径及场景摩擦系数三个参数中的一项或多项，直至侧滑现象发生。

提示：判断车辆是否发生侧滑的方法有以下几种。

方法一，观察是否有侧滑印。如果车辆没有侧滑，车轮轨迹是一条圆弧，而发生侧滑时轮胎轨迹将是一条螺旋线，在二维或三维窗口下，可以直接观察到车辆是否侧滑。图 8-4-4 是因为车辆前半段由于速度较快发生侧滑，车轮轨迹曲率在逐渐增加，呈现一条螺旋形的侧滑印迹。车辆发生侧滑时，车轮与地面间发生摩擦消耗一部分动能，车辆速度会明显减小。伴随着车速下降，侧滑现象消失，后半段的车轮转变是一条圆弧。

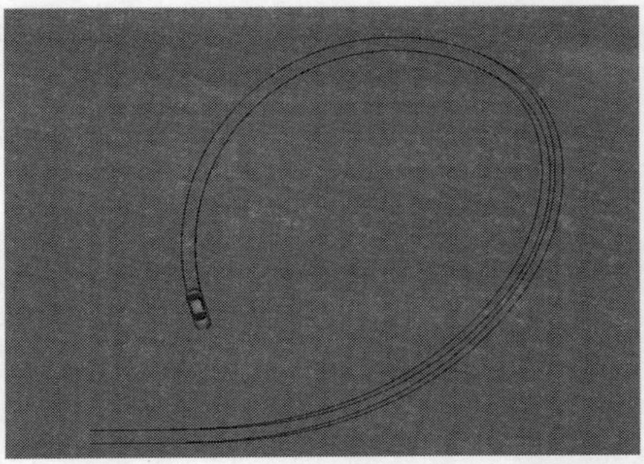

图 8-4-4　三维窗口下的车辆轮胎侧滑印

方法二，分析车辆速度变化。车辆发生侧滑时，车轮与地面间发生摩擦消耗一部分动能，车辆速度会明显减小。所以，可以通过分析系统的"路程—速度"图，看速度是否有明显减小来判断。图 8-4-5 是发生侧滑现象过程中车辆的"路程—速度"图像。

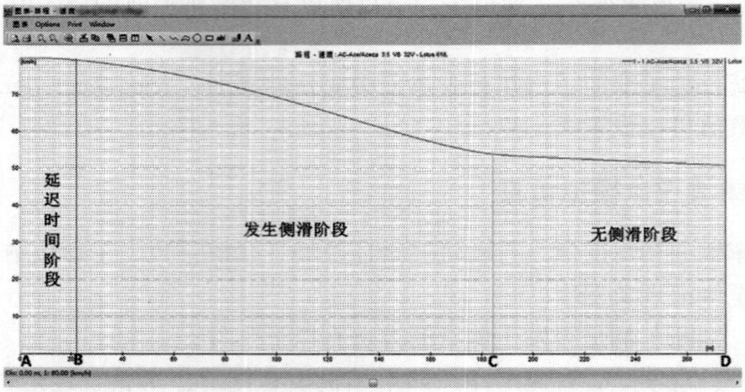

图 8-4-5　发生侧滑时车辆“路程—速度”图

从图 8-4-5 可以看出，BC 阶段车辆速度明显减小，说明在这段路段中车辆发生了侧滑，而 AB 段和 CD 段速度变化不明显，说明车辆未发生明显侧滑。车辆 CD 段无侧滑是因为车辆速度减小后，小于侧滑时临界速度而导致的。

方法三，分析车辆轮胎侧向受力变化。车辆发生侧滑主要是由于车辆在曲线运动过程中有离心现象存在，所以侧滑时车辆外侧轮胎与地面间的侧向受力要比内侧轮胎侧向受力大得多，而未发生侧滑时相差不大。图 8-4-6 是车辆发生侧滑时前后四个车轮侧向受力图，从图中可以看出在侧滑时同轴的左右侧轮胎侧向受差值明显比无侧滑时差值大。

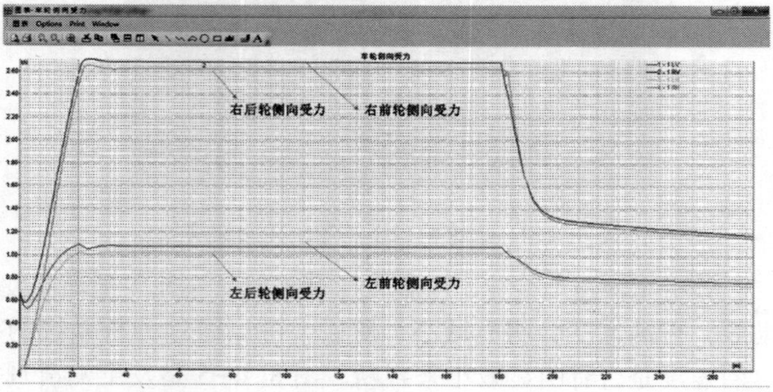

图 8-4-6　轮胎侧向受力图

除以上三种方法外，还可以通过分析内外侧轮胎的垂直受力的变化、车辆的横摆等判断车辆是否发生侧滑。在仿真时，可以通过分析图像找到车辆发生临界侧滑时的车辆行驶速度、转弯直径及摩擦系数值。

提示：图 8-4-4、图 8-4-5、图 8-4-6 是车辆初速度为 80km/h、行驶轨迹直径为 160m、摩擦系数为 0.5 时的侧滑仿真输出结果。

四、侧翻现象模拟仿真

为了能直观地模拟车辆侧翻现象，新导入一卡车模型，对卡车的重心进行不断调整，直到侧翻运动发生。

提示：判断车辆是否发生侧翻的方法有以下几种。

方法一，直接观察法。车辆发生侧翻时，在二维窗口车辆形状会发生扭曲变形，在三维窗口下可以观察到翻车画面，所以建议在三维窗口下观察。图 8-4-7 是车辆侧翻时的模拟动画。

图 8-4-7　侧翻模拟动画图

方法二，分析车辆速度变化。车辆在发生侧翻后，速度图像比较凌乱，如图 8-4-8 所示，OA 段是车辆匀速运动，AB 段是侧滑运动，BC 段是侧翻运动过程。

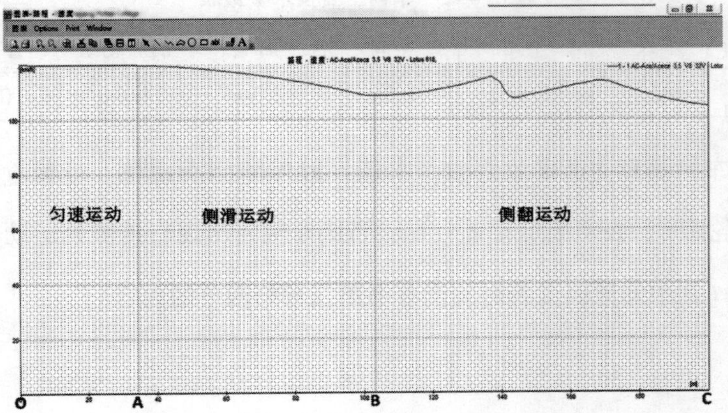

图 8-4-8　侧翻路程—速度图像

方法三：分析车轮垂直受力。车辆在侧翻时，车轮离开地面，车轮的垂直受力为0，如图8-4-9所示，AB段内侧车轮垂直受力逐渐减小，而外侧车轮垂直受力增大，车辆处于侧滑过程；BC段内侧车轮垂直受力为0，而外侧车轮垂直受力不为0，车辆处于侧翻过程；直到C点以后前后轴的车轮垂直受力变为0，车辆四轮朝上完全翻转。

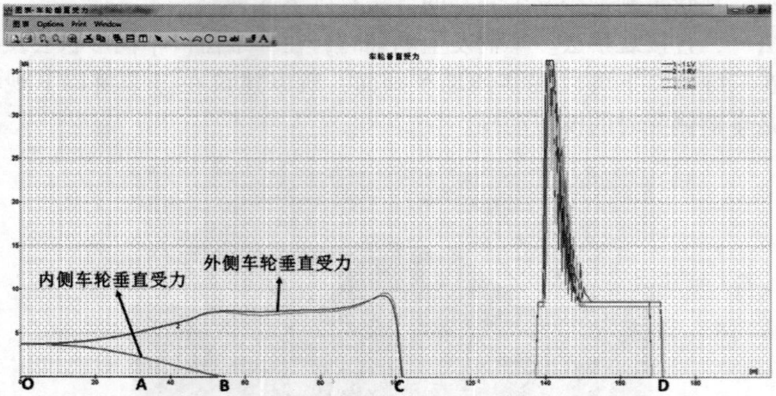

图8-4-9　侧翻车轮垂直受力图

除以上三种方法外，还可以通过分析内外侧轮胎的侧向受力的变化、车辆的横摆等方法来判断车辆是否发生侧滑。

提示：(1) 图8-4-4、图8-4-5、图8-4-6是车辆初速度为120km/h，行驶轨迹直径为160m，转向延迟1s，摩擦系数为0.8。车辆主要技术参数如表8-4-2所示。

表8-4-2　车辆主要技术参数表

参数	车长	车宽	车高	轴距	前后轮距	重心高度
参数值	4.2m	1.8m	1.6m	2.5m	1.6m	0.824m

(2) 车辆侧翻交通事故之前，车辆一般伴随侧滑现象，设置重心高度 h 和车辆的轮距 b，必须满足 $h < \frac{b}{2\mu}$，否则车辆将出现直接侧翻运动，不利于观察分析（其中的原因读者可阅读本书第三章第四节的内容）。

第五节　汽车—行人碰撞交通事故模拟仿真

运用 PC-Crash 再现汽车—行人碰撞事故仿真分析时，将车辆视为刚体，行人模型则由多个刚体组成，不同刚体间通过铰链连接，每个刚体代表不同的部分，如头、躯干等，其外形由一个椭球体定义，椭球参数以及刚体的质量、接触刚度、摩擦系数等都可单独指定（如图 8-5-1 所示）。

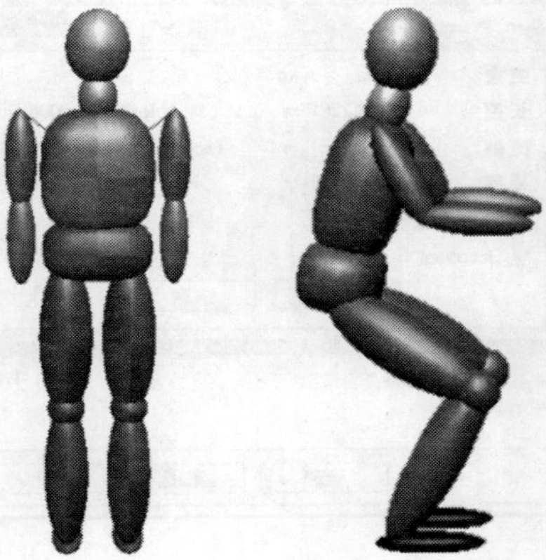

图 8-5-1　人体模型示意图

在汽车—行人碰撞交通事故中，人体的运动状态和受伤情况与许多因素相关，如车辆的碰撞速度、车辆的碰撞角度、车辆的类型（碰撞部位与质心位置）、人体的行走速度和方向等。通过改变模型参数值，仿真汽车—行人碰撞交通事故。PC-Crash 软件能将事故过程中人体各部位的受力及加速度等动力学参数输出，在仿真过程中可以将输出结果与交通事故受害者伤情鉴定结果进行比较，进一步对仿真结果可信度作出判断。

汽车—行人碰撞交通事故模拟仿真一般可遵循如下步骤进行：

一、事故现场构建

根据交通事故情况构建道路模型并设置道路参数，具体设置方法参考前几节所介绍的相关内容。

二、车、人模型建立

根据事故中的车辆和行人导入车辆模型（平头形车或船头形车）和行人

刚体模型，并设置基本参数。在交通事故中，关于人体的基本参数主要有身高和体重等。可以依次单击菜单栏“车辆”→“Multibody System”，在弹出对话组合框窗口中依次单击“settings”→“Syst. properties”，弹出图 8-5-2 对话框，在对话中输入人体身高和体重参数。

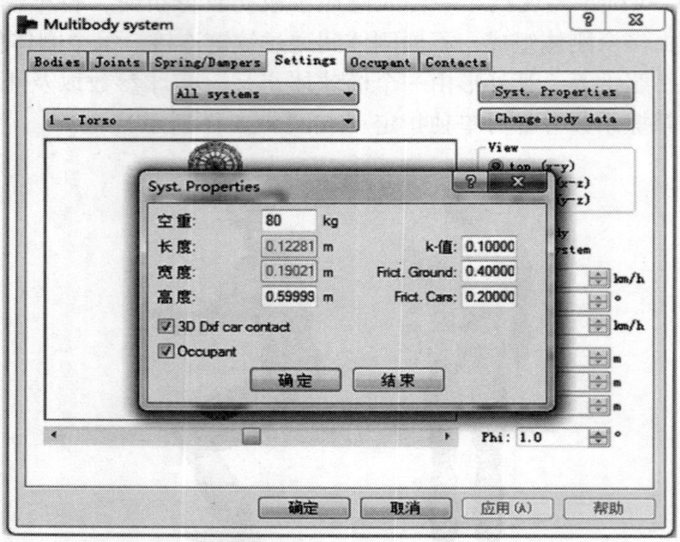

图 8-5-2　人体基本参数设置窗口

三、设置车辆和人体驾驶动态参数

车辆和人体驾驶动态参数可以参照前面几节介绍内容，但人体模型不存在“顺序”参数设置项。

四、比较仿真结果与实际交通事故

仿真过程主要是通过不断改变车辆动态参数及行人的基本参数，达到仿真结果与实际交通事故高度吻合的目的。这步工作是 PC-Crash 软件再现交通事故中难度最大也是最关键的一个环节，需要不断地修改、调整参数。

五、行人力学响应参数分析

PC-Crash 软件提供了相关人体头部、躯干、四肢等身体 15 个部位的运动学、能量和受力情况等参数。具体操作办法为：在工作区内按下鼠标左键，弹出快捷菜单，选择“数值”项，在弹出信息窗口菜单栏中，选择第一栏“图表”→“Multibody system”项，弹出如图 8-5-3 所示的对话框。

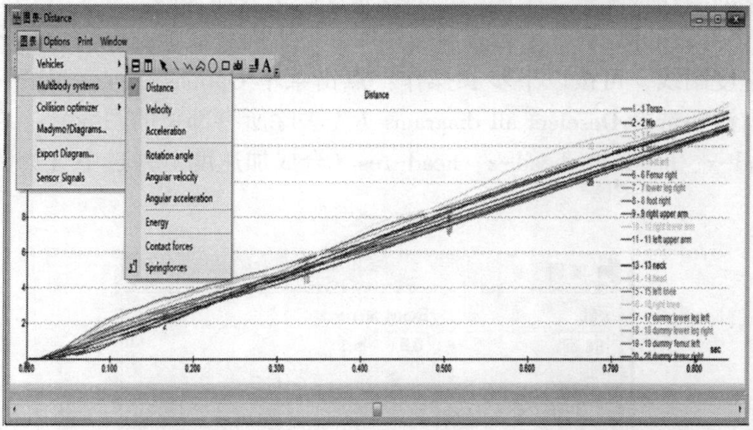

图 8-5-3　人体参数输出窗口

在弹出的二级菜单中分四栏，第一栏输出有关人体各部位的运动学 Distance（距离）、Velocity（速度）、Acceleration（加速度）指标，最后一栏输出人体各部位 Contact forces（碰撞受力）的力学指标，这是交通事故再现的两项重要指标。

（1）人体各部位运动学图像输出。以演示人体头部在碰撞中重力加速度为例，在工作区内按下鼠标左键，弹出快捷菜单，选择“数值”项，在弹出信息窗口菜单栏中，选择第一栏“图表”→“Multibody system → “Acceleration”项，弹出图 8-5-4 对话框。

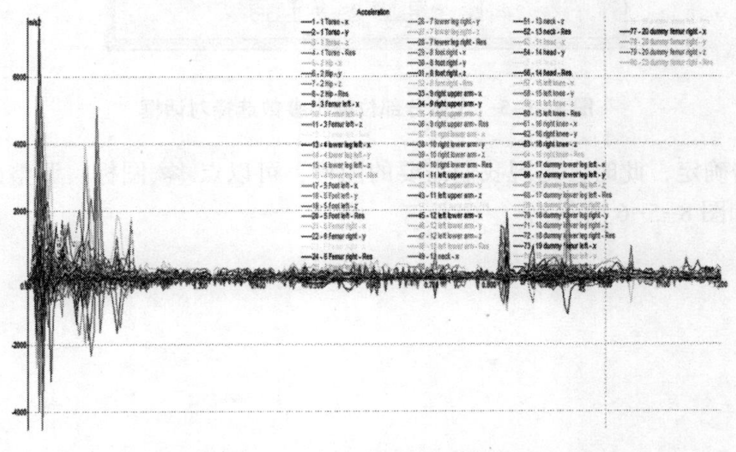

图 8-5-4　人体各部位加速度图像

出现的图线很复杂，不同颜色的线条反映了人体头部、躯干、四肢、臀部等共 15 个部位的沿 X、Y、Z 方向加速度和各方向合成加速度。为了分析头部的运动速度图线，可按以下步骤操作：点击菜单 Options→所有车辆→在对话框中点右键→选择 Deselect all diagrams（先去除所有部位的图线）→在菜单中找出 head-x、head-y、head-z、head-res（合成加速度）并选中（如图 8-5-5 所示）。

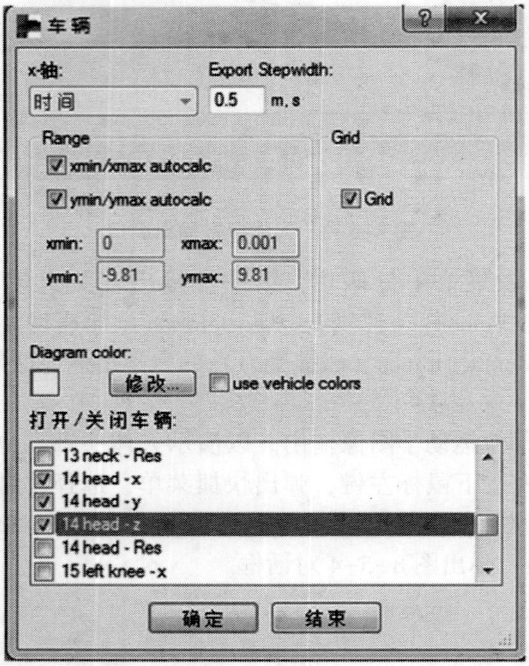

图 8-5-5 人体分部位输出参数选择对话框

点击确定，此时会出现我们需要的图形，可以点 ⊕ 图标，调整出合适的比例（如图 8-5-6 所示）。

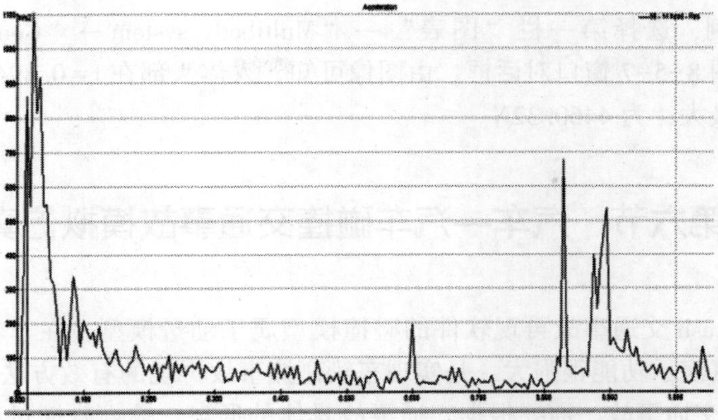

图 8-5-6　人体头部加速度图像

分析该图像可知，人体头部所受合成加速度值有两个区域：（1）t = 0.025s 附近，头部加速度达到峰值为 $a = 1087.26m/s^2$，此时刻对应的是汽车与行人碰撞瞬间；（2）t = 0.83s 附近，头部加速度到次峰值 $a = 567.78m/s^2$，此时头部与地面发生撞击。比较两个区域，峰值区域持续平均加速度大且持续时间相对较长，根据头部的耐冲击性和伤害标准（HIC），其表达式为：

$$HIC = (t_1 - t_2)\left[\frac{1}{t_1 - t_2}\int_{t_2}^{t_2} a dt\right]^{2.5}$$

头部伤害大小由平均加速度和持续时间决定。在此例中，在 t = 0.025s 附近区域，人体头部伤害最大。用同样的方法也可分析人体其他部位在碰撞过程中各时间的加速度情况，判断引起伤害的主要原因。

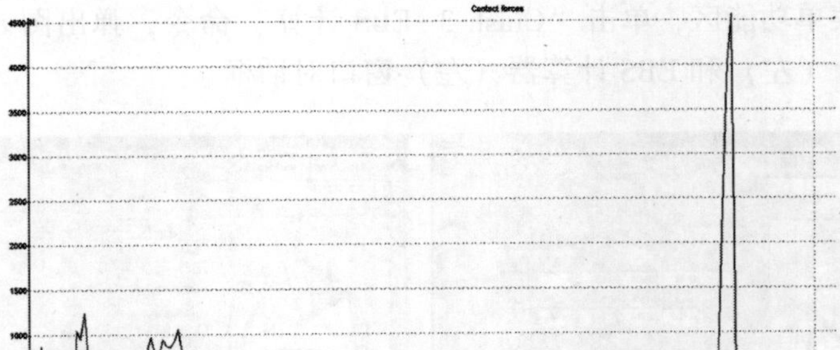

图 8-5-7　人体头部受力图

（2）人体碰撞受力图像输出。在汽车—行人碰撞交通事故中，造成人体各部位伤害，伤害程度跟受力大小有关系。同样，以分析人体头部碰撞事故中受合力为例，选择第一栏“图表”→“Multibody system→“Contact forces”项，弹出图 8-5-7 窗口对话框。由图像可知，人体头部在 t=0.894s 时，所受的冲击力最大，为 4460.32N。

第六节　汽车—汽车碰撞交通事故模拟仿真

PC-Crash 交通事故再现软件的碰撞模型属于动量模型，在车辆碰撞过程中它的仿真演示功能很强大，是实现车辆碰撞事故再现的有效方法之一。PC-Crash 再现交通事故，需要根据交通事故具体的形态，输入碰撞过程的摩擦系数、回弹系数等参数，然后修改初始值、摩擦系数、回弹系数、碰撞中心位置、接触面角度、碰撞时车辆的初速度等 18 项参数，模拟事故的整个过程，直至模拟结果和实际事故较为吻合。此时软件所输出的碰撞参数和图表中的参数数值可认为是实际事故发生时的速度。

汽车在碰撞过程中，由于碰撞力作用车辆发生塑性形变，部分动能就转换为塑性变形能量，塑性变形能值可以根据车身的残余变形量进行计算。根据汽车在碰撞过程中塑性变形能的大小，可进一步求出能量等效速度。PC-Crash 中附带有一个能量等效速度数据库，该数据库中储存有大量不同车型在发生不同程度变形时所对应的碰撞前车速值和车身变形情况照片。通过将实际事故车辆损坏照片与系统库中照片进行比对，研究人员可以对事故车辆碰撞前的速度作一个大致判断，从而提高事故再现分析的效率和准确性。PC-Crash 提供了等效壁障速度计算器（Crash3 - EBS Calculation），其运行方式为：选择“Extras”菜单功能区，单击“Crash 3-EBS 计算”命令，弹出图 8-6-1 所示塑性变形量（左）和 EBS 计算器（左）窗口对话框。

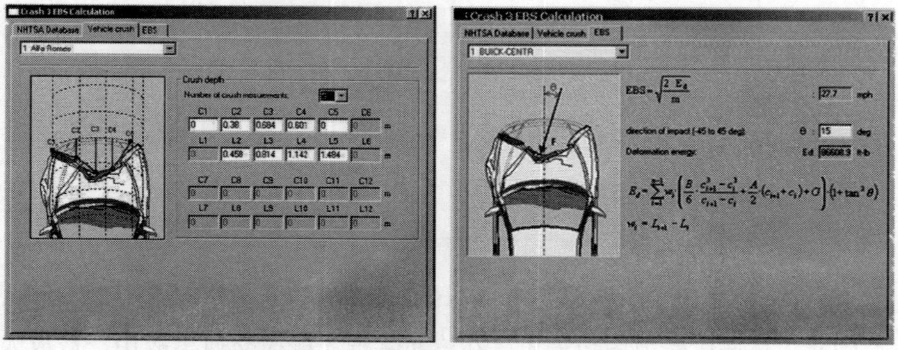

图 8-6-1　Crash3-EBS Calculation 对话框

Pc-Crash 模拟仿真汽车—汽车碰撞交通事故，一般可以按以下几个操作步骤进行：

一、事故现场构建

根据事故现场的道路形状、摩擦系数、坡度值，构建道路模型，具体操作方法参考前几节所介绍的相关内容。

二、车辆模型导入和基本参数设置

根据碰撞事故的基本情况，导入事故车辆模型，预设车辆的初始参数。车辆初始参数设置比较重要，包括事故参数的车型及其技术参数、初速度、初始位置、驾驶状态等参数。其中，初速度参数及驾驶状态参数设置往往要通过不断的调整，方能使模拟仿真与实际事故接近，具体操作方法参考前几节相关内容。

提示：车辆动态参数设置过程往往需要多种驾驶动态同时配合，比如在事故现场有车辆的侧滑印，在设置车辆驾驶动态时既要有制动状态，还需要有转向状态设置（如图 8-6-2 所示）。

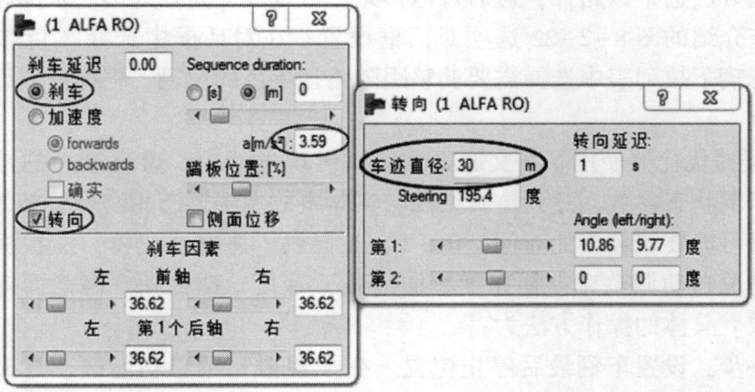

图 8-6-2　转向及制动驾驶动态参数设置窗口

三、汽车碰撞过程仿真

1. 车辆行驶路径设置。在道路交通事故现场，可以根据车辆轮胎在路面的痕迹，判断车辆的行驶轨迹。PC-Crash 软件提供了设置车辆行驶轨迹工具，具体操作方法如下。

第一步，选择“模拟”菜单功能区的“跟随路径”选项卡（如图 8-6-3 所示），在“车辆”下拉列表中选择需要设置行驶路径的车辆。

图 8-6-3 跟随路径选项卡

第二步，选择“ ”图标命令，根据事故车辆在现场的痕迹画出行驶路径，通过“移动/旋转车辆”命令，将目标车辆拖移到路径上，此时车辆就可以沿着路径行驶，用同样的方法完成其余车辆的路径设置。

第三步，路径的编辑。需要对已设置的车辆路径进行编辑，首先要选中该路径，在图 8-6-3 跟随路径选项卡选择车辆名称，单击“ ”图标，通过点选或框选方法选中该路径，再通过拖移路径节点改变路径线形。跟随路径颜色在第二节介绍的图 8-2-22 选项对话框设置，在对话框中选择“色彩”选项卡，在车辆下拉列表中选择需要调整跟随路径颜色的车辆，根据需要设置跟随路径颜色。

2. 碰撞优化器使用。在交通事故仿真再现过程中，难度最大的是通过不断调整车辆状态参数，达到仿真结果与实际事故现场形态相吻合，如果单纯靠人工调整可能要花较多的时间。PC-Crash 提供了碰撞优化器，能根据交通事故现场情况自动调整碰撞初速度、加（减）速度、碰撞角、碰撞面等一些动力学参数。具体的操作方法为：

第一步，设置车辆最后停止位置。在“模拟”菜单功能区，在碰撞选项卡内点击“ ”图标命令，将车辆拖移到对应的停止位置。

第二步，单击“ ”图标命令，弹出图 8-6-4 对话框，在“优化”选项卡中设置优化内容、优化算法；在“属性”选项卡内设置参数的幅度值；在“协议”选项设置允许误差极限值等。

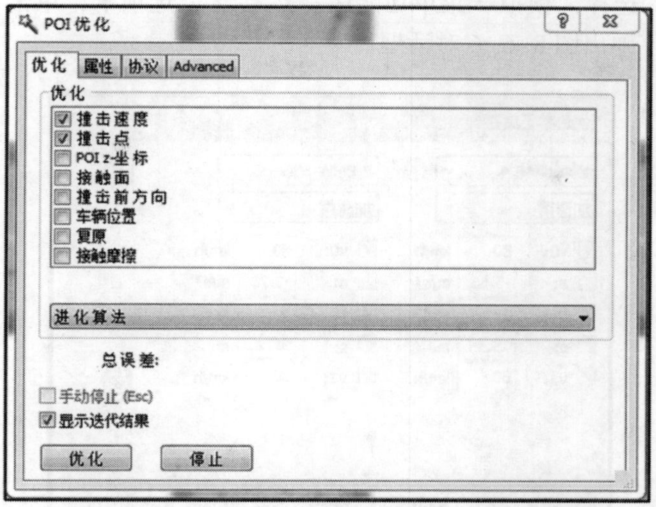

图 8-6-4　POI 优化对话框

第三步，单击“优化”命令，系统根据碰撞点位置、停止位置自动调整车辆状态参数，以达到最佳的状态。

3. 碰撞前行驶状态仿真。PC-Crash 仿真再现是从碰撞点开始（t=0s）到最后停止的过程。如果需要增加碰撞前的行驶状态模拟，可以在完成碰撞点开始的模拟基础上，设置碰撞前的行驶状态。以正交路口两轿车发生碰撞仿真为例（如图 8-6-5 所示），已知碰撞瞬间灰车的速度为 60km/h，黑车的速度为 30km/h，灰黑两条曲线分别为两车的行驶路径。两车在碰撞前 1s 的行驶状态设置如下：

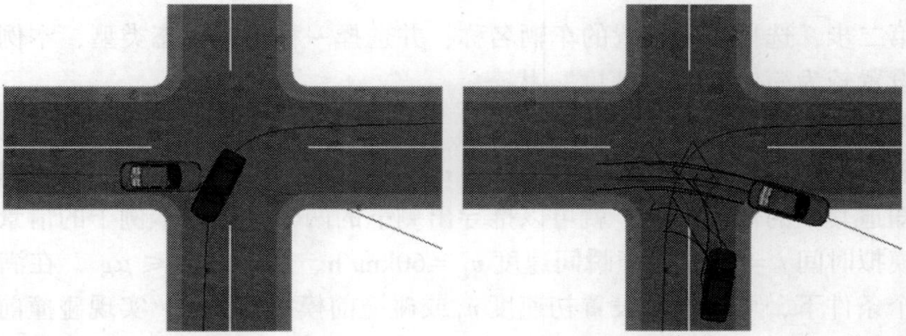

碰撞瞬间　　　　停止

图 8-6-5　碰撞仿真动画截图

第一步，选择“模拟”菜单功能区“运动学”选项卡，单击“运动学工具栏”命令，弹出图 8-6-6 对话框。

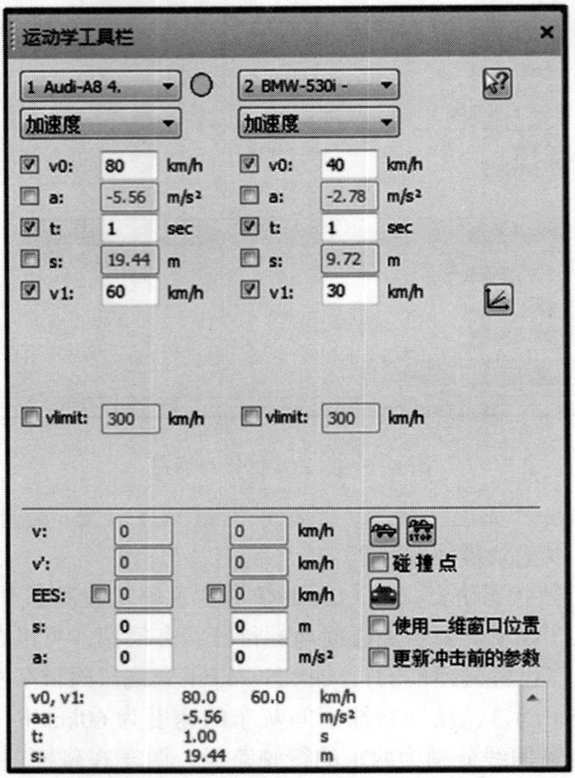

图 8-6-6 运动学工具栏对话框

第二步，选择需要设置的车辆名称，并选择一种车辆状态类型，本例子中选择设置较为简单的“加速度”状态。

第三步，设置运动学中初速度为 v_0、加速度为 a、碰撞前模拟时间为 t、碰撞前模拟路程为 s、碰撞瞬间速度为 v_1。根据运动学知识，这五个参数中，只要知道其中的任何三个，就可以推导出剩下的两个。根据本例子的情景，碰撞前模拟时间 $t = 1s$、碰撞瞬间速度 $v_1 = 60km/h$、加速度 $a \leqslant \mu g$，在满足以上三个条件下，可以通过设置初速度 v_0 或碰撞前模拟路程 s，实现碰撞前行驶状态仿真。本例中分别设置灰黑两车碰撞前 1s 的瞬间速度即初速度分别为 80km/h、40km/h。

第四步，单击对话框中“ ”图标命令，弹出两车碰撞前后的图表。此时在二维窗口工作区内自动生成两车碰撞前1s内的行驶路径（如图8-6-7所示）。

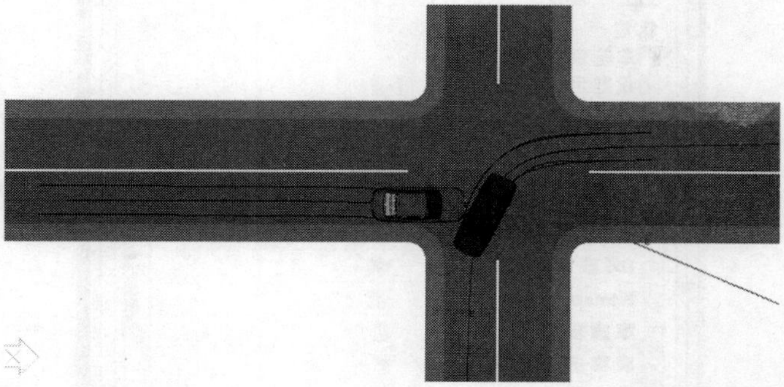

图8-6-7　碰撞前车辆行驶轨迹图

第五步，选择“计算”选项卡，在播放器控制面板上单击“ ”图标命令，两车自动出现了1s前的位置，单击“ ”图标命令，可以仿真从碰撞前、碰撞瞬间、碰撞停止完整的过程，仿真再现效果更加逼真的形象。如果再次演示完整的行驶过程，必须单击“ ”图标命令，让两车回到1s前的位置。

四、演示仿真及结果

1. 仿真演示。分别在工作区和三维窗口中，演示汽车碰撞动画效果。为了提高动画的演示效果，需注意以下几点：

提示①：设置合适的二维和三维方式的显示项目，选择“视图”菜单功能区的“ ”图标命令，弹出图8-4-10窗口对话框，对相关内容进行设置。

图 8-6-8　设置显示项目对话框

提示②：为了形成两车接触时有碰撞效果，系统必须处于“碰撞检测”或“使用基于刚度的碰撞模型”状态（如图 8-6-9 所示）。

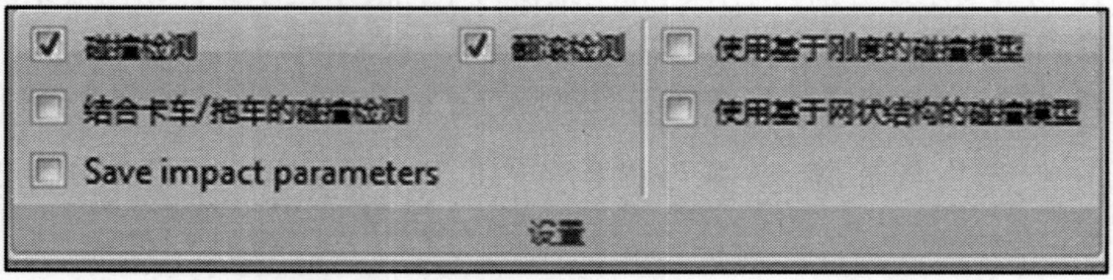

图 8-6-9　碰撞设置选项卡

2. 碰撞参数输出。在汽车碰撞交通事故再现仿真中，PC-Crash 软件将提供车辆各类碰撞参数图表（如图 8-6-10 所示）。

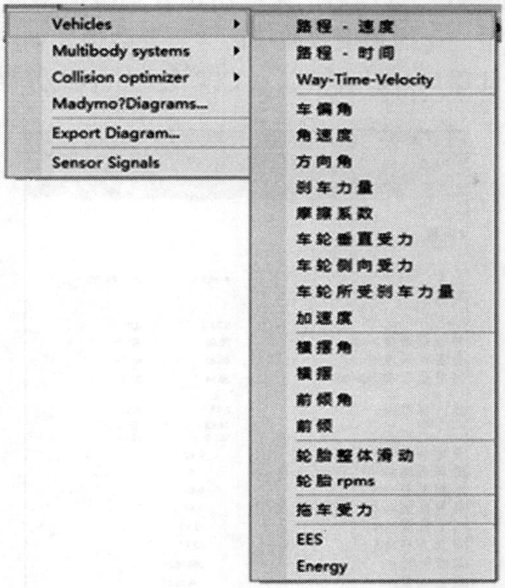

图 8-6-10　图表输出对话框

另外，软件还以数值的形式提供了碰撞过程中的碰撞参数值，在弹出的数值窗口中，在菜单栏“设置”命令中选择相应的项，就可以得到不同类型的参数值（如图 8-6-11 所示）。

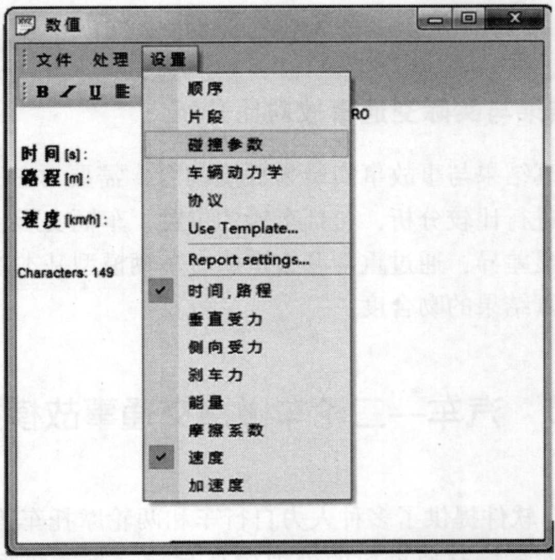

图 8-6-11　数值输出选择对话框

当选择“碰撞参数”选项后，系统给出各类碰撞参数值，包括碰撞前后的汽车速度、变形量、碰撞角度及碰撞能等重要数值，如图 8-6-12 碰撞参数输出值窗口所示，此窗口可以直接以“TXT”文件形式保存。

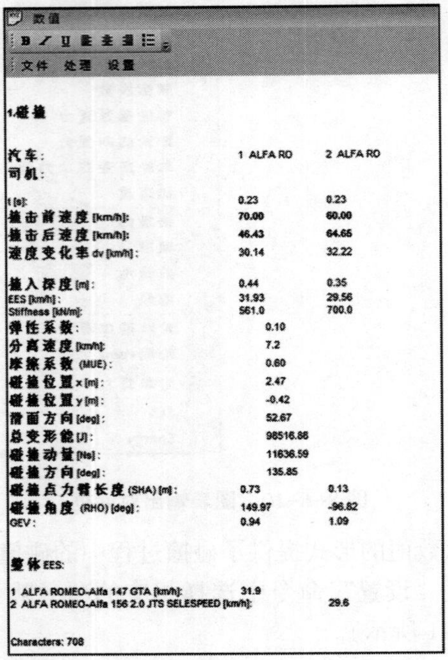

图 8-6-12 碰撞参数输出值窗口

五、仿真结果与实际交通事故对比分析

为了确保仿真结果与事故事实最大程度吻合，需要对 PC-Crash 软件再现结果与实际事故进行比较分析，包括车辆的位置、车辆变形、驾乘人员受力情况对比，如有明显差异，通过重新调整道路、车辆模型基本参数、驾驶动态参数，不断提高仿真结果的吻合度。

第七节 汽车—二轮车碰撞交通事故模拟仿真

PC-Crash9.0 软件提供了多种人力自行车和两轮摩托车等二轮车模型，实现了汽车—二轮车碰撞交通事故的模拟仿真演示。通过交通事故碰撞模拟仿真，能较直观地再现车辆与自行车碰撞过程，并输出汽车、二轮车碰撞速度，汽车、二轮车和骑车人之间的位置关系。PC-Crash9.0 软件还可以分析骑车人、乘客等身体部位力学响应分析，为交通安全管理、事故鉴定及车辆安全设计提供理论依据。

PC-Crash 软件模拟仿真汽车—二轮车碰撞交通事故一般过程如下：

一、事故现场构建

根据事故现场道路的形状、摩擦系数、坡度值，构建道路模型，具体操作方法参考前几节所介绍的相关内容。

二、车辆模型导入和参数设定

关于汽车的模型导入及参数设置在前面几节已作了详细介绍，具体操作方法参考前几节所介绍的相关内容。PC-Crash 软件自带两轮车模型导入的方法为：选择常用工具“DAT”命令，在弹出对话框中依次选择“Multibody → Bicyles Motorcycles”文件夹，弹出图 8-7-1 对话框。

图 8-7-1　PC-Crash 两车模型库

在对话框中可以根据交通事故情况，选择自行车或摩托车等二轮车模型，系统还提供了双人模型、二轮模型。对自行车和驾驶人的基本参数设置方法如下：选择菜单“车辆”→“Multibody system”，弹出图 8-7-2 窗口对话框；

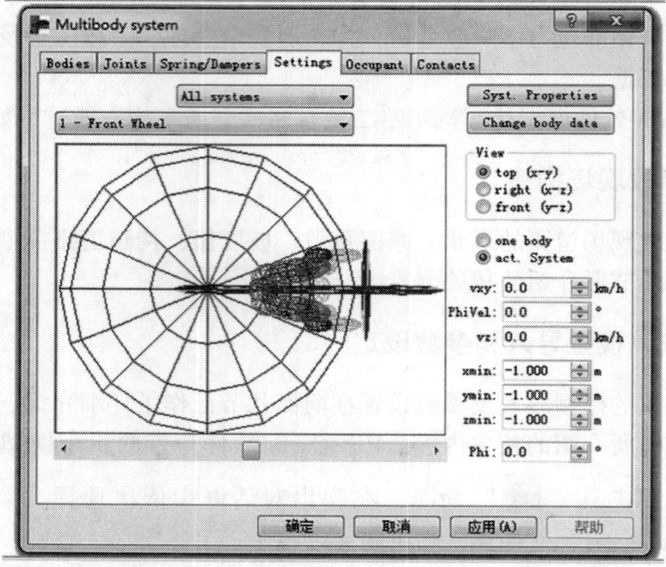

图 8-7-2　二轮车及驾驶人参数设置对话框

分别选择 Syst. Properties 和 Change body data ，可以分别对自行车和驾驶人的相关参数进行设置（如图 8-7-3 所示）。

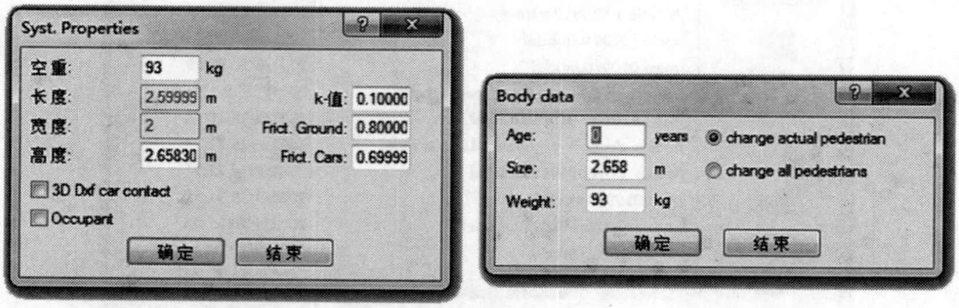

图 8-7-3　二轮车和驾驶人参数设置对话框

三、车辆模型行驶参数设定

车辆和人体驾驶动态参数和具体操作方法参考前几节所介绍相关内容。

提示 1：多刚体二轮模型不存在“顺序”行驶状态参数设置，在仿真时起点必须从碰撞点位置开始，即无法仿真碰撞前的状态。

提示 2：要设置二轮车的驾驶动态基本参数，只有在工作区中导入摩托车刚体模型以后才可以进行，此操作和之前汽车模型操作一致。

四、模拟仿真与实际交通事故对比分析

在模拟仿真过程中通过不断改变车辆驾驶动态参数及二轮车的基本参数，达到仿真结果与实际交通事故高度吻合。

提示：两轮修改参数主要是初速度大小、重心位置、碰撞角度等参数。后两项参数可以使用命令快速操作。

五、二轮车驾驶人力学响应参数分析

PC-Crash 软件提供了相关二轮车驾驶人头部、躯干、四肢等身体 15 个部位的运动学、能量和受力情况等参数。参数导出和分析方法可参考汽车—行人碰撞交通事故模拟仿真相关内容。

参考文献

[1] 中华人民共和国国家统计局.2014 年国民经济和社会发展统计公报[EB/OL]. http://www. stats. gov. cn/tjsj/zxfb/201502/t20150226_685799. html. 2016-01-08/2015-09-08.

[2] 中国青年网.2015 年底全国机动车保有量2. 79 亿 平均每百户有31 辆私家车[EB/OL].http://news.youth.cn/jsxw/201601/t20160125_7566759.htm.

[3] 公安部交通管理局. 中华人民共和国道路交通事故统计年报（2013）[J]. 江苏：公安部交通管理科学研究所，2014. 6.

[4] TNO Road-Vehicles Research Institute. Heavy Vehicle Rollover Stability & Safety [R] . Netherlands.

[5] Solmaz Selim, Akar Mehmet, Shorten Robert. Adaptive rollover prevention for automotive vehicles with differential braking [C] . International Federation of Automatic Control, 2008, 17（1）.

[6] Seongjin lm, Kwangki Jeon, Kyongsu Yh An Investigation into Vehicle Rollover Prevention by Coordinated Control of Active Anti-roll Bar and Electronic Stability Program - International Journal of Control, Automation, and Systems. 2012. 2.

[7] 朱毅. 欧洲 ECE 汽车技术法规及汽车产品型式认证 [J]. 世界汽车，2002，(3)：25-28.

[8] 王永新. 欧美汽车产品监督管理制度与技术法规体系 [J]. 城市汽车，2009，(5)：25-26.

[9] 畅世为. 大客车正碰安全性及法规评价方法研究 [D]. 湖南大学硕士学位论文，2010.

[10] 卢强. 客车被动安全性评价及碰撞技术研究 [D]. 合肥工业大学硕士学位论文，2006.

[11] 王海亮. 基于耐撞性数值仿真的汽车车身结构优化设计研究 [D]. 上海交通大学博士论文，2002.

[12] 王宏雁，董文灏. 客车侧翻的运动学分析 [J]. 交通科学与工程，

2012，28（3）：60-66.

［13］汪祖国．汽车最大侧倾稳定角的简化计算［J］．汽车科技，2014，2：33-36.

［14］乔维高，汤超群．基于乘员伤害保护的车辆翻滚试验仿真研究［J］．武汉理工大学学报，2014，38（4）：749-752.

［15］曹弋，裴玉龙，付川云．事故车辆三维翻滚运动的轨迹模型［J］．西南交通大学学报，2013，48（3）：513-519.

［16］张兴达．汽车防侧翻控制系统研究［D］．广西科技大学硕士学位论文．2013：1-3.

［17］黄杰燕，刘坤，熊毅．车辆侧翻警示及控制系统的现状研究［J］．轻型汽车技术，2011，1（2）：16-19.

［18］于长洁，陶沙．道路交通事故技术鉴定方法［M］．辽宁：大连理工大学出版社，2012：119-145.

［19］韩林山，李向阳，严大考．浅析灵敏度分析的几种数学方法［J］．中国水运，2008，04（8）：177-178.

［20］范士儒．交通心理学教程［M］．北京：中国人民公安大学出版社，2007：89-104.

［21］Dr. Steffan Datentechnik. PC－Crash Manual Version 9.0［M］. Linz, Austria：mea forensic，2010，7.

［22］何烈云．基于PC-Crash的车辆侧翻事故再现仿真实验［J］．实验技术与管理，2012，32（231）：135-139.

［23］傅贵、殷文韬、董继业等．行为安全“2+4”模型及其在煤矿安全管理中的应用［J］．煤炭学报，2013，38（7）1123：1129.

［24］中华人民共和国公安部．GA/T 643-2006 典型交通事故形态车辆行驶速度技术鉴定［S］．2006.

［25］中华人民共和国标准化管理委员会．GB7258-2012，机动车运行安全技术条件［S］．2012.

［26］中华人民共和国交通部．JTT325-2010 营运客车类型划分及等级评定标准［S］．2010.

［27］中华人民共和国工业和信息化部．QCT 633-2009 客车座椅［S］．2009.

［28］《中国居民营养与慢性病状况报告（2015）》.

［29］中华人民共和国标准化管理委员会．GB1589-2004 道路车辆外廓尺寸、轴荷及质量限值［S］．2004.

［30］中华人民共和国交通运输部．JTG B01-2014 公路工程技术标准［S］.

北京：人民交通出版社，2014.

[31] 郑安文等．高速公路道路因素与道路交通安全分析［J］．武汉科技大学学报，2002. 6.

[32] 交通工程手册．北京，人民交通出版社，1998.

[33] 陈斌，袁伟．交通安全的道路因素分析［J］．广西交通科技，2002，27（102）：19-22.

[34] 欧阳邦，李刚，祖元弟．欧洲常用防撞护栏功能分类及其优缺点分析［J］．中外公路，2009，29（4）：279-281.

[35] 何勇．我国护栏设计条件及波形梁护栏结构机理［J］．公路交通科技，1994（2）：30-35.

[36] 杨宏志，张胜平，杨少伟．高速公路中间带护栏碰撞仿真实验［J］．长安大学学报（自然科学版），2008，28（2）：44-47.

[37] 中华人民共和国交通部．JTG D81-2006，公路交通安全设施计规范［S］．2006.

[38] 中华人民共和国交通部．JTG T D81-2006，公路交通安全设施设计细则［S］．2006.

[39] 中华人民共和国公安部．GA/T1133-2014，基于视频图像的车辆行驶速度技术鉴定［S］．2014.

[40] 国家质量监督检验检疫总局，标准化管理委员会．GB/T 33195-2016，道路交通事故车辆速度鉴定［S］．2016.

[41] 刘少源．高速公路汽车与护栏碰撞的动力特性研究［D］．北京：清华大学工程力学系，1994.

[42] 潘兵宏，赵一飞，杨少伟等．高速公路中间带波形梁护栏高度［J］．长安大学学报（自然科学版），2008，28（1）：51-54.

[43] 刘百来，李祝龙，史永高等．波形梁护栏受侧面碰撞过程中的能量转换分析［J］．西安工业大学学报，2008，28（6）：585-588.

[44] 张世冀，税银平．浅谈国内外公路护栏发展的状况［J］．道路交通，2015. 7（7）：49-50.

[45] 王晓涛，王绪安，康宁．CCD 摄像机新型光控技术研究［J］．红外与激光工程，2016，45（1）：0120003-1-0120003-6.

[46] 赵高长，武风波，周彬等．基于 DLT 模型的摄像机标定简化方法［J］．应用光学，2009，30（4）：585-589.

[47] 鲁光泉，李一兵．基于普通数码相机的交通事故摄影测量技术及其研究进展［J］．交通运输工程与信息学报，2005，03：63 -67.

[48] 陆玉凯，金先龙，侯心一．数字摄影测量技术在交通事故再现中的

应用［J］．计算机辅助设计与图形学学报，2005，17（10）：2318-2322.

［49］何烈云．基于视频处理技术车辆定位法的研究［J］．武汉理工大学（交通科学与工程版），2014，38（2）：469-471.

［50］靳慧云，李苑，谢贤能等．监控视频中目标车辆速度被动式测量方法研究［J］．测绘通报，2012（8）：47-50.

［51］何烈云．帧间差分法车速测算技术误差分析与处理［J］．中国人民公安大学学报（自然科学版），2014（1）：56-59.

［52］曾友，高健，岑誉．视觉技术的中心定位误差方法研究［J］．计算机仿真，2015，32（7）：264-267.

［53］严韶华，陈道清，郭平波．DLT直接解法与迭代解法的讨论［J］．工程勘查，1989（5）：68-70.

［54］邹峥嵘．坐标差DLT与DLT解法的比较［J］．四川测绘，1995，19（2）：59-60.

［55］杜召彬，邹向东．基于灭点的透视校正和空间定位的方法研究［J］．四川理工学院学报（自然科学版），2011，24（1）：105-108.

［56］陈涛，丁星兵，何仲华等．基于视频建立的车速分析数学模型的误差研究［J］．公路交通科技（应用技术版），2015，7：254-256.

［57］韩学源，金先龙，张晓云等．基于视频图像与直接线性变换理论的车辆运动信息重构［J］．汽车工程，2012，34（12）：1145-1149.

［58］易红．高校实验教学与创新人才培养［J］．实验室研究与探索，2008（2）：1-4.